Schriftenreihe Geschichte

Kersten

D1934737

Horst Groschopp

Zwischen Bierabend und Bildungsverein

Zur Kulturarbeit in der deutschen Arbeiterbewegung vor 1914

Dietz Verlag Berlin 1987

Groschopp, Horst: Zwischen Bierabend und Bildungsverein : zur Kulturarbeit in d. deutschen Arbeiterbewegung vor 1914 / Horst Groschopp. – 2. Aufl. – Berlin : Dietz Verl., 1985. – 243 S. : 86 Abb. – (Schriftenreihe Geschichte)

ISBN 3-320-00562-6

Mit 86 Abbildungen
2. Auflage 1987

© Dietz Verlag Berlin 1985
Lizenznummer 1
LSV 0289
Lektor: Hannelore Dieckmann
Typographie: Sylvia Claus/Michaela Stapel
Einband: Peter Schulz,
Farbaufnahme: Dietz Verlag / Renate und Horst Ewald
Printed in the German Democratic Republic
Gesamtherstellung: INTERDRUCK Graphischer Großbetrieb Leipzig,
Betrieb der ausgezeichneten Qualitätsarbeit, III/18/97
Best.-Nr. 738 035 4

00580

Arbeiterorganisation – Kulturtat und Kulturbewegung

Robert Schweichel 1873 in einer Rede
an Arbeiter, die »vollständige Umgestaltung
der heutigen Verhältnisse« fordernd:
»Ein solches Resultat werden Sie erreichen,
verehrte Anwesende,
wenn Sie nicht allein die Träger
der Sozialdemokratie,
sondern auch zugleich die Träger
einer neuen Kultur sind.«[1]

Sozialökonomisch war der Zeitraum zwischen 1848 und 1914 in Deutschland durch die vollständige Ausbildung des Kapitalismus der freien Konkurrenz und den Übergang zum Imperialismus charakterisiert. Bourgeoisie und Proletariat konstituierten sich sozial und politisch zu den beiden antagonistischen Hauptklassen der kapitalistischen Gesellschaft. Damit verbunden waren kulturelle Prozesse, die in anderen Ländern in den entsprechenden Phasen ähnlich verliefen. In Deutschland entwickelte sich die Arbeiterklasse innerhalb des 1871 gegründeten Deutschen Reiches zu der politischen Kraft, die als einzige konsequent gegen die Klassenherrschaft der Bourgeoisie kämpfte. Unter dem wachsenden Einfluß des Marxismus wurde sie sich immer mehr ihrer historischen Mission bewußt. Zur Erfüllung ihrer geschichtlichen Aufgabe bedurfte sie in allen Stadien ihrer Geschichte der Organisation. In Deutschland war die Sozialdemokratie der bewußte und organisierte Vortrupp der Arbeiterklasse. Vor der Ausbildung der marxistisch-leninistischen Partei neuen Typs durch die russi-

1 Robert Schweichel: Festrede zum zwölfjährigen Bestehen des Arbeiterbildungsvereins Leipzig. In: Der Volksstaat, Nr. 19, 5. März 1873.

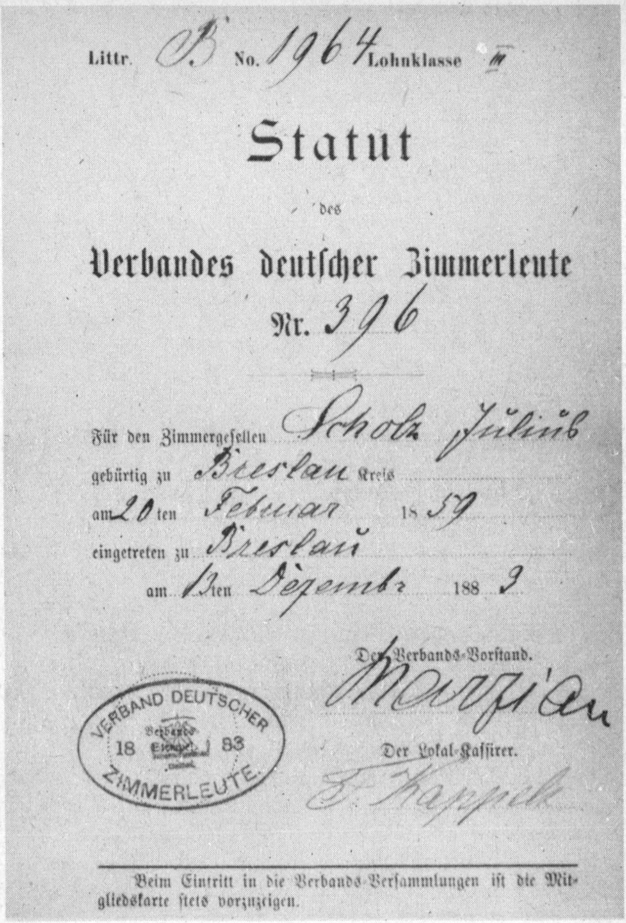
Littr. B. No. 1964 Lohnklasse III

Statut

des

Verbandes deutscher Zimmerleute

Nr. 396

Für den Zimmergesellen Scholz Julius

gebürtig zu Breslau Kreis

am 20ten Februar 1859

eingetreten zu Breslau

am 13ten Dezember 1883

Der Verbands-Vorstand.

VERBAND DEUTSCHER ZIMMERLEUTE 18 83

Der Lokal-Kassirer.

Beim Eintritt in die Verbands-Versammlungen ist die Mitgliedskarte stets vorzuzeigen.

schen Bolschewiki war die deutsche Arbeiterpartei die höchste Form proletarischer Klassenorganisation.

Der Organisationsprozeß der Arbeiterklasse stellte selbst einen kulturellen Vorgang dar. Proletarische Organisation war ein kultureller Grundprozeß und zugleich Element proletarischer Kultur: Die Organisationen der Arbeiterklasse wurden zu von der Klasse selbst hervor-

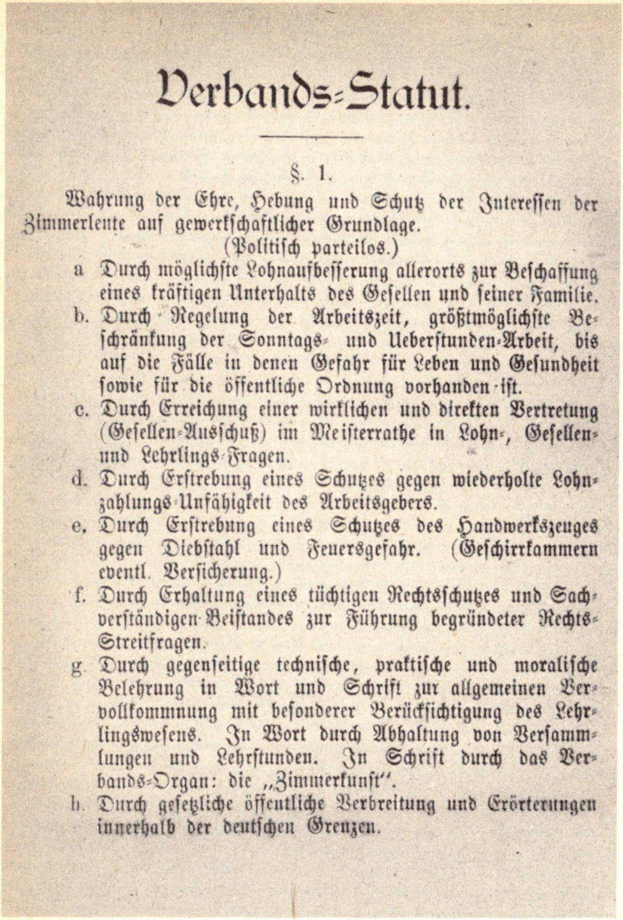

Verbands-Statut.

§. 1.

Wahrung der Ehre, Hebung und Schutz der Interessen der Zimmerleute auf gewerkschaftlicher Grundlage.

(Politisch parteilos.)

a Durch möglichste Lohnaufbesserung allerorts zur Beschaffung eines kräftigen Unterhalts des Gesellen und seiner Familie.

b. Durch Regelung der Arbeitszeit, größtmöglichste Beschränkung der Sonntags- und Ueberstunden-Arbeit, bis auf die Fälle in denen Gefahr für Leben und Gesundheit sowie für die öffentliche Ordnung vorhanden ist.

c. Durch Erreichung einer wirklichen und direkten Vertretung (Gesellen-Ausschuß) im Meisterrathe in Lohn-, Gesellen- und Lehrlings-Fragen.

d. Durch Erstrebung eines Schutzes gegen wiederholte Lohnzahlungs-Unfähigkeit des Arbeitgebers.

e. Durch Erstrebung eines Schutzes des Handwerkszeuges gegen Diebstahl und Feuersgefahr. (Geschirrkammern eventl. Versicherung.)

f. Durch Erhaltung eines tüchtigen Rechtsschutzes und Sachverständigen Beistandes zur Führung begründeter Rechts-Streitfragen.

g. Durch gegenseitige technische, praktische und moralische Belehrung in Wort und Schrift zur allgemeinen Vervollkommnung mit besonderer Berücksichtigung des Lehrlingswesens. In Wort durch Abhaltung von Versammlungen und Lehrstunden. In Schrift durch das Verbands-Organ: die „Zimmerkunst".

h. Durch gesetzliche öffentliche Verbreitung und Erörterungen innerhalb der deutschen Grenzen.

gebrachten Lebensbedingungen. Ein spezifisches Organisationsverhalten bildete sich aus. Organisationsvorstellungen beeinflußten individuelles Verhalten in der Freizeit wie bei der Arbeit maßgeblich. Proletarische Klassenorganisation schloß die Partei der Arbeiterklasse, Gewerkschaften, Vereine, Genossenschaften, Kassen – ja alles Organisierte und Regelhafte – ein. Auch informelle Gruppen, Nachbarschaften, Patenschaften und Feiern wurden durch die Arbeiterorganisationen beeinflußt.

Der Anstoß zur Vereinigung der Arbeiter lag in der Notwendigkeit begründet, ihre Ansprüche an die Gesellschaft durchzusetzen. Bedingt durch ihre sozialökonomische Grundsituation im Kapitalismus brachte die Arbeiterklasse immer neue Varianten des sozialen und politischen Reagierens auf ihre Lage und somit auch neue, vielfältige Organisationsformen der Klasse hervor – ein ganzes System von Organisationen.

Organisation erst konnte die Haltung sozial wirksam machen und aus der Zufälligkeit heben. Sie erst setzte die einzelnen Arbeiter in den Stand, als Besitzer einer spezifischen Ware, der Arbeitskraft, der ökonomischen und politischen Repressivgewalt der Bourgeoisie entgegenzutreten. Der Gedanke, daß sich die Arbeiter spontan und alle auf einmal vereinigen, sich geschlossen gegen das Kapital stellen, war – so oft er auch in den Frühzeiten der Bewegung und in revolutionären Krisensituationen aufkam – »ein ziemlich unmöglicher Fall«[2]. Im Gegenteil, die Bourgeoisie wußte sich zu allen Zeiten im Vorteil. Stets war »die Konkurrenz *unter* den Arbeitern größer als die Konkurrenz *um* Arbeiter«[3]. »Die Arbeiter ... können von allem Anfang an nicht ohne starke Organisation mit genau festgelegten Statuten auskommen, die ihren Einfluß durch Funktionäre und Komitees ausübt.«[4] Um den Kapitalismus zu besiegen, so eine Formulierung aus den frühen Tagen der Arbeiterbewegung, brauche man die Schlagkraft einer einheitlichen Militärorganisation, die Arbeitsteilung und das Leistungsstreben der Fabriken und die Beständigkeit der hierarchischen Organisation der Kirche.[5] Und vierzig Jahre später

2 Friedrich Engels: Die Lage der arbeitenden Klasse in England. In: Karl Marx/Friedrich Engels: Werke (im folgenden MEW), Bd. 2, S. 307.

3 Ebenda, S. 312.

4 Friedrich Engels: Die Trade-Unions. Ebenda, Bd. 19, S. 256.

5 Diskussionsbeitrag von Theodor Yorck. In: Protokoll über den 3. Congreß der sozialdemokratischen Arbeiterpartei. Abgehalten zu Mainz am 7., 8., 9., 10. und 11. September 1872, Braunschweig o. J., S. 14.

konnte man lesen, man müsse die Arbeiterbewegung wie eine große »Gemeinde« leiten und »die große Zahl der vorhandenen Mitglieder in den verschiedensten Betrieben mit einem ganzen System von Funktionären durchsetzen, gewissermaßen in die große Masse der Mitglieder ein Nervensystem pflanzen, das von der Zentrale auf schnellstem Wege die notwendigen Anleitungen in Empfang nehmen kann, und an die Zentrale auf schnellstem Wege irgendwelche Vorkommnisse von Belang mitteilen kann.«[6]

Die so organisierte Masse war nicht mehr hilflos und gespalten. Nichtverwandte und einander in der Mehrzahl unbekannte Menschen fanden sich zur Sicherung ihrer als gemeinschaftlich erkannten Interessen zu einheitlicher Organisation, beruflicher und sozialer, regionaler und nationaler, gewerkschaftlicher und politischer Aktion zusammen. Die proletarischen Organisationen waren zunächst Mittel der unmittelbaren Lebenserhaltung und Lebenshilfe. Mit ihrer Festigung unterschieden sie sich von den Organisationen aller bisherigen ausgebeuteten Klassen und Schichten durch ihren juristischen Status, ihren nationalen Charakter, ihre Massenhaftigkeit, ihre Normen und Regeln. Sie stellten ein kulturhistorisches Novum dar, weil sie doppelt freie Lohnarbeiter, auf spezifische Art ausgebeutete, vereinigten und mit einem wissenschaftlichen Programm ausrüsteten. Und noch in einer weiteren Hinsicht sind sie als eine neue Qualität anzusehen: Es schlossen sich Menschen verschiedener Berufe zusammen, Gelernte und Ungelernte, Alte und Junge, und zwar nicht in der Art von kleinen Sekten oder sich isolierenden Vereinen. Mit dem Wachstum der Arbeiterbewegung wurden vielmehr komplizierte Strukturen der Über- und Unterordnung, der nationalen, regionalen und beruflichen Zugehörigkeit prägend.

Mit dem Vorhandensein von arbeitsfreier Zeit, finanziellen Mitteln, ausgebildeten Ansprüchen, elementarer Bildung und Disziplin ergaben sich die kulturellen Vor-

6 Adolf Cohen: Die Technik des Gewerkschaftswesens, Dresden 1913, S. 8.

An die kämpfende Textilarbeiterschaft

Crimmitschaus und Umgegend!

Eine Prämie von 2 Mk. pro Woche für treulosen Verrat!

das ist das neueste, was den kämpfenden Proletariern Crimmitschaus geboten wird

Um 2 Mk. pro Woche will man den Arbeiter kaufen.

Dafür soll er seinen Arbeitsbrüdern, seinen Klassengenossen und Genossinnen treulos in den Rücken fallen. Die bezaubernde Macht des Goldes soll den hungernden Arbeiter zum Treubruch verleiten. Eine Prämie von 2 Mark pro Woche außer ihrem vollen Lohn will man den Arbeitswilligen geben.

Aber nur bis auf weiteres. Wenn dann der Kampf vorüber, wenn mit Hilfe der Arbeitswilligen die Gesamtarbeiterschaft besiegt am Boden liegt, dann kann man ja durch Lohnabzüge — sogenannte Vergütigungen — diese Prämie doppelt und dreifach wieder einbringen, einbringen auf Kosten des Wohlergehens der Arbeiter.

Arbeiter! Arbeiterinnen! Erinnert euch in diesen Augenblicken all der Praktiken des Unternehmertums! Bedenkt, was euch bevorsteht, wenn ihr jetzt treulos euern Kollegen und Kolleginnen in den Rücken fallt und so einen ehrenvollen Abschluß des Kampfes vereitelt. Schon ist es beschlossene Sache, daß

euch eine neue Arbeitsordnung soll vorgelegt werden.

Wehrlos wäret ihr dem Unternehmertum preisgegeben, wenn ihr jetzt jenem Unternehmertum Handlangerdienste leisten und so eure eigne Klasse niederringen würdet.

Deshalb Arbeiter! Arbeiterinnen! Steht fest! Fallt nicht herein auf den

neuesten Trick der Unternehmer!

Das ganze Vorgehen eurer Gegner beweist, wie notwendig man euch braucht!

Gebote und Verbote regelten das Leben
der organisierten Arbeiter.
Eine Hauptforderung: Solidarität

aussetzungen für das Entstehen von dauerhaften Arbeiterorganisationen. Dabei entwickelten besonders die Arbeiterfunktionäre die Fähigkeit, auch die geringste Möglichkeit der bürgerlichen Gesellschaft zum Ausbau und zur Festigung der Organisationen zu nutzen und die gesetzlichen Möglichkeiten voll auszuschöpfen.

Seit den achtziger Jahren des 19. Jahrhunderts entwickelte sich die deutsche Arbeiterbewegung zu einer Massenbewegung. Sie bildete ein System von Normen und Sanktionen aus. Dieses sicherte das Funktionieren und den Zusammenhalt der Organisationen. Mitgliedschaft bedeutete, sich mit den Zielen der Organisation zu identifizieren und sich mit Tat und Opfer für deren Verwirklichung einzusetzen. So hatte das Mitglied Beiträge zu zahlen, gelegentlich zu spenden und das Mitteilungsblatt oder die Zeitung zu abonnieren. Wer sich einer proletarischen Organisation anschloß, hatte das Statut zu befolgen und die darin formulierten Verhaltensgrundsätze anzuerkennen. Das hieß auch, bestimmte Aufforderungen und Gebote zu befolgen. Vor allem unterwarf sich das Mitglied dem Prinzip solidarischen Verhaltens und entwickelte Prinzipienfestigkeit, Kollektivgeist, Kampfdisziplin und Standhaftigkeit. Auch Verbote akzeptierte das Mitglied. Die Untersagung von Streikbrechertum und Zugehörigkeit zu gegnerischen Zusammenschlüssen rechneten zu den wichtigsten Normen und Voraussetzungen gemeinsamen Handelns.

Freiwillig übernahm der organisierte Arbeiter Aufträge. Er verkaufte Zeitungen und verteilte Flugblätter oder Streikaufrufe. Ebenso führte er Protokoll und lernte es, mit einer Geschäftsordnung umzugehen. So mancher Arbeiter wurde durch derartige Aufträge dazu befähigt, selbst Versammlungen zu leiten und Organisationen zu führen. Hatte sich das Mitglied Vertrauen erworben und befolgte es die Regeln der Gemeinschaft, so war es auch berechtigt, Erfahrungen, Wünsche, Bitten und Beschwerden in der Organisation vorzutragen. Auf diese Weise nahm der einzelne organisierte Arbeiter am Prozeß der Willensbildung teil und half zugleich, die Ziele der Bewegung durchzusetzen. So bildeten die organisierten Arbeiter ein spezifisches Organisationsverhalten aus, das sie als Klassenkämpfer kennzeichnete. Ihr selbstbewußtes, einheitliches Auftreten unter den

Bedingungen einer arbeiterfeindlichen Umwelt hob sie aus der Masse der Lohnarbeiter heraus.

Bis zum ersten Weltkrieg erfüllten die politischen Organisationen auffallend viele kulturelle und gesellende Funktionen. Umgekehrt waren diese Funktionen hochgradig politisch. Auch bildeten Arbeiterfreizeit und Agitation für den Sozialismus noch weitgehend eine an den Ort der »Arbeiterbewegungskneipe« gebundene strukturelle Einheit. Die Ausbildung von dauerhaften Organisationen und die Entwicklung einer eigenen Politik des Proletariats waren mit einem längeren historischen Prozeß der Loslösung von nur geselligen und unverbindlichen Formen der Zusammenkunft verknüpft. Solidarische Hilfen der Organisationen im Lebensalltag der Arbeiter, wie Krankenunterstützung oder Arbeitsplatzvermittlung, erhielten einen anderen Stellenwert.

Deshalb verlief auch die Entwicklung einer eigenen proletarischen Kulturarbeit äußerst widersprüchlich. Ohne Kulturarbeit, ohne praktische Sicherungen, Lebenshilfe, Unterstützungen und Geselligkeiten waren die Arbeiter nicht für die revolutionäre Bewegung zu gewinnen. Bloße Agitation erreichte sie nicht. Wenn Propaganda das einzige Angebot sozialistischer Organisationen war, blieben Arbeiter diesen fern oder traten bürgerlichen Vereinen bei, die ihnen vom Schönschreibkurs bis zum geselligen Abend Attraktives offerierten.

Die Freizeit des Arbeiters war diesem ein kostbares Gut. In ihr stellte er seine Arbeitskraft wieder her. Er erholte sich, versorgte seine Familie und bildete sich weiter. Im Rahmen seiner Lebensbedingungen entschied der Arbeiter selbst, was er mit seiner Freizeit anfing. Kulturangebote der Arbeiterorganisationen – auch hier gab es Schönschreibkurse und gesellige Abende – stellten nicht nur ein Mittel der Werbung dar. Vielmehr konnten die Arbeiter erst durch diese und andere Formen der Kulturarbeit an die übergreifenden Ziele der Bewegung herangeführt werden. Eine Besonderheit der deutschen Arbeiterbewegung war es nun, daß sie Formen und Organisationen der Kulturarbeit auf breiter Basis hervorbrachte.

Die deutsche Arbeiterbewegung, so betonte Lenin, sei

vor 1914 beispielgebend gewesen für eine »die Massen erfassende Organisiertheit«[7]. Im Alltag der Arbeiter war diese Organisiertheit auf vielfältige Weise wahrnehmbar. Der Zusammenhalt der Bewegung wurde gesichert durch Partei, Gewerkschaften, Genossenschaften, Vereine, Verbände, Kulturorganisationen, Verlage, Bücher, Broschüren, Zeitschriften, Zeitungen, Flugblätter, Festschriften, Parteikalender, Fahnen, Abzeichen, Parteibücher, Beitragsmarken, Stempel, Postkarten, Erinnerungs- und Gedenkbilder, Illustrationen, Plakate und Wandschmuck. Ihr politisches Ziel, immer größere Massen von Werktätigen in die bewußte Umgestaltung der Gesellschaft einzubeziehen, ließ die organisierte Arbeiterbewegung zum Betätigungsfeld der schöpferischen Kräfte vieler Arbeiter und zur Schule proletarischer Persönlichkeitsentwicklung werden. »Überall, wo Sozialdemokraten wirkten, nutzten sie die Möglichkeiten, um die Arbeiter in den vielfältigsten Formen zu organisieren und sie zum Klassenbewußtsein zu erziehen. Das war ein charakteristisches Merkmal der Tätigkeit der deutschen Sozialdemokraten ... Die deutsche Sozialdemokratie entwickelte in ihrer revolutionären Periode – beispielgebend für die internationale Arbeiterbewegung – eine große Zahl proletarischer Massenorganisationen.«[8]

Das Hineintragen von sozialistischem Bewußtsein in die Arbeitermassen wurde mit der Ausdehnung proletarischer Organisation einerseits erst möglich, aber andererseits schwieriger. Immer mehr Arbeiter gehörten proletarischen Organisationen an, und die Zahl der Organisationen selbst wuchs. Besonders die Freizeitorganisationen versuchten durch ihre »unpolitischen« Angebote, möglichst viele Arbeiterbedürfnisse zu befriedigen. Die Folge war eine große Zahl von Konsum-, Mieter-, Theater-, Sänger-, Sport- und anderen Vereinen. Diese konkurrierten mit bürgerlichen Vereinen und deren Kulturarbeit um jeden Arbeiter. Die Arbeiterbewe-

7 W. I. Lenin: Was man der deutschen Arbeiterbewegung nicht nachahmen soll. In: Werke, Bd. 20, S. 255.

8 Geschichte der Deutschen Arbeiterbewegung. Bd. 1, Berlin 1966, S. 439.

gung begegnete auf diese Weise der Gefahr, sich von der Masse der Arbeiter abzusondern. Ein Höchstmaß an innerer Geschlossenheit wäre durch Verlust an Massenhaftigkeit erkauft worden. Bestrebungen, die in diese Richtung wirkten, wurden deshalb zurückgedrängt, wie etwa die Forderung, die Zugehörigkeit zur Gewerkschaft oder zu Freizeitvereinen von der Mitgliedschaft in der Sozialdemokratie abhängig zu machen.

Eine andere Gefahr bestand aber darin, durch »Überanpassung« die Verbreitung proletarischen Klassenkampfbewußtseins zu vernachlässigen, zum Beispiel die politischen Bildungsveranstaltungen zum Bierabend herunterkommen zu lassen oder die gleichen Festprogramme wie die bürgerlichen Vereine anzubieten. Opportunistische, an abstrakten Bildungsidealen orientierte Kulturarbeit paßte sich bürgerlichen Wertmustern an, wurde (in Anlehnung an einen bekannten Ausspruch) Krankenpflege am Sterbebett des Kapitalismus. Vor allem die Genossenschaftsbewegung, die allgemeine Bildungsarbeit und weltferne Kunstveranstaltungen hoben sich inhaltlich und formal oft nicht von bürgerlichen Aktivitäten ab. Eine solche Kulturarbeit trug nur ungenügend zur Ausbildung einer eigenständigen Kampf- und Organisationskultur der Arbeiterklasse bei, die ja eine der wichtigsten Vorstufen des Sozialismus ist. Ohne ein klares politisches Konzept und ohne politische Orientierung der Kulturarbeit am Endziel der Bewegung (und das war zunächst die politische Macht), verblieb proletarische Kulturarbeit im Rahmen kapitalorientierter Zweckbestimmtheit. Durch seine tägliche Arbeit reproduzierte der Arbeiter auch das Kapitalverhältnis ständig. Als Angehöriger seiner Klasse war er aber fähig, sich gegen dieses Kapitalverhältnis zu organisieren und dagegen zu handeln. Die Geschichte proletarischer Kulturarbeit vor 1914 zeigt auch, daß sie der politischen und kulturellen Vorbereitung des Sozialismus dienen *kann.*

Ein Zuwachs an Kampf- und Organisationskultur in der deutschen Arbeiterbewegung ist zahlenmäßig belegbar. Mit einer Million Mitglieder in 5000 Ortsvereinen besaß die deutsche Sozialdemokratie vor 1914 einen festen Stamm antikapitalistisch eingestellter Kader. Vereinviertel Millionen Männer – nur Männer hatten das Wahlrecht – stimmten 1913 für die Politik dieser Partei. Nahezu ein Drittel der Wähler bildete eine »breite Schicht« Arbeiter, »fast alles Sozialdemokraten, und ohne sie wäre die Partei machtlos«[9]. Mit ihrer Parteischule, ihren Bildungskursen, Zeitungen und Zeitschriften besaß die deutsche Arbeiterbewegung vielfältige Mittel zur Verbreitung des Marxismus und der Kulturauffassung der Arbeiterklasse. Auch in den Freizeit-, Sport-, Körperkultur-, Kunst-, Samariter-, Bildungs-, Jugend-, Esperantisten-, Stenographen- und Schachspielervereinen hatten sich vor dem Kriege über eine halbe Million Arbeiter zusammengeschlossen. Das wachsende Heer der »Namenlosen« war es, das organisiert die entscheidenden Schlachten schlug und die Führer zur vollen Entfaltung ihrer Talente emportrug.

Organisation wurde zu einem Teil der Kultur der Arbeiterklasse. Für die durch Organisation erreichten Arbeiter bildete sie einen Komplex klasseneigener materieller und ideeller Lebensbedingungen, vorgefundener Verhaltensweisen, Normen und Regeln. Diese unterschieden sich von denen im Reproduktionsprozeß des Kapitals durch Sinn und Funktion. Sie ermöglichten den Arbeitern Handlungen, Eigenschaften und Fähigkeiten eigener Art. Die deutsche Arbeiterbewegung versuchte bewußt viele Elemente in der Lebensweise der Arbeiter zu beeinflussen. Aber so weit und tief sich proletarische Kulturarbeit unter kapitalistischen Bedingungen auch entfaltete, der organisierte und klassenbewußte Arbeiter nahm tagtäglich in Arbeit und Freizeit am Leben dieser Gesellschaft teil. Er mußte existieren und blieb so eingepaßt in die zu diesem Zweck von der Bourgeoisie geschaffenen Einrichtungen, die seinen Alltag organisierten und ihm ständig bürgerliche Ideologie vermittelten. Es waren besonders die Mittel der politischen Repressivgewalt (Polizei, Militär, Justiz) und die der ideologischen Beeinflussung (Medien, Vereine, Feste, Feiern, wissenschaftliche und kulturelle Einrichtungen), gegen die sich

9 W. I. Lenin: Wie W. Sassulitsch das Liquidatorentum erledigt. In: Werke, Bd. 19, S. 396.

proletarische Kulturarbeit nur in Grenzen selbstbestimmt zu behaupten vermochte. So steht das Proletariat im Sozialismus zwangsläufig vor der Aufgabe, alles abzustreifen, »was ihm noch aus seiner bisherigen Gesellschaftsstellung geblieben ist«[10].

Das Bewußtsein, eine Kulturbewegung zu sein, hat die deutsche Arbeiterbewegung seit ihren Anfängen begleitet. Doch erst in der Weimarer Republik wurde zur Kennzeichnung der eigenen kulturellen Aktivitäten der Arbeiterklasse von Kommunisten und Sozialdemokraten gleichermaßen der Begriff »Arbeiterkultur« verwendet. Geprägt wurde dieser Begriff in dieser umfassenden Bedeutung wohl 1916 von Heinrich Schulz, dem Geschäftsführer des Zentralbildungsausschusses der Sozialdemokratischen Partei Deutschlands. Schulz faßte – schon in einer anderen ökonomischen, sozialen und politischen Situation – die Ergebnisse sozialistischer Kulturarbeit vor 1914 zusammen: Von den Arbeitern weitgehend selbstbestimmte Kulturarbeit ist unter kapitalistischen Bedingungen an die Organisation der Klasse gebunden, an »das große Kulturmittel der modernen Arbeiterbewegung«, durch das sie »selbständig in die Kultur eingreift, durch das sie ihren Anspruch auf selbständige Mitarbeit im Kulturganzen anmeldet«.[11] Schon in seiner Grundsatzschrift »Arbeiterbildung und Bildungsarbeit« aus dem Jahre 1913 hatte es Schulz als Ziel sozialistischer Kulturarbeit und als »dringende Angelegenheit aller organisierten Arbeiter« bezeichnet, »den Arbeiter in den Stand (zu) setzen, seine Stellung in der Gegenwart und als Klassenkämpfer für eine bessere Zukunft klar zu erkennen«.[12] In diesem Sinne verstand sich besonders die deutsche Arbeiterbewegung von Anfang an als Kulturbe-

10 Karl Marx/Friedrich Engels: Die deutsche Ideologie. MEW, Bd. 3, S. 68. – Siehe Helmut Hanke/Gerd Rossow: Sozialistische Kulturrevolution, Berlin 1977, S. 49–55.

11 Heinrich Schulz: Arbeiterkultur und Krieg, Berlin 1916, S. 16, 13.

12 Heinrich Schulz: Arbeiterbildung und Bildungsarbeit, Berlin 1913, S. 16, 6.

wegung, als Bewegung, die einen neuen Kulturzustand anstrebt, die mittels ihrer Organisationen selbst Kulturarbeit leistet und die deshalb ihre Organisationen als kulturelle Errungenschaften begreift.

Weil die Sozialdemokratie eine andere Kultur erstrebte, sah sie sich in ihrem Erfurter Programm von 1891 als »Trägerin der sozialen Revolution, sie strebt die vollständige Umgestaltung der menschlichen Gesellschaft an. Sie ist die größte Kulturbewegung, die die Erde jemals getragen hat.«[13] Bei allen unterschiedlichen Auffassungen über die Qualität dieser Kultur – einheitliches Ziel war ein neuer, außerhalb der kapitalistischen Gesellschaft liegender Kulturzustand, der auch die »Kulturnothwendigkeit der Partei«[14] bedingte.

Die Arbeiterbewegung verstand sich auch als Kulturbewegung, weil sie durch ihre Organisationen Kultur verbreitete, worunter sowohl Verbreitung von Weltanschauung, Bildung und Kunst verstanden wurde als auch sittliche Erziehung. Es sei der »Einfluß des Sozialismus, der die Menschen adelt«, hieß es in der Zeitung »Der Sozialdemokrat«.[15] Die Geschichte der sozialdemokratischen Bewegung bezeuge, so hob Franz Mehring kurz vor der Jahrhundertwende hervor, »daß sie jede Spur roher Gesinnung innerhalb des Proletariats mit zäher Energie auszurotten bemüht gewesen ist«[16]. Eingeschlossen in dieses Konzept der Verbreitung von Kultur war die Schaffung von Voraussetzungen zu deren Aneignung und Ausbildung. »Kulturarbeit im edelsten Sinne des Wortes ist es, wenn die Arbeiter in ihren Vereinigungen sich bemühen, die Arbeitszeit zu kürzen, die Löhne zu erhöhen ... Es ist Kulturarbeit, wenn die Arbeiter zusammenkommen, um das, was die moderne Gesell-

13 Adolf Braun: Ziele und Wege, Berlin 1906, S. 4.

14 Protokoll über die Verhandlungen des Parteitages der Sozialdemokratischen Partei Deutschlands. Abgehalten zu Erfurt vom 14. bis 20. Oktober 1891, Berlin 1891, S. 328. (Alle Reden, Diskussionsbeiträge und Dokumente der Parteitage im folgenden so: Protokoll, 1891, S. 328.)

15 Der Sozialdemokrat, 10. August 1882.

16 (Franz Mehring:) Über Klassenkämpfe. In: Die Neue Zeit (im folgenden NZ), 1898/99, 1. Bd., Nr. 20, S. 674.

schaft an ihrer Bildung versäumte, nachzuholen!«[17] Der moderne Industriearbeiter sei auf Grund seiner Stellung in der modernen Produktion »der erste Pionier echt menschlicher Kultur«[18]. Man könne deshalb auch nicht erwarten, »daß sich die moderne Arbeiterklasse mit jener Rolle gutbehauster, gutgekleideter und gutgemästeter Sklaven bescheiden wird, die ihre bürgerlichen Gönner ihr etwa einräumen möchten ...«[19]

In der deutschen Arbeiterbewegung sah man Organisation selbst als Kultur an. Die Herausbildung einer spezifischen Lebensweise der organisierten Arbeiter und der Einfluß der Arbeiterorganisationen auf individuelles Verhalten und Denken wurden auch als Kulturarbeit verstanden. Die »Theorie ihres Befreiungskampfes« haben die Arbeiter »zum größten Teil von Klassenfremden erhalten. Die Organisation dagegen ist ihr eigenes stolzes Werk«, formulierte Clara Zetkin.[20] »Die *Erweckung der Arbeiter*, ihre Zusammenfassung, ihre Organisierung, ihr Widerstand gegen die Verelendungstendenzen des Kapitalismus, ... die Erweckung zahlreicher Kulturbedürfnisse, die Umgestaltung der Arbeiter zu anderen Menschen mit neuen Wünschen und Forderungen, mit gesteigertem Selbstbewußtsein und mit der Erhöhung ihrer Stellung in der Gesellschaft ... wiegen schwerer noch als die vielen, vielen Millionen Arbeitsstunden, als die vielen hundert Millionen Mark gesteigerten Arbeitslohnes, die die Gewerkschaften dem Kapitalismus abgezwungen haben.«[21]

Bevor in diesem dreifachen Sinne die deutsche Arbeiterbewegung als Kulturbewegung näher betrachtet wird, sei kurz auf Formen und Methoden bürgerlicher Kulturarbeit für Arbeiter verwiesen.

17 Julius Grünwald: Culturarbeit, Wien 1898, S. 6, 5.
18 (Franz Mehring:) Zwei Prozesse. NZ, 1900/01, 1. Bd., Nr. 6, S. 163.
19 Franz Mehring: Die Wende des Jahrhunderts. NZ, 1899/1900, 1. Bd., Nr. 13, S. 387.
20 Protokoll, 1913, S. 315.
21 Adolf Braun: Die Gewerkschaften, ihre Entwicklung und Kämpfe, Nürnberg 1914, S. 44/45.

Kulturarbeitern heute geläufige Formeln wie »mit Kulturarbeit Politik machen«, »Politik auch unterhaltsam darbieten«, »durch Kulturarbeit neue Anhänger gewinnen« usw. sind keineswegs in der Arbeiterbewegung gewachsen. In einem längeren historischen Prozeß und durch äußere Zwänge, vor allem durch bürgerliche Kulturarbeit, wurden sie zu Diskussionspunkten in der Arbeiterbewegung.

Zunächst entstand und dominierte bürgerliche Kulturarbeit. Damit reagierte die herrschende Klasse auf die entstehende Freizeit, die sich verändernden Reproduktionsbedingungen der Arbeitskraft und das unzufriedene Aufbegehren der Arbeiter. Beispiele dafür waren die schon unmittelbar nach dem Schlesischen Weberaufstand 1844 unterbreiteten freizeitpädagogischen Konzepte von Johannes Fallati, Friedrich Harkort, Wilhelm Heinrich Riehl, Franz Hitze und anderen. Sie zielten auf »Fabrikgemeinschaft«, Familie, Vereine und Bildungsarbeit. Man kann für die Zeit bis zur Gründung selbständiger nationaler Arbeiterparteien in Deutschland (1863, 1869) von einer nahezu absoluten Dominanz der Kultur der Bourgeoisie sprechen. Auch noch danach war bürgerliche Kulturarbeit für Arbeiter, basierend auf der ökonomischen und politischen Macht der Bourgeoisie und ergänzt durch kulturelle Unternehmungen der Aristokratie, vorherrschend.

Die liberale Bourgeoisie und ihr ideologischer Repräsentant Lujo Brentano sahen nach dem Fall des Sozialistengesetzes die größere Gefahr für die bürgerliche Gesellschaft »in der Lehre, daß der Arbeiter innerhalb der heutigen Gesellschaftsordnung seine Lage dauernd nicht zu verbessern vermöge und daher die Staatsgewalt in Besitz nehmen müsse«. Es sei das kleinere Übel, die Arbeiter »zur größeren Teilnahme an unserer nationalen Kultur heranzuziehen, sie dadurch mit dieser zu versöhnen«.[22] Diesen Erkenntnissen gab Viktor Böhmert, der kulturpolitische Hauptfunktionär der vom »Centralverein für das Wohl der arbeitenden Classen«

22 Lujo Brentano: Die Stellung der Gebildeten zur sozialen Frage, Berlin (1890), S. 16.

Radfahrer-Verein „Schwalbe", Nordhausen.

Sonntag, den 24. April, abends 8 Uhr

Ball

im großen Saale der „Drei Linden".

Hierzu ladet freundlichst ein Der Vorstand.

Nordhausen.

Maifeier 1904 Maifeier

Morgens 6 Uhr

Zusammenkunft im Gehege.

Die Genossen mögen sich in die betreffenden Lokale begeben, welche durch Flaggenschmuck und Dekoration erkenntlich sind.

Nachmittag 2 Uhr

Grosses Fest-Konzert

im Etablissement Zoologischer Garten.

Abends 8 Uhr

Kommers

bestehend in theatralischen und musikalischen Aufführungen. Festrede, gehalten vom Gen. Arbeitersekretär Beims-Magdeburg im großen Saale Drei Linden.

Einer zahlreichen Beteiligung der Arbeiterschaft von Stadt und Land sieht entgegen Das Festkomitee.

Salza. Salza.

Maifeier 1904

Morgens 9 Uhr Ausflug

" 11 " Festversammlung

Schnabelsburg.

Nachmittag v. 3 Uhr an Gartenfest im Goldenen Löwen, bestehend in Konzert, Gesangs- und turnerischen Aufführungen.

Abends 7½ Uhr Ball. Das Festkomitee.

inszenierten »Volkswohl«-Aktivitäten, ein praktisches Programm organisierter Kulturarbeit für Arbeiter. Er empfahl Fabrikfeste bei Jubiläen und Produktionserfol-

Victoria-Theater.

8. Gastspiel d. Großen Russischen Oper, unter Leitung des Directors W. Lubimow.
Zum letzten Male:

Das Leben für den Czar.

Große Oper mit Ballet in 5 Acten.
Text von Baron Rosen. Musik von Glinka.
Montag, den 14. Mai: Zum ersten Male: „Der Dämon". Große Oper in 3 Acten und 7 Bildern von Lermontoff. Musik von Anton Rubinstein.

Ostend-Theater.

Neu! Kaisermanöver. Neu!

Posse mit Gesang in 5 Acten v. Martin Böhm.
Gastspiel des Opernsängers Herrn Rüdiger.
Bons u. Ausschnitte dieser Annonce haben Gültigkeit.
Vor und nach der Vorstellung: Gr. Concert.
Anfang des Concerts 5½, der Vorstellung 7½ Uhr.
Bei günstiger Witterung: Gr. Garten-Concert.

Central-Theater.

Direction: Emil Thomas.
Heute zum 69. Male:

Die Himmelsleiter.

Gesangsposse in 4 Acten von W. Mannstädt.
Kassenöffnung 5½ Uhr, Anfang 7 Uhr.
Mittwoch, den 16.: Benefiz für Herrn Ernst Kettner.

Proletarische Kulturarbeit mußte sich gegen ein breites bürgerliches Angebot behaupten.

gen. Fabrikbälle sollten stattfinden und Familienereignisse von Fabrikanten und guten Arbeitern in passender Form gewürdigt werden. Weiter riet er zur Veranstaltung von Weihnachtsfesten, Gesellschafts-, Vortrags- und Unterhaltungsabenden, zu Ausflügen, Urlauben,

Ausstellungsbesichtigungen. Altersheime, Volksparks und Lesehallen sollten eingerichtet, Volkstheateraufführungen organisiert werden. Vor allem aber sei das Vereinsleben zu intensivieren.[23] Viele dieser Anregungen wurden zu praktischer Kulturarbeit, so bei den Firmen Borsig und Spindler in Berlin, bei Krupp in Essen und bei Abbe in Jena.

Die meisten der Vereine standen unter der Leitung von Angehörigen der »gebildeten Kreise«. Ihr Angebot reichte von belehrenden Vorträgen, Kursen und Unterhaltungsabenden über Volksheime bis zu Saalkonzerten, Lehrlings-, Jugend- und Mädchenheimen. Die Vereine verfügten meist über eigene Bibliotheken, Lesezimmer und Unterrichtsräume. Sie förderten Volksbibliotheken und akademische Kurse und betrieben Arbeitsvermittlungsstellen und Armenhilfe. Manche unterhielten Auskunfteien, wo man Behördengesuche und andere Schriftstücke anfertigen lassen konnte. Einige Vereine besaßen einen eigenen Verlag und gaben Zeitungen und Mitteilungsblätter heraus. Wanderungen und Ausflüge gehörten ebenso zum Programm wie Museumsbesuche, Militärkonzerte, Theater- und Leseabende, Turn-, Sänger-, Familien- und Kinderfeste. Wenn sich die Förderer der »Volkswohlbewegung« auch meist von bürgerlich-humanistischen Vorstellungen leiten ließen, so dienten ihre Vereine letztlich doch der Befestigung bürgerlichen Denkens und Verhaltens bei den Arbeitern.

Von den auf Fabrikgemeinschaft und Vereinsarbeit orientierten Reformkonzepten unterschied sich das »Industriekultur«-Konzept von Friedrich Naumann, dem Führer der national-sozialen Bewegung. Er sah frühzeitig eine »Freizeitindustrie« entstehen. Deshalb erstrebte er die Integration der Arbeiterklasse in das kapitalistische System durch Ausbau des bürgerlich-kapitalistischen Marktmechanismus und eines dementsprechenden Freizeitprogramms. Die »Kunst dem Volke! Sagen Sie bitte recht einfach zu sich selbst: die Kunst den Leuten, die

23 Siehe Viktor Böhmert: Die Erholungen der Arbeiter außer dem Hause. In: Der Arbeiterfreund (Berlin), 1892, Nr. 1, S. 1–28.

einen ortsüblichen Tagelohn bekommen!« formulierte Naumann 1902 in einem Vortrag.[24] Die »Arbeitsweise der Berufskunst kann überhaupt nicht popularisiert werden ..., das bleibt ein Vorrecht derer, die Zeit und Geld und Vorbildung haben.«[25] Deshalb verzeichne auch die Vereinstätigkeit insgesamt gesehen wenig Erfolge bei der Vermittlung von Kunstgeschmack. »Massenverbreitung wird immer nur etwas erlangen, was sich bezahlt macht. Deshalb müssen diejenigen, die sich für die Kunst des Volkes interessieren, ihre Blicke in erster Linie auf die Riesengeschäfte lenken, die die Versorgung Deutschlands mit illustrierten Blättern in der Hand haben ... Wir stehen hier am Beginn einer ästhetischen Monopolentwicklung.«[26] Naumanns Konzept verdeutlichte, daß die Bourgeoisie gegen Ende des Jahrhunderts viele Ideen, Mittel und Kräfte einsetzte, um an die Arbeiter »heranzukommen«. Die »Freizeitindustrie« – Gaststätten, Kinos, Sportstätten, Schauveranstaltungen, Massenvergnügungen, Illustrierte usw. – begann über das Vereinsleben zu dominieren. Dennoch blieb vor 1914 das Vereinskonzept als Programm bürgerlicher Kulturarbeit für Arbeiter bestimmend.

In Reaktion auf die bürgerliche Kulturarbeit entwickelte die Arbeiterbewegung eine eigene kulturelle Praxis mit einem eigenständigen Konzept, mit alternativen Ideen und Organisationen. Gegen diesen Prozeß gab es Widerstand in den eigenen Reihen. Es wurde der Vorwurf erhoben, die Arbeiterbewegung »verbürgerliche« gerade in und durch Kulturarbeit. Wie noch gezeigt wird, hatte sich die politische Arbeiterbewegung bewußt von allen Formen nur-kultureller Arbeit, wie Geselligkeiten, Kassen, Genossenschaften, Vereinen usw., »abgenabelt«. Die Entscheidung, daß sich die politische Klassenbewegung des Proletariats überhaupt Fragen der Kulturarbeit zuwendet, sei es Feuilleton oder Musikverein, fiel erst nach langen Auseinandersetzungen. Sie war auch nie

24 Friedrich Naumann: Kunst und Volk, Berlin 1902, S. 5.
25 Ebenda, S. 8.
26 Ebenda, S. 11.

ein für allemal endgültig getroffen. Die Hinwendung zur Kulturarbeit bedeutete nicht nur die Ausbildung einer Bündnispolitik mit der Intelligenz, besonders der künstlerischen. Viel bedeutsamer und schwieriger war, daß die Bewegung nun solchen Formen der Tätigkeit Kraft, Zeit, Geld und Kader »opferte«, die über die Verbreitung des wissenschaftlichen Sozialismus und die organisatorisch-politische Vorbereitung der Revolution hinausgingen.

Den Phasen proletarischer Organisation entsprachen jeweils bestimmte Formen, ein bestimmter Entwicklungsstand der Kulturarbeit. Die Reichweite und die Vielfältigkeit der Organisationen änderten sich. Die Zahl der einbezogenen Arbeiter und Angehörigen anderer Klassen und Schichten wurde größer. Die ausgebildeten Formen und Regeln der Beziehungen innerhalb der Klassenorganisation sowie nach außen prägten die proletarische Kulturarbeit in den verschiedenen Etappen ihrer Entwicklung. So war sie sektenhaft und »embryonal« in den Geheimbünden der frühen Arbeiterbewegung. Proletarische Kulturarbeit war hier beschränkt auf den geheimen Zirkel, die konspirative Verbindung, die appellative Flugblatt- und Bekenntnisliteratur und die bekehrende Agitation. Diese Art war nicht nur durch die unentwickelte Industrie und den politischen Repressivdruck der Feudalgewalten, sondern auch durch den Entwicklungsstand der Arbeiterklasse selbst bedingt. »Damals mußte man die Arbeiter einzeln zusammensuchen, die Verständnis hatten für ihre Lage als Arbeiter und ihren geschichtlich-ökonomischen Gegensatz gegen das Kapital, weil dieser Gegensatz selbst erst im Entstehen begriffen war.«[27]

Nach der Jahrhundertwende war die Arbeiterbewegung in einer völlig anderen Situation. Ihre Kulturarbeit war breit ausgebaut und erreichte in Deutschland die höchste Entfaltung. Die Freien Gewerkschaften zählten 1904 erstmals über eine Million Mitglieder und 1909 bereits 1,9 Millionen.

27 Friedrich Engels: Zur Geschichte des Bundes der Kommunisten. MEW, Bd. 21, S. 223. – Siehe Dieter Fricke: Die deutsche Arbeiterbewegung 1869–1914, Berlin 1976.

Anfänge: Zwischen Vereinsgeselligkeit und fester Organisation

Politische und gewerkschaftliche Organisationen der Arbeiter hatten sich in den sechziger und beginnenden siebziger Jahren des 19. Jahrhunderts endgültig aus der bürgerlichen Vereins- beziehungsweise der Gesellenvereinsbewegung herausgelöst. In der zweiten Hälfte der siebziger Jahre begann relativ unabhängig voneinander ihr Institutionalisierungsprozeß. Ein gewisses Ende der Auseinandersetzung über die Form und die ideologische Orientierung der Parteiorganisation, das heißt der Abgrenzung sowohl vom Anarchismus als auch vom kleinbürgerlichen Reformismus kann man in den beginnenden achtziger Jahren konstatieren. Die endgültige Formierung der sozialistischen Gewerkschaftsbewegung gelang nach 1890 mit der Verabschiedung der programmatischen Resolution, die die Aufgaben der Generalkommission, des obersten Leitungsgremiums der Gewerkschaften, bestimmte (Halberstadt 1892). Damit war für die deutsche Arbeiterbewegung historisch entschieden: Die Partei führte die Arbeiterbewegung in ihrer Gesamtheit politisch in Richtung sozialistischer »Zukunftsstaat«. Die Gewerkschaften vertraten die ökonomisch-sozialen Interessen der Arbeiter, rangen um »Abschlagszahlungen« innerhalb der kapitalistischen Gegenwart. Dabei bildeten die Gewerkschaften das Rekrutierungsfeld des Nachwuchses der sozialdemokratischen Bewegung. Sie stellten, auch wenn es das Wort noch nicht gab, *die* Massenorganisation der Arbeiter dar. Sozialdemokratisch organisierte Arbeiter sollten in der Regel gewerkschaftlichen Organisationen angehören. Statutenmäßige Verpflichtungen dieser Art gab es allerdings nicht, wie ja auch erst 1909 die Bestimmung ins Statut aufgenommen wurde, daß jeder Sozialdemokrat einer Parteiorganisation angehören müsse.

Die wichtigste Form der Zusammenkunft der sozialdemokratisch organisierten Arbeiter war der Zahlabend, der einmal monatlich stattfand. Diese Zahlabende dienten, »neben dem im Namen angekündigten Zweck der Einzahlung der Parteibeiträge, dem Anhören von Vorträgen, Vorlesungen, Diskussionen und sonstigem Meinungsaustausch ... Auch werden die Mitglieder an den Zahlabenden über die Maßnahmen der örtlichen Parteileitung, geplante größere Agitationen und Demonstrationen unterrichtet, auf bevorstehende Wahlen aufmerksam gemacht und sind ... so schnell zusammenzurufen, daß eine Überrumpelung durch Gegner dabei kaum noch möglich ist. Ergänzt werden die ›Zahlabende‹ durch Versammlungen der örtlichen Vereine.«[28]

Um die Jahrhundertwende mußte ein Arbeiter von Montag bis Samstag jeden Tag etwa zehn bis elf Stunden arbeiten. Wenn man dieses geringe Maß seiner Freizeit bedenkt, hatte ein einfaches sozialdemokratisches Parteimitglied regen Anteil an den reich differenzierten politischen Aktivitäten seiner Organisationen. Mit 1400 männlichen und 8 weiblichen Mitgliedern im Jahre 1899 soll uns der Sozialdemokratische Verein Stuttgart als Beispiel für das Parteileben in einer normalen Großstadt und einem Nicht-Wahljahr dienen: Im Januar fand gewöhnlich die jährliche Hauptversammlung statt, die mit dem Bericht der Tätigkeit der Partei und dem Finanzbericht das neue »Geschäftsjahr« einleitete. Ansonsten organisierten die Vorstände der 9 Bezirksvereine selbständig das Parteileben. Nur bei »Aktionen von allgemeinem

28 Eduard Bernstein: Die Arbeiterbewegung, Frankfurt a. M. 1910, S. 93.

Interesse« wurde gemeinschaftlich gehandelt.[29] Insgesamt fanden 1899 in Stuttgart statt: 94 Mitglieder- und 8 öffentliche Versammlungen, 9 allgemeine Parteiversammlungen, eine öffentliche Volksversammlung und 81 Vorträge. In 18 Landorten des Wahlkreises wurden 34 Zusammenkünfte organisiert sowie eine Flugblattaktion und zwei Werbekampagnen für den »Volksfreund«, das örtliche Parteiblatt, durchgeführt. Dazu kamen noch die gewerkschaftlichen Versammlungen.

Man könnte, wenn man nur diese Aktivitäten betrachtet, das damalige Parteileben als recht »trockene« Sitzungsangelegenheit ansehen, wüßte man nicht, daß die Parteiversammlungen als Zahlabende im Wirtshaus stattfanden und Feste und Feiern ebenfalls zum Parteileben gehörten.

Der Zahlabend erfüllte über den eigentlichen Anlaß, die Beitragszahlung, hinaus mehrere Funktionen. Er war Bierabend, bot Geselligkeit, Unterhaltung und Entspannung. Er gab dem Arbeiter Gelegenheit, einmal aus dem harten Alltag mit schwerer Arbeit und enger Wohnung herauszukommen. Bedingt durch den Versammlungsort, die Kneipe, stellte der Zahlabend zugleich die sozusagen lebende Verbindung zwischen Organisierten und Nichtorganisierten, zwischen Agitatoren und Arbeitern, die ihren Feierabend genießen, dar. Wünsche und Forderungen der Arbeiter gelangten ebenso formlos in die Partei- oder Gewerkschaftsorganisation, wie diese ihre Ansichten, Beschlüsse und Ziele im Arbeitermilieu verbreitete. Das Bierlokal gehörte zu den Voraussetzungen politischer Organisation der Arbeiter in Deutschland. Basierend auf dem Territorialprinzip der Organisation, war die politische Zusammenkunft von den Anfängen der Arbeiterbewegung an stets auch ein Teil proletarischer Geselligkeit. Sie stellte also gleichermaßen wesentliches Moment der Konstituierung und Stabilisierung proletari-

29 Siehe Dritter Jahresbericht für das Geschäftsjahr 1899 nebst Geschäftsbericht des Vorstandes der Vereinigten Gewerkschaften Stuttgart, des Sozialdemokratischen Vereins Stuttgart und des Vorstandes der Sozialdemokratischen Partei Württembergs, Stuttgart 1900, S. 104.

scher Organisation *und* Wurzel proletarischer Kulturarbeit dar.

In den Anfangszeiten der massenhaften politischen und gewerkschaftlichen Organisation waren es häufig Feste und Feiern, die beitrugen, neue Mitglieder zu werben. Es gibt viele Quellen, die dies belegen, gerade was die Organisation der Fabrikarbeiter betraf. Über eine Weihnachtsfeier 1893 in Frankfurt am Main wurde berichtet: »Das Fest brachte dem Verband viele neue Anhänger, die Mitgliederzahl stieg auf 88.«[30] Bei einer örtlichen Mitgliederzahl von 11 im Jahre 1889, 135 im Jahre 1894 und 1188 dann im Jahre 1905 war dies sehr beachtlich. Rückwirkend wurde dieser Zuwachs jedoch auch negativ bewertet: »Ja, wir können uns noch sehr wohl erinnern, daß so mancher Agitator der früheren Vereinigungen seine Werberede an das vollständig indifferente Objekt mit folgenden Worten einleitete: ›Siehst Du, wenn Du Dich uns anschließt, dann hast Du alle 14 Tage Gelegenheit, einen geselligen Abend, mindestens jedes Jahr ein Sommerfest, ein Kostümfest, zwei Maskenbälle und ein Stiftungsfest mitzumachen usw., usw.‹.«[31]

Auf die Dauer konnte die politische Organisation nicht an die Wirtshausgeselligkeit und den Bierausschank gebunden bleiben. Politische Diskussionen erstickten förmlich im Kneipenlärm, auch wenn die Sitzungen im Hinterzimmer stattfanden. Mit steigender Mitgliederzahl erhöhten sich die Beitragseinnahmen. Geld und Vereinsunterlagen waren im Hinterzimmer oder beim Wirt nicht sicher genug aufbewahrt. An ein ernsthaftes Arbeiten der zunehmenden Zahl haupt- und ehrenamtlicher Funktionäre war beim ständigen Kommen und Gehen von Gästen und Kellnern nicht zu denken. Und die eigene Wohnung bot für diese Zwecke nicht genug Raum. Neue Formen wurden notwendig.

30 Festschrift zum 25jährigen Bestehen des Fabrikarbeiter-Verbandes, Zahlstelle Frankfurt a. M., Frankfurt a. M. 1913, S. 13.

31 Hans Dreher u. Oswald Schumann: Die ökonomischen Vorbedingungen und das Werden der Organisation, Berlin 1907, S. 199.

Die verbreitete und langlebige Reserviertheit in der deutschen Arbeiterbewegung gegenüber der »Vereinsmeierei« und den zu vielen Festen, ja, eine direkte »Vergnügungsfeindlichkeit« hatte hier eine ihrer Ursachen. Mit der Herausbildung des Imperialismus und dem Übergang zu hochorganisierten Formen des Klassenkampfes wurde diese Art von Geselligkeit zu einem Hemmschuh für den politischen Kampf. Die Arbeiterbewegung hatte nationale Dimension erreicht. Sie führte Wahlkämpfe im großen Stil und arbeitete im Parlament. Im Verständnis der revolutionären Sozialdemokratie war der politische Kampf die »wirkliche« Arbeiterbewegung. Aus ihrer Perspektive stellten der Zahlabend und die Kulturarbeit in den Vereinen vor allem ein Hilfsmittel für die »eigentlichen« Klassenaktionen dar.

Wichtigstes Ergebnis der Trennung des Politischen vom Geselligen waren höhere Formen politischer Organisiertheit. Das heißt nicht, daß man jetzt weniger oft aus Gründen von Unterhaltung und Geselligkeit zusammenkam. Vielmehr wuchsen den entstehenden Arbeiterfreizeitvereinen Funktionen zu, die bisher die politischen Organisationen erfüllt hatten.

Die Tradition der Wirtshausgeselligkeit und des mit Biergenuß verbundenen Zahlabends hat sich trotz dieser Entwicklung lange in der Arbeiterbewegung erhalten. Noch in der Weimarer Republik waren die kommunistischen und sozialdemokratischen Parteilokale typisch. Allerdings wurde bereits vor dem ersten Weltkrieg in den leitenden Institutionen die sachliche und »trockene« Organisationsarbeit bestimmend. Die Verwaltung der Arbeiterangelegenheiten auf der Basis wissenschaftlich begründeter Programme setzte sich durch. Außerdem übten solche Kulturorganisationen wie die Abstinenten auf die Funktionäre einen wachsenden Einfluß aus. So beantragte 1907 Theodor Bömelburg, ein führender Gewerkschaftsfunktionär, ein Verbot des Alkoholausschanks während der Parteitagssitzungen, um als Funktionäre ein Beispiel zu geben. 1910 kam ein Beschluß durch, »wonach die organisierten Arbeiter aufgefordert werden, den Schnapsgenuß zu unterlassen. Den Parteiorganisationen wird empfohlen, den Trinkzwang bei

Versammlungen und Sitzungen durch Vereinbarungen mit den Gastwirten abzulösen.«[32] Auf dem Parteitag von 1913 wurde sogar versucht, ein allgemeines Rauchverbot auf den Zahlabenden einzuführen – alles Bestrebungen und Festlegungen, die auf eine Versachlichung der Parteiarbeit zielten.

National gesehen erreichte der Ablösungsprozeß der institutionalisierten Arbeiterbewegung von der Vereins- und Wirtshausgeselligkeit um die Jahrhundertwende seinen Höhepunkt. Regional und in jeder einzelnen Organisation war die »Abnabelung«, die Trennung beider Bereiche immer wieder neu durchzusetzen und ständiges Problem der Politiker und Kulturarbeiter.

Die Geselligkeit hatte sich zunächst, in den frühen Zeiten der Arbeiterbewegung, als eine Möglichkeit bewährt, Arbeiter für die Organisation zu gewinnen. Auf welche Weise dies geschah, soll nun genauer betrachtet werden.

Früher als die Gewerkschaften und die Vereine der Arbeiter gingen die Fabrikanten und Vertreter des bürgerlichen Staates auf die Freizeitbedürfnisse der Arbeiter ein. Darauf wurde bereits verwiesen. Krupp und andere Fabrikanten richteten Werksvereine ein, die Raum für Geselligkeit, Weiterbildung, Unterhaltung und soziale Unterstützung boten. Das führte auch zu einem starken »Druck, der auf die Arbeiterschaft ausgeübt wird. Wer im Kriegerverein oder in einem der bürgerlichen Klimbimvereine Mitglied ist, in denen die Meister und Vorarbeiter eine Rolle spielen, konnte darauf rechnen, bevorzugt zu werden, auch dann, wenn es mit der Arbeitsleistung nicht besonders gut war.«[33]

So war die beginnende Förderung der Geselligkeit in den Arbeiterorganisationen auch Reaktion auf bürgerliche und kirchliche Angebote. Das ist allerdings nicht ihre einzige Wurzel – Geselligkeit erwies sich vielmehr

32 Protokoll, 1910, S. 490.
33 Geschäftsbericht für das Jahr 1910. Verband der Fabrikarbeiter Deutschlands. Zahlstelle Frankfurt am Main und Umgegend, Frankfurt a. M. 1911, S. 4.

als ein konstituierendes Moment der sich herausbildenden Organisationen. Sie wurde deshalb auch vom Führer der jungen Bewegung, August Bebel, zielstrebig gefördert. So hat der Weg des späteren Führers der deutschen Arbeiterbewegung mit der Organisation von Arbeiterfreizeit begonnen. Er schrieb darüber in seinen Memoiren. Dem Handwerksgesellen war »die Herberge seine Hauptunterhaltungsstätte«, wo »den Trinksitten in oft ausschweifender Weise gehuldigt wurde«. Seine Funktion als Vorsitzender des Vergnügungsausschusses im Gewerblichen Bildungsverein Leipzig sah Bebel als eine politisch wichtige und einflußreiche Aufgabe an, und zu den Unterhaltungsabenden schrieb er, sie »bildeten für den Verein und namentlich für den weiblichen Teil der Besucher einen Hauptanziehungspunkt«. »Ein gewisses ›Kunstverständnis‹ mir anzueignen, wurde für mich alsdann sozusagen ›amtliche Pflicht‹«, erinnerte sich Bebel weiter.[34]

Die Raum- oder (wie es damals hieß) »Lokalfrage« war bedeutsam für die Herausbildung proletarischer Organisationen. Zuerst waren es meist die Konflikte mit den ortsansässigen Fabrikanten, die gewerkschaftliche Zahlstellen zur organisatorischen Zusammenfassung der Arbeiter einzelner Berufszweige hervorbrachten. Die größeren Wirtshäuser boten in ihren Vereinszimmern Raum für Versammlungen. Feste und Feiern in diesen Räumen steigerten den Umsatz der Wirte. »Die sich an den spontanen, unorganisierten Gesprächen und Diskussionen beteiligenden aktiven Gewerkschafts- und Parteimitglieder sorgten für eine Politisierung der Wirtshausgeselligkeit, die diese zu einem Vorfeld und Ausstrahlungsbereich der Diskussionen und Entscheidungen der organisierten Versammlungen in den Vereinszimmern und der Arbeiterorganisation überhaupt machte.«[35]

34 August Bebel: Einst und Jetzt. In: Neues Deutschland (B), 10. August 1963, Beilage.

35 Siegfried Reck: Arbeiter nach der Arbeit. Sozialhistorische Studie zu den Wandlungen des Arbeiteralltags, Lahn-Gießen 1977, S. 140.

Eine weiter wirkende Erscheinung dieser »offenen« Organisationsstruktur blieb in den meisten Vereinen lange Jahre bestehen: Täglich bestand abends die Möglichkeit zum Beitritt. Eine andere Folge war, daß den Gastwirten eine wichtige politische Funktion bei der Formierung der Arbeiterklasse zufiel. Direkte Zwänge zur Ausbildung einer eigenen organisierten Vereinsgeselligkeit ergaben sich aus dem Bedürfnis der Arbeiter und Gesellen nach Unterstützungen, Lebensratschlägen und »Lustbarkeiten«. Gerade auch letztere zwangen zur organisierten Vereinigung, unterlagen doch öffentliche Veranstaltungen der polizeilichen Überwachung und der Besteuerung.

Die Gesellen des 18. und beginnenden 19. Jahrhunderts stritten sich unter anderem über die Trennung der Unterstützungskassen von denen für Vergnügungen und Feste. Das Geld für beide Zwecke mußte dem gleichen Behältnis, der »Gesellenlade« entnommen werden. Aufwendungen für »Politik« waren noch sehr selten. Auch die Ausgaben der Arbeitervereine in den sechziger und siebziger Jahren wurden fast ausschließlich aus Beiträgen bestritten. Jeder Pfennig für »Politik« – ein Flugblatt oder einen Redner – verringerte die finanziellen Mittel für Krankenunterstützungen, Vergnügungen oder berufliche Bildungsveranstaltungen. So mußte die junge Arbeiterbewegung die Abtrennung der Fonds für Agitation von den Unterstützungs- und kollektiven Sparkassen durchsetzen, ohne daß sie diese Angebote gänzlich vernachlässigen konnte. Viele Mitglieder traten ja nur deshalb den Vereinen bei. »Doch nicht blos auf die Ausbildung im Beruf erstrecke sich die Thätigkeit der Vereine, auch der allgemeinen und sittlichen Bildung sollen sie Rechnung tragen. ... Sie sollen im Vereinslocal den Familienkreis ersetzen und von dem wüsten Wirthshausgetriebe abziehen. Hiefür dienen gesangliche, declamatorische und Tanzunterhaltung.«[36] Besonders die politisch radikaleren Kräfte in der Vereinsbewegung argumentier-

36 Bericht über die Verhandlungen des ersten Vereinstages der deutschen Arbeitervereine, abgehalten zu Frankfurt a. M. am 7. und 8. Juni 1863, S. 6.

ten gegen das »Vergnügen in der Schänke ... oder in Tanzlokalen« und für »die Ausbildung des Verstandes, welche die Sitten mildert und veredelt«. Aber sie taten dies mit einem großen Unterschied zu denen, die nur Allgemeinbildung vermitteln wollten: »Der Unterricht des Arbeiters muß auf die Politik ausgedehnt werden.«[37]

Ein politisches Problem wurde Kulturarbeit nun hinsichtlich der Frage, ob man sich überhaupt den Freizeitbedürfnissen zuwenden sollte. So war zum Beispiel einerseits grundsätzlich klarzustellen, daß die Zugehörigkeit zu Sparvereinen (Rücklagen für Festlichkeiten und Notlagen) und Lotterieklubs (Wettspiele) zu verurteilen ist. Sie behinderte die Werbung für die langfristige Politik der Gewerkschaften. Und in einer Argumentation aus dem Jahre 1892 heißt es: »Wir müssen es uns abgewöhnen, die Besserstellung unseres Daseins einem Glücksumstand zu überlassen.«[38] Kompliziert wurde die Sache dadurch, daß die Beitrittsgelder zur Gewerkschaft meist in den Lokalen einkassiert wurden, die die Domänen der Sparklubs waren. Auch Versuche der Hausagitation lösten das Problem nicht.

Noch 1906 waren die Aufwendungen Frankfurter Arbeiterhaushalte für Erziehung, Bildung, Vergnügungen (Zeitungen, Bücher, Broschüren, Theater, Konzerte, Schulgeld, Schreibmaterialien und Porto, Ausflüge und Teilnahme an Festen) »sehr verschieden hoch. Eine große Rolle spielen sie in keinem Haushalte.«[39] Die bei Sammlungen für Streikende und Ausgesperrte »aufgewendeten Beträge sind sehr bescheiden«. Unter diesen Bedingungen waren Weihnachtskassen für den organisierten wie den nichtorganisierten Arbeiter sehr wichtig. »Diese sammeln das Geld bis kurz vor Weihnachten und zahlen dann die Einlagen mit Zinsvergütung zurück.

37 Robert Schweichel: Die Bildung der Arbeiterklasse. In: Demokratisches Wochenblatt, 7. November 1868. S. 357; 14. November 1868, S. 368a, Beilage.

38 Carl Legien: Spar- und Lotterieklubs. Correspondenzblatt der Generalkommission der Gewerkschaften Deutschlands, 29. August 1892.

39 Arbeiter-Sekretariat Frankfurt am Main. VIII. Jahresbericht für 1906, Frankfurt a. M. 1907, S. 185.

Diese Weihnachtskassen werden oft von Gastwirten verwaltet, wohl aber immer erfolgen die Einzahlungen in Gastwirtschaften.«[40] Zu Weihnachten wurden die Beträge dann auch in der Kneipe für die ganze Familie beziehungsweise im Verein in Gänsebraten oder ähnliches umgesetzt. Selbst auf den Gewerkschaftsfesten wurde noch nach der Jahrhundertwende appelliert, diese Gewohnheit aufzugeben. Der Arbeiter wurde aufgefordert, lieber »regelmäßig Groschen um Groschen in die Kasse seines Verbandes« zu legen und so mit »jedem Groschen ... gegen den Kapitalismus (zu) demonstrieren«.[41]

Die genannten Umstände und Erfahrungen, die Bedürfnisse und Ansprüche der Arbeiter haben dazu beigetragen, daß die Gewerkschaften oft aus Kassen hervorgingen, Unterstützungsfonds einrichteten, Feste und Feiern organisierten und als Mittel der Werbung nutzten. Es setzte sich die Erkenntnis durch, daß eine Stärkung der Organisation auch von der Fähigkeit der Funktionäre abhing, Feste und Feiern zu organisieren. Die anfangs ablehnende Haltung gegenüber den Unterhaltungsbedürfnissen wandelte sich zu einem Standpunkt, der den Festen offen politische Funktionen zuwies. So gab es in Berlin während des Sozialistengesetzes und des Versammlungsverbots Abschiedsfeiern für von der bürgerlichen Justiz Gemaßregelte. Stiftungsfeste lieferten auch den Anlaß, die Geschichte der eigenen Bewegung Revue passieren zu lassen. Diese geänderte Haltung gegenüber der Geselligkeit in den Frühzeiten der Bewegung stellte an die Kulturarbeiter, die ja noch keine »Spezialisten« waren, erhöhte Anforderungen. »Die Tätigkeit war eine sehr mannigfaltige, galt es doch, in jeder Woche 3–4 Vortragende zu gewinnen, die Vereinslokale zu besuchen, hier und da auch selbst als Vortragender einzutreten oder in die Diskussion mit einzugreifen. Auch die Feste nahmen viel Arbeit in Anspruch. Neben Stiftungs- und Sommerfest wurden auch Sänger- und Turnerfeste gefeiert, dazwischen kamen

40 Ebenda, S. 186.
41 Festzeitung. Vierzehntes Gewerkschafts-Fest Bremen, Bremen 1904, S. 2.

noch Theateraufführungen und Abendunterhaltungen mancherlei Art«, heißt es aus dem Leipziger Arbeiterverein.[42]

Die höheren Anforderungen an Kulturarbeiter bedingten die Instruktion aller Funktionäre sowohl in inhaltlicher als auch in formal-rechtlicher Hinsicht. Auf die Frage »Sind Vergnügungen für die Arbeiterbewegung nützlich?« gab es die offizielle Antwort: »Gut angeordnete Vergnügungen, wenn solche nicht zu oft stattfinden, sind dem Gedeihen der Arbeiterbewegung zuträglich und daher zu empfehlen.« Auch bekamen die Kulturarbeiter, die sich mehr und mehr spezialisierten, wichtige politische Ratschläge: »Wenn ein Verein ein Vergnügen nur für seine Mitglieder mit deren Familien und eingeladenen Gästen abhält, so ist dazu eine Erlaubnis nicht erforderlich, in manchen Provinzen aber eine Anzeige bei der Ortspolizei.«[43] Handbücher erklärten genauestens, wie man eine Veranstaltung vorbereiten und anmelden mußte und wie mit einschränkenden Festlegungen, wie zum Beispiel der Polizeistunde, umzugehen war. Die gedruckten Ratgeber warnten vor politischen Festreden, empfahlen »geschlossene« Geldsammlungen und bekräftigten die Teilnahmeberechtigung von Frauen und Kindern an Vereinsfesten.

Um die Jahrhundertwende hatte sich ein fester Ritus des Ablaufs der meisten Feste eingebürgert. Den einleitenden Teil gestalteten meistens die einzelnen Abteilungen der Vereine selbst. Die Chöre trugen Lieder vor, und die Turner zeigten Übungen oder hielten Wettkämpfe ab. Die Mitglieder der dramatischen Abteilungen rezitierten Gedichte oder führten ein Stück auf. Die Kapelle des Vergnügungslokals spielte. Daneben fanden damals übliche Spiele statt wie Kranzstechen für die Frauen, für

42 Friedrich Bosse: Der Arbeiterverein Leipzig, seine Entstehung und seine Entwicklung. Eine Festschrift zum 25. Stiftungsfest. 2. Auflage, Leipzig 1904, S. 19.

43 Handbuch für Vereins- und Versammlungs-Leiter. Zugleich ein Wegweiser bei Reichstagswahlen. Mit ausführlichem Sachregister und einem Anhang enthaltend die für die Agitation hauptsächlich in Frage kommenden Strafgesetzparagraphen. Fünfte Aufl., Berlin 1899, S. 18.

PROGRAMM

zum

FEST-KOMMERS

im Sonnensaal am Samstag den 1. August
abend ½9 Uhr.

1. **Großer Marsch** aus dem „Sommernachtstraum" . . . . Mendelssohn
2. **Ouverture** zum Festspiel die „Losburg" . . . . Döbereiner
3. **Männerchor,** Festgesang . . . . . . Uthmann
4. **Akrobatische Aufführungen,** Freie Turnerschaft Wunsiedel
5. **Vorspiel** zum 3. Akt aus Lohengrin Wagner
6. **Stabwindübungen,** Turnerinnen-Abteilung Wunsiedel
7. **Gemischter Chor** „Frühling am Rhein" Breu
8. **Turnen am Barren,** Freie Turnerschaft Wunsiedel
9. **Lieder-Potpourri** . . . . Döbereiner
10. **Akrobatische Aufführungen,** Freie Turnerschaft Wunsiedel
11. **Männerchor** „Am Strom" . . . . . Uthmann
12. **Stabwindübungen,** Turnverein II, Helmbrechts
13. **Tonstück,** „Wunderbares Echo" . . . Arnold
14. **Reckturnen,** Freie Turnerschaft Wunsiedel
15. **Marsch,** „Vor 40 Jahren" . . . . Döbereiner

Aenderungen im Programm vorbehalten.
Während der gesamten Vorführungen ist größte Ruhe zu bewahren.

Die örtlichen Freizeitvereine trugen zum Gelingen der Feiern bei.

die Jungen Vogelschießen, für die Mädchen Ballwerfen. Die Männer kegelten. Abends war Tanz. Oft wurde eine feste Tanzordnung ausgegeben, die die Reihenfolge der Tänze regelte. Man suchte sich vorher die Runden aus, erwarb Tanzmarken, und mit diesem Geld wurde ein Teil der Festkosten bestritten. Tanzen außer der Reihe war nicht gestattet oder kostete »einen Thaler extra«.

Auch der Ablauf der Versammlungen veränderte sich seit den sechziger Jahren bis zum Ausbruch des ersten Weltkrieges nur unwesentlich. Hier war der Anteil von Geselligkeit ebenfalls sehr hoch. Oft wurde mit Gesang begonnen. Dem schloß sich die Verlesung des letzten Sitzungsberichtes an. Danach folgte meist eine Zeitungsschau oder ein Vortrag, und der Fragekasten wurde erledigt. Auch in den Pausen und am Schluß wurde gesungen.

Noch bis in die sechziger Jahre hinein hatte die bürgerliche Vereinsbewegung in Deutschland dominiert. Es gab eine direkte Anbindung der Arbeiter (meist noch der Handwerker) an die Arbeiterbildungsvereine bürgerlichen Musters. Kulturarbeiter in den bürgerlichen Vereinen waren meist humanistisch gesinnte, an bürgerlichen Reformen interessierte Akademiker, Lehrer, Meister und Fabrikanten. Sie boten den Arbeitern beruflichen Aufstieg und Geselligkeit – bei Akzeptierung ihrer bürgerlichen »Sittlichkeit«. Als Gegenleistung sollte der Arbeiter seine soziale Lage als gegeben anerkennen. In dieser Situation mußte bereits die geringste Äußerung von Selbstbewußtsein auf seiten der Arbeiter sprengend wirken. Vor allem Handwerker hatten einerseits zwar ihren sozialen Status, aber andererseits nicht ihre Ehre verloren. So übernahmen in den Anfangszeiten der Arbeiterbewegung zuerst meist ehemalige Handwerker Funktionen der Organisation von Kulturarbeit. Bürgerliche Intellektuelle, darunter auch solche mit sozialistischer Gesinnung, hielten als Gäste Vorträge oder leiteten Ausbildungskurse.

Einige von ihnen, Wilhelm Liebknecht zum Beispiel, fanden auf diese Weise Anschluß an die Arbeiterbewegung. Sie akzeptierten den von Marx und Engels 1879 im

Während des Sozialistengesetzes waren Bildungsvereine oft »Tarnorganisationen« der Sozialdemokratie.

»Zirkularbrief« aufgestellten Grundsatz: »Wenn solche Leute aus andern Klassen sich der proletarischen Bewegung anschließen, so ist die erste Forderung, daß sie keine Reste von bürgerlichen, kleinbürgerlichen etc. Vorurteilen mitbringen, sondern sich die proletarische Anschauungsweise unumwunden aneignen.«[44] Andere blieben bei ihren verschwommenen Vorstellungen und individualistischen Gewohnheiten. Ihre Verbindung mit der Arbeiterbewegung war nicht dauerhaft. So wurde 1878/1879 in Stuttgart der hervorragende Redner und Freidenker Dr. Albert Dulk »zum ersten ›Wanderagitator‹ der noch jungen Partei. Mit seiner sehr freien Lebensführung und spektakulären sportlichen Aktionen (er lebte mit drei Frauen ... im Esslinger Wald und durchschwamm einmal den Bodensee) schockierte er das Bürgertum und auch Teile der eigenen Partei.«[45]

44 Karl Marx/Friedrich Engels: Zirkularbrief an Bebel, Liebknecht, Bracke u. a. MEW, Bd. 19, S. 165.

45 Arbeiterbewegung – Arbeiterkultur, Stuttgart 1890–1933. Württembergisches Landesmuseum 1981. Beiheft, Stuttgart 1981, S. 14.

Die Vereinsverbote während des Sozialistengesetzes wirkten hier gewissermaßen »reinigend«. Ein Blick auf die Verbotsliste zeigt die erreichte Breite selbstorganisierter Geselligkeit Ende der siebziger und Anfang der achtziger Jahre: 332 Arbeiterorganisationen wurden verboten, davon 95 Gewerkschaften, 23 Unterstützungsvereine, 106 politische und 108 »Vergnügungs«-vereine. Am härtesten getroffen wurden die politischen und Arbeitervereine, die Wahlvereine (einschließlich Wahlverbindungen und -komitees), die kommunalpolitischen und Gemeindevereine, die Volks- und Bürgervereine sowie die Agitationsvereine und politischen Klubs. Aber auch viele proletarische Freizeitvereine traf das Verbot. Die Namen der Vereine geben nicht nur Aufschluß über die Findigkeit der Arbeiter, ihre politischen Aktivitäten zu tarnen. Sie widerspiegeln zugleich die Geselligkeitsbedürfnisse der Arbeiter. Die Namen kennzeichnen auch Elemente der proletarischen Kulturauffassung im Alltag. So gab es Gesangvereine, Lieder- und Sängerbünde mit solchen Namen wie »Lassalle«, »Lassalliana« (das ist der häufigste Name), »Liederlust«, »Sängerkranz«, »Tonkunst«, »Liederhain«, »Liederzweig«, »Brüderlichkeit«, »Eintracht«, »Freundschaftsbund«, »Bruderkette«, »Liberté«, »Vorwärts«, »Geselligkeit«, »Fröhlichkeit«, »Alpenröschen«, »Karthauser«, »Teutonia«, »Germania«, »Concordia«; Theater- und dramatische Klubs mit den Namen »Lassalle«, »Herwegh«, »Hamburger«, »Klimperkasten«, »Frohsinn«, »Heiterkeit«, »Union«, »Hoffnung«, »Glocke«, »Erinnerung«; Unterrichts-, Bildungs- und Fortbildungs-, Lese- und Geschichtsvereine; Geselligkeits-, Turn- und Wandervereine, aber auch Vergnügungs- und Raucherklubs. Darüber hinaus dann noch Vereine mit solchen geheimnisvollen Namen wie »Dissidentenbund« (ein freireligiöser Verein), »Bruderbund«, »Vereinigte Sachsen«, »Männerbund«, »Dilettantenverein«, »Arbeiter-Harmonie« usw. Wohlgemerkt, alles verbotene Vereine.[46]

Das Sozialistengesetz verbot allein in den ersten zehn

46 Siehe Das Sozialistengesetz 1878–1890, Berlin 1980, S. 75–79.

Jahren in Berlin 10 politische und Arbeitervereine und den Berliner Arbeiter-Sängerbund mit 6 Vereinen. Während der »milden Praxis« des Sozialistengesetzes entstanden 1883/1884 in Berlin 11 Arbeiterbezirksvereine und 2 Bezirksvereine des werktätigen Volkes – die allesamt 1886 verboten wurden. Dennoch nahm vor allem die Gewerkschaftsbewegung an Breite und Tiefe zu, und zwar auf die folgende Art und Weise: »Die Ausgewiesenen wurden geradezu gezwungen, in anderen, kleineren Orten, in welchen die Parteibewegung bisher schwach war, Unterkommen und Existenz zu suchen, und bald bildeten sie in vielen Fällen den Mittelpunkt einer nun kräftiger einsetzenden Bewegung am Orte. Das Sozialistengesetz sollte die Existenz der Führer vernichten und schaffte in der Tat, allerdings ganz unfreiwillig, gerade dort Führer und eine stärkere Bewegung, wo bisher wenig oder gar nichts zu spüren war.«[47]

Mit den sogenannten Corpora-Vereinigungen, der geheimen Leitung der Sozialdemokratie in den Territorien, entstand der Keim einer revolutionären Avantgarde – das politische Kampfaktiv der deutschen Sozialdemokratie. Übrigens versuchte die Berliner Unterwelt die straffe, der Polizei erfolgreich widerstehende Organisation nachzuahmen. Sie gründete die sogenannten Ring- und Sparvereine. Eine der Nebenfolgen war die Trennung der Arbeiterbewegung von lumpenproletarischem Anhang und Anarchisten.

Während des Sozialistengesetzes bewährte sich die »lose« Form der Parteiarbeit. Sie gründete sich auf die alltäglichen und nicht zu verbietenden Formen proletarischer Geselligkeit – ein Umstand, der den 1904 gegründeten bürgerlich-reaktionären »Reichsverband gegen die Sozialdemokratie« noch 1907 rückblickend schreiben ließ: »*Das eigentliche Heim, die wahre Bildungsstätte des sozialdemokratischen Arbeiters ist das Wirtshaus.*«[48] In der Tat waren sozialdemokratische Agitato-

47 Julius Bruhns: Es klingt im Sturm ein altes Lied, Stuttgart/Berlin 1921, S. 108.

48 Handbuch für nichtsozialdemokratische Wähler zur Reichstagswahl am 25. Januar 1907. Hrsg.: Reichsverband gegen die Sozialdemokratie, Berlin 1907, S. 38.

ren in den Kneipen aktiv, unauffällig, da sie selbst ihre Freizeit dort verbrachten. Die Wirtshäuser waren es auch, in denen während des Sozialistengesetzes proletarische Freizeitvereine als Tarnorganisationen der illegalen Sozialdemokratie wirkten. »Da die Polizei zu den Mitgliedersitzungen nach dem Vereinsgesetz keinen Zutritt hatte, erhielt sie nur schwer Einblick in das Treiben dieser Ersatzvereine, es sei denn, sie setzte sich über vereinsrechtliche Bedenken hinweg oder bediente sich der Spitzel. Wo der Charakter der Vereine deutlich zu Tage trat, schritt sie anfangs ein. Der freireligiöse Sängerklub in Mannheim wurde im Dezember 1880 verboten, als bekannt geworden war, daß dessen Mitglieder und Vorstände fast sämtlich der sozialdemokratischen Partei angehörten und ein als ›Familienfest‹ deklariertes Stiftungsfest ... zu geheimen Besprechungen« genutzt hatten.[49]

Die Bildung eines illegalen Parteiapparates und die Fortentwicklung der Gewerkvereine zu Gewerkschaften führten zu deren Herauslösung aus den ursprünglichen Formen proletarischer Geselligkeit. Dieser Prozeß der Institutionalisierung der Partei und der Gewerkschaften unter den Bedingungen des Sozialistengesetzes zeitigte zwei wesentliche Ergebnisse. Erstens bildete sich ein Stamm spezieller proletarischer Funktionäre, der von der Arbeiterklasse bezahlt wurde, ihr diente und von der bürgerlichen Intelligenz und Beamtenschaft ideologisch geschieden war. Zweites Resultat war die weitgehende Abspaltung der Institutionen des politischen und gewerkschaftlichen Kampfes von denen der Freizeitorganisation – ein Effekt, der erst nach 1890 durch die dann einsetzenden Verselbständigungsprozesse proletarischer Massenorganisationen voll zur Wirkung kam.

Nach der Aufhebung des Sozialistengesetzes entfaltete sich in den proletarischen Vereinen eine reich differenzierte und auf die Bedürfnisse arbeitender Menschen ausgerichtete Organisation von Freizeittätigkeiten. Über-

49 Jörg Schadt: Die Sozialdemokratische Partei in Baden von den Anfängen bis zur Jahrhundertwende (1868–1900). Diss., Hannover 1971, S. 90/91.

all in Deutschland, aber besonders in den industriellen Zentren, wirkten nicht nur politische Arbeitervereine, sondern auch Gesangs-, Lieder-, Spar-, Theater-, Turn-, Raucher- und viele andere Vereine. Sie standen meist in direkter personeller und institutioneller Verbindung mit der Sozialdemokratie und den Gewerkschaften. So war es in Hamburg »selbstverständlich, daß ein Arbeiterturner auch aktives Mitglied der Sozialdemokratischen Partei war. Darum überzeugten sie sich jeden Monat davon, ob ihre Mitglieder auch die monatlichen Beiträge an die Partei und die Gewerkschaft geleistet hatten, und veranlaßten die Säumigen, es nachzuholen. Sie nannten sich untereinander ›Genossen‹ und redeten sich mit ›Du‹ an. Sie wirkten am 1. Mai und bei anderen Gelegenheiten in den Umzügen mit, die die Partei veranstaltete, und sie stellten ihre Spielmannszüge zur Verfügung, sie verschönten auch die Feiern der Partei und der Gewerkschaften, fühlten sich also ganz bewußt als ein Glied der von Sozialdemokraten geführten Arbeiterbewegung.«[50]

50 Johannes Schult: Geschichte der Hamburger Arbeiter 1890–1919, Hannover 1967, S. 192.

Praxis: Kulturarbeit der Freizeitvereine

Vielfalt proletarischer Kulturorganisationen

Um die Tätigkeit der Freizeitvereine in das Organisationsgefüge der deutschen Arbeiterbewegung genauer einordnen zu können, wird ihrer Darstellung eine kurze Übersicht über den Partei- und Gewerkschaftsaufbau sowie die »Massenorganisationen« (wie gesagt, das Wort war noch nicht im Gebrauch) vorangestellt.

Vor Ausbruch des ersten Weltkrieges bestand in Deutschland ein breites Netz proletarischer Organisationen. Die meisten von ihnen hatten feste Leitungsstrukturen ausgebildet. Oberstes Führungsgremium der Sozialdemokratischen Partei Deutschlands war der Parteivorstand. Er hatte zwei gleichberechtigte Vorsitzende, einen Kassierer, sieben Sekretäre sowie zwei Beisitzer. Einen Teil der Parteileitung stellte die Kontrollkommission dar, der neun Personen angehörten. Sie fungierte auch als Berufungsinstanz. Als weitere offizielle Parteiinstitutionen galten die Parteischule und der Zentralbildungsausschuß, auf dessen kulturpolitisches Wirken noch einzugehen sein wird. Im Parteiarchiv wurden alle wichtigen Unterlagen der Parteigeschichte gesammelt und auch Nachlässe von Arbeiterfunktionären aufbewahrt. Mit der »Partei-Korrespondenz« schuf sich die SPD einen eigenen Verwaltungsapparat. Ihm übertragen waren der umfangreiche Schriftwechsel mit dem In- und Ausland, das Berichtswesen, die Protokollierung von Sitzungen und Tagungen, die endgültige Abfassung der Beschlüsse sowie deren Verbreitung in der Partei und andere Aufgaben dieser Art. Die Flugblatt-Zentrale und das Presse-Bureau hatten die Verantwortung für die Öffentlichkeitsarbeit. Die Partei war in 46 Bezirks- und Landesorganisationen gegliedert.

In der Gewerkschaftsbewegung wirkte nach dem Statut die Generalkommission als Regulativ für das Zusammenwirken der Gewerkschaften Deutschlands. Sie leitete die Gewerkschaftsarbeit von 46 Zentralverbänden und wurde dabei von 14 Agitationskommissionen unterstützt. Ihr unterstanden die Sozialpolitische Abteilung, das Zentral-Arbeitersekretariat, das Arbeiterinnen-Sekretariat und die Gewerkschaftlichen Unterrichtskurse.

»Organisationen für Bildung, Sport, Spiel und Geselligkeit«, wie die Freizeitorganisationen im Anschriftenverzeichnis des »Handbuches des Vereins Arbeiterpresse« genannt wurden, waren der Deutsche Arbeiter-Sängerbund, der Arbeiter-Turnerbund, der Deutsche Arbeiter- Abstinentenbund, der Deutsche Arbeiter-Theaterbund und der Arbeiter-Athletenbund. Mit der Schaffung einer »Zentralkommission für Sport und Körperpflege« versuchten Sozialdemokraten die Arbeit vor allem in den Vereinen zu koordinieren, die sich gesundheitspolitische Ziele stellten. Angesichts des Aufschwungs der bürgerlichen »Lebensreformbewegung« nach der Jahrhundertwende war dies eine wichtige Initiative. Die Einordnung der Tätigkeit des Arbeiter-Athletenbundes, des Arbeiter-Radfahrerbundes, des Arbeiter-Samariterbundes, des Arbeiter-Schwimmerbundes, des Touristen-Vereins »Die Naturfreunde«, des Arbeiter-Turnerbundes und des Verbandes »Volksgesundheit« in die Kommunalpolitik gehörte ebenfalls zu den Absichten dieser Zentralkommission.

Der Zentralverband deutscher Konsumgenossenschaften hatte 1914 über 1100 Verbandsvereine, 30000 Beschäftigte und 1,7 Millionen Mitglieder. Er galt als völlig unabhängige Organisation.

Die Kultur- und Freizeitorganisationen hatten ebenfalls einen »unabhängigen« Status und galten als »unpolitische Organisationen«, eine Bewertung, auf die noch zurückzukommen sein wird. Die Angaben über die Mitgliederzahlen in den Freizeitvereinen differieren in den vorliegenden Publikationen beträchtlich. Auch vermögen sie keinen Einblick in den Verbreitungsgrad und die unorganisierte Anhängerschaft zu geben. Für 1913/1914 können die folgenden Angaben als annähernd genau gelten. Dabei wird in der Aufzählung nur der Vereinstyp benannt. Nicht jede proletarisch organisierte Freizeittätigkeit besaß eine entsprechende einzige Vereinigung. So gab es bei den Wanderern, Schachspielern, Stenographen und anderen mehrere, voneinander unabhängige Arbeitervereine.

Vereinstyp	Mitgliederzahl
Arbeiterturnvereine	187000
Arbeitergesangvereine	165000
Arbeiterradfahrervereine	150000
Neue Freie Volksbühne	50000
Naturfreunde-Vereine	30000
Jugendvereine	20000
Freie Volksbühne	20000
Arbeiterwandervereine	20000
Arbeiterathletenvereine	10000
Arbeiterruderer- und Schwimmervereine	10000
Proletarische Freidenker	6500
Arbeitersamariter	6000
Arbeiterabstinente	5000
Arbeiterstenographenvereine	3000
Arbeiterschachspieler	800
Arbeiter-Esperanto- und Ido-Vereine	600
Berliner Seglervereine	300

Das soeben gezeichnete Bild zeigt nur die Oberfläche proletarischer Organisiertheit in Politik und Freizeit. Der organisatorische Endpunkt vor dem ersten Weltkrieg wurde umrissen. Entstehung, Wirkungsweise und Bedeutung der Vereine sind noch darzustellen.

Sport- und Körperkulturvereine

Sportliche Aktivität war in den ersten zwei Dritteln des 19. Jahrhunderts noch weitgehend ein Vorrecht besitzender Bürgerschichten. Sie gründeten Klubs und Vereine, in denen später auch Arbeiter Mitglied wurden. Sie mußten sich aber bürgerlichen Interessen unterordnen. Selbstorganisierte Freizeitbeschäftigung und politische Beeinflussung der Sportler im Sinne der Arbeiterbewegung wurde durch den Zusammenschluß schon bestehender Sportvereine zum Arbeiter-Turnerbund (ATB) 1893 ermöglicht. Erst durch die Konzentration der finanziellen Mittel konnten sich die Arbeiter Räume mieten, Turnhallen bauen, Sportgeräte und -kleidung kaufen sowie später auch in gewissem Umfang Versicherungsschutz gewähren.

Die Arbeitersportbewegung war, ähnlich der Arbeitersängerbewegung und anders als spätere Vereinsgründungen, wie die Abstinenten, von Anfang an Teil der sozialdemokratischen Bewegung. Die Sozialdemokratie unterstützte sportliche Interessen vor allem aus zwei Gründen. Einmal verstand sich die sozialistische Arbeiterbewegung als Fortsetzerin der Traditionen der auf Friedrich Ludwig Jahn und die Zeit der antinapoleonischen Kriege zurückgehenden Deutschen Turnerschaft. Dies entsprach dem Traditionsverständnis der Arbeiterbewegung dieser Zeit. Oft wurde auch der Opfer der Barrikadenkämpfe von 1848/1849 gedacht, die Turner waren. So schmückten am Himmelfahrtstag 1899 Chemnitzer Arbeiterturner feierlich das Grab eines gefallenen Kämpfers. Zum anderen verfolgten die Turner und Radfahrer konsequenter als andere Vereine die politischen Ziele der Sozialdemokratie.

Es gab noch weiteren Anlaß, der zur Gründung des Arbeiter-Turnerbundes in Gera führte. So berichtete Fritz Wildung, mehrere Jahrzehnte der führende Funktionär in der sozialdemokratischen Sportbewegung, von einer zunehmenden Bevormundung der Arbeiter in den bürgerlichen Vereinen. »In den Vereinen der Deutschen Turnerschaft lag die Vereinsleitung meistens in den Händen von Persönlichkeiten, die die Masse der Mitglieder so-

Frei Heil!
Turnverein „Fichte“ Halle a. S. u. Umg.
(Mitglied des Arbeiter-Turner-Bundes.)
Mitgliedskarte № 186.
für Herrn
Eingetreten 1. September 1905
Ausgetreten
Kassierer

Die Arbeitersportbewegung war von Anfang an Teil der sozialdemokratischen Bewegung.

zial und intellektuell weit überragten, und ihnen naturgemäß den Stempel ihrer Lebensauffassung aufzudrücken suchten.«[51] Mit dem zunehmenden Eindringen der Industriearbeiter entstand »unmerklich eine gewisse Kluft in den Vereinen zwischen den ›besseren‹ und den ›gewöhnlichen‹ Mitgliedern«. Dagegen setzten sich klassenbewußte Arbeiter zur Wehr. Schon während des Sozialistengesetzes arbeitete die »geknechtete und geächtete Sozialdemokratie ... im stillen so in die Tiefe, daß gar mancher deutscher Turner rot bis ins Innerste wurde.«[52]

Die politischen Forderungen der Arbeiterturner gingen von der Überzeugung aus, daß der »unaufhaltsamen Degeneration innerhalb der heutigen Gesellschaftsordnung entgegenzuwirken« sei durch »Ausbildung und Stählung des Körpers«.[53] So zielten die gesellschaftspo-

51 Fritz Wildung: Der Arbeiter-Turnbund. In: Die deutschen Gesundheitspflegeverbände. Ihre Ziele, Geschichte und Organisation. Hrsg.: Hertha Siemering, Berlin 1918, S. 42.
52 Karl Frey: Streitschrift für Mitglieder des Arbeiter-Turnerbundes. 2. Aufl., Leipzig o. J. (vor 1914), S. 41.
53 Ebenda, S. 72.

litischen Forderungen des ATB auf die Einführung des obligatorischen Arbeits-, Spiel- und Turnunterrichts, die Ausbildung von Sportlehrern, die Schaffung und kostenlose Nutzung öffentlicher Spiel-, Sport- und Badeplätze, den Maximalarbeitstag und das Verbot der Sonntagsarbeit sowie auf besondere Schutzmaßnahmen für Lehrlinge. »Greifen wir auch nicht direkt ein in den politischen und wirtschaftlichen Kampf des Proletariats, so bilden wir doch ein Glied der Bewegung, welche für die Emanzipation der Arbeiterklasse wirkt ... Die Erziehung des Jungproletariats zu gesunden, kräftigen, lebensfrohen, energischen Menschen, das ist die Aufgabe des ATB.«[54]

Ende des 19. Jahrhunderts entwickelte sich der Sport zu einem relativ selbständigen Gebiet von Kulturarbeit. Das Wort »Sport« selbst wurde aus dem Englischen in die deutsche Sprache übernommen. Es war zunächst in der deutschen Arbeiterbewegung unüblich. Besonders die Turner lehnten es ab, weil es nach damaligem Sprachempfinden mit seinen Bedeutungen von »Belustigung«, »Spaß« und »Zeitvertreib« zu stark an die »ritterlichen« und »weidmännischen« Vergnügungen der englischen Aristokratie erinnerte: Reiten, Rudern, Jagen und Windhundrennen. Auch war das von den Turnern abgelehnte Fußballspiel eine »Sportart«. Zu Beginn des 20. Jahrhunderts wurde der Sport zu einer leistungsbetonten Form körperlicher Ertüchtigung mit festgelegten Regeln und Normen. Der organisierte Sport verwies die Schaukämpfe in die Varietés, Zirkuszelte oder auf Rummelplätze. Freizeitsport sowie Leistungssport und der damit verbundene öffentliche Wettkampf wurden zu Säulen der Sportbewegung. Gesonderte Sportarten bildeten sich heraus. Die sportlichen Vorführungen wurden vielfältiger. Sportlicher Wettkampf für Geld und Amateursport differenzierten sich zu selbständigen Bereichen. Kulturhistorisch gesehen stand die Arbeitersportbewegung inmitten dieser Aufspaltungsprozesse. Das führte zu Widersprüchen, historisch bedingten Einseitigkeiten und unrealistischen Vorstellungen. Sie sind Teil

54 Arbeiter-Turnzeitung, 1904, Nr. 21, S. 263.

Budike, Kneipe, Restauration –
hier verbrachten Arbeiter ihre Freizeit ...

... hier begann ihre Organisation.
In diesem Kellerlokal gründeten Buchdrucker
ihren ersten Leseverein

Gewerkscha s = haus.

Wo organisationseigene Häuser eingerichtet werden konnten, war die »Lokalfrage« gelöst.

Jugendheime ermöglichten kulturelles Leben außerhalb der Kneipen.

Eine Vielzahl von Freizeitvereinen entstand.

Arbeiter im selbstgeschaffenen Freizeitpark
in Waldheim bei Stuttgart

Geselligkeit und Organisation gehörten eng zusammen:
Ausflug sozialdemokratischer Arbeiter 1897

Arbeiterorganisation half Alltagsfragen meistern: proletarische Konsumvereine ...

... und Rechtsberatungsstellen

Angebote der Abstinenzler und Freidenker:
Alkoholfreie Getränke im Freien

Zimmerschmuck für Jugendweihen

Zwei Wege, das Kulturniveau der Funktionäre zu heben:
Parteischule und Bildungsausschüsse.

Lehrer der Parteischule 1910

Die Geschäftsführer des Zentralbildungsausschusses
Heinrich Schulz (2. v. r.) und Wilhelm Pieck

der Idealbildung der Arbeiterbewegung dieser Zeit. Die Idealvorstellungen des ATB fußten zum einen auf der Stellungnahme gegen die sogenannte Vereinseitigung des Fabrikarbeiters und zum anderen auf der Ablehnung der Leistungsorientierung im Sport.

In wichtigen Veröffentlichungen des ATB erschien das Leben der Industriearbeiter als »unnatürlich«. Es wurde gemessen an abstrakten Vorstellungen allseitiger Persönlichkeitsentwicklung. Ideale des aufstrebenden Bürgertums vom geistig und körperlich voll entfalteten Menschen, humanistische Kulturvorstellungen einer bürgerlichen Elite, galten als Maßstab der Bewertung des Proletarieralltags in Arbeit und Freizeit. Intensive, in verschiedener Weise belastende, vorwiegend körperliche Arbeit und technikbetonte Fachbildung widersprach den idealen Vorstellungen von proletarischer Lebensweise, die die meisten Theoretiker der Arbeiterturnbewegung entwickelt hatten. Der Natur des Menschen seien Teilung der Arbeit, erzwungener Leistungsdruck, Fabrikarbeit und Großstadtleben entgegengesetzt. Dem entsprach die Sportauffassung des ATB als kulturelles Gegenprogramm. Das Wett- und Preisturnen sowie der Leistungssport wurden generell abgelehnt. Jede Begünstigung und Auszeichnung einzelner Turner galt als bürgerlich. Allseitige Körperanstrengung sollte einseitige physische Belastungen ausgleichen. Der Begriff der »Natürlichkeit« umfaßte dabei Kraft, Schönheit, Ausdauer und Gewandheit als anzustrebende Werte. Sie wurden in Lichtbildervorträgen historisch begründet. Diese stellten den Arbeitersport als Fortsetzung historisch gewachsener humanistischer Werte der Körperkultur seit der Antike dar. Vor allem das individualistische Sporttreiben sollte durch kollektives Turnen ersetzt werden. Deshalb lehnte der ATB jede turnerische Veranstaltung ab, »die nicht geeignet ist, Massen zu erfassen«[55]. Arbeiter turnten in Massen gleiche Übungen und zeigten damit den Gleichklang ihrer Ideen und ihres Handelns.

Arbeiterturnen war organisiertes Turnen. »Wilde Tur-

55 Karl Frey: Streitschrift für Mitglieder des Arbeiter-Turnerbundes, S. 79.

nerei« galt als der Arbeiterklasse unwürdig, genauso wie unorganisiertes Dasein im wirtschaftlichen und politischen Tageskampf überhaupt. »Wilde Turnerei« war eine abzulehnende Form spontan-geselliger Unterhaltung, die es galt, in die Bestrebungen des ATB einzuordnen. Das bedeutete im damaligen Sprachgebrauch ihre »Veredelung«. Um 1905 bestanden im industriellen Niederrhein-Gebiet und in Westfalen etwa 300 dieser »wilden« Vereine. »Meist sind es die Inhaber von Schanklokalen, die, um einen geselligen Mittelpunkt für ihre Kneipe zu schaffen, die Gründung eines Vereins, gewöhnlich eines Turnvereins, in die Wege leiten. Bald wird ein Preisturnen veranstaltet, damit der Verein sich auch rentiert. Meist jeder inneren, idealen Regung bar, verlaufen diese Turnfeste. Ein widerlicher Umzug in auffallender, abstoßender Kleidung, die errungenen Siegespreise, wie Trinkhörner, Medaillen u. s. w. mit sich führend, leitet dieselben ein, und rohe Tätlichkeiten bilden oft den Schluß.«[56] Als »wild« wurden auch Fußball- und sogenannte Pyramiden- und Athletenvereine abgelehnt.

Der Institutionalisierungsprozeß der Arbeiterbewegung, der Übergang zu organisiertem Handeln und zu einheitlichem öffentlichem Auftreten spiegelte sich auch in der Turnbewegung wider. Sie erreichte vor dem Beginn des ersten Weltkrieges eine große Breite und einen hohen Grad an Organisiertheit. Es gab feste Regeln für die An- und Ummeldung, dafür, wie die Statistik zu führen war, sowie strenge Vorschriften zur Unfallverhütung. Zentrale Planung der Agitation und Einrichtung von Vereinskonsumen waren über die Turnbewegung hinausreichende Forderungen, die aber von den Turnvereinen ausgingen und auch realisiert wurden: In eigenen genossenschaftlichen Läden wurden Sportgeräte und -kleidung verbilligt verkauft.

Die Sportbewegung selbst war reich differenziert. Nach der Jahrhundertwende gab es Vereine der Turner, Athleten, Schachspieler und Segler. Am bekanntesten sind der Arbeiter-Radfahrerbund »Solidarität« und der Berliner Turnverein »Fichte« geworden. Ersterer unter-

56 Ebenda, S. 113.

Sportgeräte und -kleidung – für viele Arbeiter kaum erschwinglich – waren im organisationseigenen Vertrieb billiger.

hielt sogar ein großes, genossenschaftlich betriebenes Versandhaus. Die Mitglieder der Radfahrervereine taten sich politisch sehr hervor, besonders während der Wahlkämpfe; sie klebten Plakate, versahen Kurierdienste, beförderten Zeitungen und verteilten Flugblätter.

Das Radfahren war in den sechziger und siebziger Jahren, zunächst auf Hochrädern, noch ein Modesport und eine bestaunte und bezahlte Attraktion. In dieser

Zeit entstanden die ersten bürgerlichen Klubs. Erst mit der Produktion des sogenannten Sicherheits- oder Niederrades, die durch die Erfindung des Luftreifens 1888 möglich wurde, konnte sich das Fahrrad zu einem populäreren Fortbewegungsmittel entwickeln. Die nun auf breiten Absatz stoßende Fahrradindustrie sorgte für eine rasche Verbreitung von Rädern, was ihnen ihre Exklusivität nahm. Radrennen, seit 1881 in Berlin öffentlich, erlangten eine große Beliebtheit. Diese wurde später vom Fußball übertroffen, der in den achtziger Jahren als proletarischer Massensport anerkannt wurde. Gespielt wurde meist auf Exerzierplätzen und ebenen Wiesen, von denen mehrere später zu Stadien ausgebaut wurden.

Ein Fahrrad war vor 1914 eine teure Anschaffung. Auch deshalb schlossen sich Arbeiter zu Vereinen zusammen. Die sozialistische Orientierung der Arbeiter-Radfahrer ging so weit, daß sie sich als »rote Kavallerie« der Arbeiterbewegung verstanden. »Wenn Partei und die Gewerkschaften die große, geschlossene Armee darstellen, die mit Infanterie und Artillerie vorwärts marschiert, dann sind sie auf ihren stählernen Rossen die roten Husaren des Klassenkampfes, die Aufklärungspatrouillen, die um das Heer herumschwärmen. Sie kommen auf ein Gelände, auf das die Hauptmacht nicht immer hinlangt, und sie arbeiten für die Hauptmacht, wenn sie einmal bei ihren Mitgliedern Klassenbewußtsein wecken, und dann, indem sie unmittelbar ihr Stahlross in den Dienst der guten Sache stellen, indem sie hinausradeln auf das Land, wo noch Finsternis die Köpfe umhüllt, ... indem sie ..., wie jüngst bei Strassendemonstrationen (sich) dem Meldedienst widmen.«[57]

Arbeiterturner und Arbeiterradfahrer unterstützten gleichermaßen das organisierte Wandern. Ein politisches Ziel war es dabei, ein Gegengewicht zur bürgerlichen »Wandervogel«-Bewegung zu schaffen. Der Sozialdemokrat Engelbert Graf gab der sozialistischen Wanderbewegung ein kulturpolitisches Konzept, das besonders auf jugendliche Arbeiter als Adressaten zielte.

57 Siehe Der Arbeiterradfahrer, 15. August 1910.

Er empfahl, Wandersparbücher beim örtlichen Konsumverein einzurichten, um längere Wanderungen und Übernachtungen bezahlen zu können. Die Zentralstelle für die arbeitende Jugend und die ihr angeschlossenen Jugendausschüsse verliehen Wandergeräte. Beim Wandern sollte, so Graf, gesungen, dabei aber auf Kampflieder ebenso wie auf Schlager verzichtet werden. Reigentänze, Lautenspiel, »Malskizzen« und Tagebücher sollten bei keinem Ausflug fehlen. Als Herbergen dienten meist Gewerkschaftshäuser, später eigene Jugendheime, aber auch Gasthöfe und Scheunen.

Grafs Konzept lehnte sich an die Bestrebungen der bürgerlichen »Wandervogel«-Bewegung an. Proletarische Jugendarbeit sollte ähnlich attraktive Zusammenkünfte bieten und zugleich dem bürgerlichen »Unterhaltungsrummel« entgegengesetzt sein. »Aber von Grammophon und Musikautomaten laßt gefälligst eure Finger«, mahnte Graf, »und wer von euch sich unterstehen will, diesen Quälgeistern einen Nickel zu opfern, einem solchen Barbaren müßt ihr den Geldbeutel wegnehmen.«[58]

Angelehnt an die Bestrebungen der Lebensreformer entstand in den neunziger Jahren die »Naturfreunde«-Bewegung, eine vor allem Erwachsene und ältere Jugendliche erfassende proletarische Wander- und Touristenorganisation. Der Touristenverein »Die Naturfreunde« organisierte Wanderungen, Bergbesteigungen und Ausflüge. Damit begannen Arbeiter in eine weitere Domäne bürgerlicher Freizeitkultur einzudringen. Den Arbeitern wurde an Stelle von Alkohol und Karten in der Kneipe das Wandern empfohlen. Der Verein ging aber in seinen kulturellen Zielstellungen weit über ein Wanderprogramm hinaus. Er verstand sich von Anfang an als proletarische Reaktion auf die vegetarische Bewegung. Deshalb propagierte er all jene Werte, die seiner Meinung nach den Arbeiter erst zum Menschen machen: Kunstaneignung und Naturbewunderung. Eine ideologische Abgrenzung von bürgerlichen Parallelvereinen fand

58 Engelbert Graf: Wie soll man wandern? Anleitungen und Winke, Berlin 1913, S. 28.

nicht statt. Kunst und Natur blieben allgemeine Begriffe. So stand der Verein pädagogischen Reformbestrebungen näher als den politischen Zielstellungen des ATB oder gar der Sozialdemokratie.

Kunstpflege – die Arbeitersänger

In der deutschen Arbeiterbewegung gab es von Anfang an laienkünstlerische Bestrebungen und in wachsendem Maße Institutionen der Kunstvermittlung, die in den dramatischen Abteilungen der Arbeiterbildungsvereine ihren organisatorischen Ursprung hatten. Die am weitesten verbreitete dieser Institutionen wurde die Volksbühnenbewegung. Zur institutionalisierten Verbreitung von Kunst war auch die breite belletristische Verlagstätigkeit zu rechnen. Die Bildungsvereine des Zentralbildungsausschusses hingegen galten nicht als Kunstvereine. Sie orientierten aber am intensivsten auf die ästhetische Erziehung der organisierten Arbeiter. Die Arbeitersängerbewegung stellte die breitenwirksamste proletarische Laienkunstvereinigung vor 1914 dar.

Der Deutsche Arbeiter-Sängerbund (DAS) entstand 1908 aus der schon 1892 gegründeten Lieder-Gemeinschaft. Die Sänger grenzten sich durch den politischen Inhalt ihrer Lieder von der bürgerlichen Musikkultur ab. Doch nicht nur darin bestand der Gegensatz zu Stammtischklängen, Kirchenchören und Kunstgesängen. Die Arbeitersänger umrahmten gemeinsam mit den Turnern so manche Parteiveranstaltung und Arbeiterversammlung und steigerten ihre ideelle und ästhetische Wirkung. Auch haben die Sänger nicht nur gesungen und die Turner nicht nur geturnt: Es wurde gefeiert, Skat gespielt, gekegelt und auch gemeinsam gegessen und getrunken. Weihnachten wurde oft zusammen mit den Familien begangen.

Seit den sechziger Jahren bildeten sich die Arbeitersängervereine aus der proletarischen und handwerklichen Geselligkeit heraus. »Im äußeren Ablauf und der künstlerischen Gestaltung unterscheiden sich die ersten proletarischen Feiern und Feste kaum von denen bürger-

Liedersammlung

des

Allgemeinen Arbeiter-Sängerbundes.

Lieferung I.

No. 1. **Scholz, G., op. 12. Im Wald:** „Ich ruh' auf meines Freundes Schooss". — No. 2. **Arendt, C., Arbeiter-Marsch:** „Schon dämmert in der Ferne".

Lieferung II.

No. 3a. **Scholz, G., op. 13. Motto des Arbeiter-Sängerbundes:** „Frei nur im Wort"; b. **Wahlspruch des Arbeiter-S.-B.:** „Blank die Ehr'"; c. **Trinkspruch des Arbeiter-S.-B.:** „Den Becher erhoben". — No. 4. **Sahm, Carl, Vivat der neue Wein:** „Ja! Trinkt ihr nur den neuen Wein". — No. 5. **Arendt, C., op. 2. Die Arbeitsmänner:** „Wer schafft das Gold zu Tage".

Lieferung III.

No. 6. **Scholz, G., op. 18. Roth:** „Wenn rings auf ungewissem Flügel". No. 7. **Scholz, G., op. 10. Fahnenlied:** „Auf und lasst die Fahne fliegen".

Lieferung IV.

No. 8. **Scholz, G., op. 26. Grablied:** „Zum Reich der Gräber". — No. 9. **Marseillaise:** „Wohlan, wer Recht". — No. 10. **Hilker, W., Der Maigesang:** „Zertrümmert ist der erste Bau".

Preis à Lieferung:
Partitur —.80, Stimmen 1.—.

Arbeiter-Lieder.

Eine Sammlung

der

schönsten Arbeiterlieder für Männerchor.

No. 1. **Stolle, H., Bundeslied:** „Damit es besser werde".
Part. 20 Pf., Stimmen 40 Pf.

No. 2. **Kreutzer, C., Der wahre Mensch:** „Wer kämpft allein um der Menschheit Gedeih'n".
Part. 20 Pf., Stimmen 40 Pf.

No. 3. **Scholz, G., op. 1, Republik:** „Das schönste Wort wohl auf der Welt".
Part. 20 Pf., Stimmen 40 Pf.

No. 4. **Scheu, J., Der Arbeitsmann:** „Wer müht sich um geringen Sold".
Part. 60 Pf., Stimmen 60 Pf.

No. 5. **Carl, M., An Michel:** „Soll lieber Michel ich dir rathen".
Part. 20 Pf., Stimmen 40 Pf.

No. 6. **Scholz, G., op. 2. Frühlingsgedanken:** „Es schlug der Frost den Fluss in Bande".
Part. 20 Pf., Stimmen 60 Pf.

No. 7. **Scholz, G., op. 3, Sängermarsch:** „Frisch auf, zum Wandern herbei".
Part. 60 Pf., Stimmen 80 Pf.

No. 8. **Käpplinger, W., Commerslied:** „Brüder in der trauten Runde".
Part. 20 Pf., Stimmen 40 Pf.

No. 9. **Scholz, G., Die Arbeit:** „Wohin, o Mensch, dein Auge sieht".
Part. 60 Pf., Stimmen 60 Pf.

No. 10. **Heinz, P., op. 21, Die Arbeit:** „Wohin, o Mensch, dein Auge sieht".
Part. 60 Pf., Stimmen 60 Pf.

Eigenthum des Verlegers für alle Länder.
Den internationalen Verträgen gemäss deponirt.

ALFRED JAHN, LEIPZIG, Eisenstraße 30.

Die Arbeitersänger grenzten sich durch den politischen Inhalt ihrer Lieder von der bürgerlichen Musikkultur ab.

licher Prägung. Unterschiede ergaben sich aus dem Inhalt und der Zielstellung des Zusammenkommens. Man will sich auch unterhalten, amüsieren, will feiern, aber dabei im Kreise der Genossen bleiben ... Über die Programme dieser Veranstaltungen liegen keine Einzelheiten vor, aber die Mitwirkung der ›Humoristen‹, ›Komiker‹, ›fidelen Kapellen‹, ›Gesangsquartette‹, ›deklamatorischen Vereine‹ u. ä. läßt den Schluß zu, daß diese Darsteller eine ›leichte, für das Volk bestimmte Kunst‹ boten, mit der sie sich auch an die freien Veranstalter verkauften.«[59]

Wo die Arbeitersängervereine nicht spontaner Geselligkeit entsprangen, gingen sie aus den Gesangsabteilungen der Arbeiterbildungsvereine hervor. Zentralisierungsbestrebungen gab es seit Mitte der siebziger Jahre. 1877 wurde in Gotha der Allgemeine Arbeiter-Sängerbund gegründet, der allerdings 1878 dem Sozialistengesetz zum Opfer fiel. 1892 knüpfte die Lieder-Gemeinschaft der Arbeiter-Sängervereinigungen Deutschlands an diese Zentralisierungsbestrebungen an. Die Lieder-Gemeinschaft verdankte ihre Entstehung wirtschaftlichen Überlegungen, zum Beispiel der gemeinsamen Beschaffung von Notenmaterial. Später wurde diese Aufgabe durch den organisatorischen und agitatorischen Aspekt ergänzt. Das ab 1899 jährlich einmal und ab 1902 zweimal im Jahr erscheinende Publikationsorgan (Mitarbeiter: Emanuel Wurm, Hermann Duncker) förderte die Bestrebungen zum Zusammenschluß der Arbeitersänger und orientierte die Vereine auf ein Liedgut, das sich vom Repertoire bürgerlicher Vereine politisch unterschied.

Komponisten und Arbeiterdichter wie Josef Scheu, Paul Büttner, Gustav Adolf Uthmann und Otto Sachsdorf bemühten sich um ein eigenes proletarisches Liedgut und förderten vor allem den Chorgesang der Männer. Erst nach der Jahrhundertwende kamen Frauen- und gemischte Chöre hinzu. Die Arbeitersängervereine

59 Werner Kaden: Die Entwicklung der Arbeitersängerbewegung im Gau Chemnitz des deutschen Arbeitersängerbundes von den Anfängen bis 1933, Zwickau 1966, S. 47/48.

waren zunächst reine Freizeitinstitutionen. Erst durch ihre Ausbildung zu geschulten Massenchören konnten sie der politischen Arbeiterbewegung von unmittelbarem Nutzen sein. So trugen die Chöre die Hauptlast bei der Gestaltung der Arbeiterfeste, besonders der Stiftungs- und Maifeiern. Die feste Organisation der Chöre strahlte auch auf die gewerkschaftliche und parteipolitische Gebundenheit der Mitglieder aus. Eine zeitgenössische Statistik belegt, »daß eine große Anzahl Arbeiter als politisch und gewerkschaftlich unorganisiert den Arbeitergesangvereinen beitreten. Wer aber erst dem Arbeitergesangverein als Mitglied angehört, der ist auch bald für die gewerkschaftliche und politische Organisation gewonnen.«[60]

Viele Bräuche der ursprünglichen Geselligkeit lebten in der Arbeitersängerbewegung hartnäckig weiter. Beispiele dafür waren die sogenannten Kommerse sowie die Frühschoppen und Vereinsfeste. Viele Vereine bemühten sich, mit solchen Formen den Freizeitbedürfnissen der Arbeiter entgegenzukommen, wie es der Arbeitergesangverein »Lassallea« in Hamburg tat: »Das Protokollbuch erwähnt Tanzabende mit Frauen, Schinkentouren, Wanderungen, gesellige Zusammenkünfte und Mitwirkung auf Veranstaltungen der Partei und der Gewerkschaften. ... Seine künstlerischen Leistungen müssen viel zu wünschen übrig gelassen haben. Immer wieder wird über schlechte Disziplin an den Übungsabenden geklagt, wo oft die Mitglieder erst vom Schanktisch in der Gastwirtschaft zum Üben herangeholt werden mußten.«[61]

Mit Ausbreitung des Opportunismus in der deutschen Arbeiterbewegung nach der Jahrhundertwende wurde die sogenannte Tendenzmusik besonders auf offiziellen Partei- und Gewerkschaftsveranstaltungen immer mehr vernachlässigt. Eine der Ursachen dafür lag in der Entwicklung der größeren Arbeiterchöre nach 1900. Als

60 Victor Noack: Der deutsche Arbeiter-Sängerbund. Eine Materialsammlung des Bundes-Vorstandes, Berlin 1911, S. 5.
61 Johannes Schult: Die Hamburger Arbeiterbewegung als Kulturfaktor, Hamburg (1954), S. 112.

»Volkschöre« wandten sie sich vielerorts komplizierteren Musikwerken zu. Sie »lernten« von den bürgerlichen Chören, wie sie von deren Lehrern gelehrt wurden. Der »schöne Gesang« bekam einen höheren Stellenwert als die politische Aussage. Die Probe im Volkshaus unterschied sich nun vom geselligen Gesang im Vereinszimmer der Kneipe. Alfred Guttmann, 1930 Vorsitzender des künstlerischen Beirates des Deutschen Arbeiter-Sängerbundes, erklärte rückblickend: »Ganz langsam erst erwuchs die Erkenntnis, daß es mit der politischen Aufgabe allein nicht genug war; daß man den Musikdurstigen nicht nur Tendenzchöre vorsingen, sondern durch die Kunst der Musik ... etwas Seelisches geben sollte.«[62] Mit dieser Entwicklung gingen Veränderungen in der sozialen Zusammensetzung der Chöre wie der Zuhörerschaft einher. »Arbeiterbeamte« und das städtische Kleinbürgertum gewannen allmählich die Überhand.

Eine andere Ursache für die oben genannten Veränderungen bestand in der schon erläuterten »Abnabelung« der politischen von den geselligen Formen des Vereinslebens. Das zeigte sich in der Arbeitersängerbewegung besonders deutlich. Die Mehrzahl der nach 1905 entstehenden Chöre widmete sich noch immer ausschließlich Vergnügungen. Sie vermeldeten weder Konzerte noch Mitwirkung bei Arbeiterfesten.[63] Eine weitere Ursache ist im Freizeitkonzept der opportunistischen Kräfte in der Arbeiterbewegung aufzufinden, das noch zu beschreiben ist.

Selbsthilfegruppen – die Samariter

Die größten Selbsthilfeorganisationen stellten die Genossenschaften dar (zum Beispiel Arbeiterwohnungsbau- und Konsumgenossenschaften). Selbsthilfeorgani-

62 Alfred Guttmann: Aus der Ideenwelt des Arbeitersängers, Berlin 1930, S. 5.
63 Siehe Werner Kaden: Die Entwicklung der Arbeitersängerbewegung im Gau Chemnitz ..., S. 107.

Protokoll

des ersten Bundestages des Arbeiter-Samariter-Bundes.

Abgehalten am 26., 27. und 28. März 1910
im Volkshause zu Dresden.

Nebst einem Anhang:

Statut des Arbeiter-Samariter-Bundes.

ZENTRALBIBLIOTHEK DER GEWERKSCHAFTEN
FDGB

Selbstverlag des Arbeiter-Samariter-Bundes.
J. A.: E. Stein, Berlin-Charlottenburg, Kaiser Friedrichstraße 10.

Erste Hilfe und Gesundheitserziehung – Aufgaben der proletarischen Sanitätskolonnen

sationen waren auch die weiterbestehenden Beerdigungs- und anderen Kassen. Eine Gemeinschaft besonderer Art gruppierte sich um die populärwissenschaftliche Zeitschrift »Volksgesundheit«, die von Mitgliedern des gleichnamigen Verbandes herausgegeben wurde. Sie behandelte Themen wie »Mutter und Kind« und gab naturheilkundliche Unterweisungen. Das Blatt selbst war erst ab 1911 unter sozialdemokratischer Leitung, doch schon an seiner Gründung im Jahre 1890 waren sozialistisch orientierte Kräfte beteiligt, die aus dem bürgerlichen Bund der Naturheilvereine ausgetreten waren. Dank ihrem Einfluß gelang eine mehr politische Orientierung der Zeitschrift. Neben der Heilkunde wurden nun auch Fragen der Verstaatlichung des Gesundheitswesens und der Sozialhygiene behandelt.

Die »Volksfürsorge«, die Gesundheitsvereine und eine Reihe von kommunalpolitischen Initiativen, wie sozialdemokratische Kindergärten, Hausfrauenvereine, Asylvereine, Kinderschutzkommissionen, Kinderferienwanderungen, Spielstunden und Jugendfürsorge, waren Teil sozialdemokratischer Politik. Den Vorschlag zur Ausarbeitung eines eigenen kommunalpolitischen Programms hatte 1902 Paul Singer unterbreitet. Es wurde aber in der Folgezeit durch opportunistisch orientierte Sozialdemokraten wie Hugo Lindemann und Albert Südekum wesentlich in seiner politischen Tendenz bestimmt.

Selbsthelferische Aufgaben hatten sich besonders die Arbeitersamariter gestellt. 1909 gründeten Delegierte von 11 Kolonnen, so nannten sich die Abteilungen der Samariter, mit etwa 700 Mitgliedern aus 6 Städten den Arbeiter-Samariterbund (ASB). Er widmete sich dem Gesundheitsschutz und der hygienischen Aufklärung. Da das Rote Kreuz zu dieser Zeit noch eine militärische Vereinigung war, ermöglichte der ASB die Erste Hilfe am Arbeitsplatz und den zivilen Krankentransport. Er leistete außerdem Gesundheitsschutz bei Demonstrationen, Versammlungen und Sportveranstaltungen der Arbeiter.

Die erste Kolonne mit nur 6 Mitgliedern entstand 1888 spontan in Berlin. Häufige Unfälle auf den Bauplätzen der damaligen Außenbezirke veranlaßten einige Zimmerleute und Maurer, sich in Erster Hilfe auszubilden. Unterricht erteilte ein Arzt. »Ein anderer Anstoß zur Bildung von eigenen Sanitätsorganisationen ... war die allgemeine Sozialgesetzgebung. Durch die Bildung der Krankenkassen, in deren Vorständen auch Arbeitervertreter aufgenommen wurden, entstand eine engere Verbindung zwischen der Arbeiterbewegung und dem Gesundheitswesen im allgemeinen sowie den Ärzten im besonderen ... Die Krankenkassen, die interessiert waren, möglichst wenig auszahlen zu müssen, ... unterstützten die hygienische Aufklärungsarbeit und halfen später auch bei der Beschaffung von Sanitäts- und Verbandsmaterial.«[64]

Nach Gründung der ersten Kolonne ging die Entwicklung schnell voran. Die Hilfe am Arbeitsplatz wurde durch die öffentliche Sanitätswache, eine Art proletarischer »Gesundheitspolizei«, ergänzt. Andere Städte folgten dem Berliner Beispiel, und seit 1906 gab es Bestrebungen, eine Dachorganisation zu gründen. Zu den Aufgaben des ASB zählte nun die erste Hilfeleistung bei Unfällen und Erkrankungen, die Verbreitung medizinischen Allgemeinwissens, die Ausbildung in der Hauskrankenpflege und Hygiene, die Durchführung von Krankenwachen und die Besetzung von Unfallstationen, die Vermittlung von Hauskrankenpflegepersonal, die Einrichtung von Verbandskästen in Betrieben sowie die Kontrolle der Arbeitsschutzbestimmungen.

Die Zusammenarbeit mit den Gewerkschaften wurde angestrebt, gestaltete sich aber schwierig. Es existierten nämlich starke bürgerliche Samaritervereine, die einen großen Teil der Ausbildungsarbeit leisteten und den Arbeitern in der Regel aufgeschlossen gegenüberstanden. Angesichts dieser zum Teil arbeiterfreundlichen Haltung besaßen die politische Anbindung der bürgerlichen Rettungsgesellschaften an das Rote Kreuz sowie die Existenz bürgerlicher und kirchlicher Dachverbände zunächst zweitrangige Bedeutung für die Arbeiterbewegung. So sah das kommunalpolitische Programm der SPD keine proletarischen Sanitätskolonnen vor. Der er-

64 Gerd Moschke: Die sozial- und gesundheitspolitische Aktivität der Leipziger Kolonne des Arbeiter-Samariter-Bundes von 1904–1933 und ihr Kampf als Sanitätseinheit der Arbeiterklasse gegen die Folgen der imperialistischen Ausbeutung und Unterdrückung. Diss., Leipzig 1975, S. 6.

ste Bundestag der Arbeiter-Samariter 1910 in Dresden zählte zwar bereits 1240 Mitglieder, aber angesichts der Vielzahl nichtproletarischer Sanitätskolonnen war dieses Potential doch noch sehr gering.

Ein Nürnberger Delegierter gab auf diesem ersten Bundeskongreß einen anschaulichen Bericht über die Gründung seiner Kolonne. Zunächst sei er bei Partei- und Gewerkschaftsleitungen immer nur auf den Vorwurf der Vereinsmeierei gestoßen. Auch habe das Rote Kreuz die Gründungsversammlung durch mehrheitliche Anwesenheit zunächst verhindert. Die Arbeiter-Samariter baten nun Partei und Gewerkschaftskartell darum, die jährlich dem Roten Kreuz überwiesene Pauschalsumme ihnen zu überlassen. Dies wurde abgelehnt. »Man erklärte uns für einen Klimbimverein und meinte unter anderem: Zuletzt käme noch eine Arbeiterfeuerwehr.« Eine gewisse Wende habe ein Ausflug des sozialdemokratischen Wahlvereins gebracht, bei dem 22 Unfälle zu behandeln gewesen seien. Die »Arbeiterschaft hatte jetzt unsere Existenzberechtigung und Notwendigkeit erkannt«.[65] Jetzt zähle die Kolonne 67 männliche und 4 weibliche Mitglieder.

Der Arbeiter-Samariterbund erwies sich in der Folgezeit als eine Organisation, die von der politischen Neutralität zur Unterstützung des bürgerlichen Klassenstaates überging. Während des Krieges versah sie Etappen- und Heimatdienst. So war der ASB auch eine der ersten Massenorganisationen, aus denen Kommunisten 1921 austraten. Sie gründeten den Proletarischen Gesundheitsdienst.

Weltanschauungsvereine – Abstinente und Freidenker

Andere Funktionen als die bisher genannten Vereine hatte der 1903 ins Leben gerufene Deutsche Arbeiter-

65 Protokoll des ersten Bundestages des Arbeiter-Samariter-Bundes. Abgehalten am 26., 27. und 28. März 1910 im Volkshause zu Dresden. Nebst einem Anhang: Statut des Arbeiter-Samariter-Bundes, Berlin 1910, S. 8.

Deutscher Arbeiter-Abstinenten-Bund

(Sitz Hamburg).

Vorsitzender:

A. Neumann, Hamburg 26, Hammerlandstr. 222.

Kassierer:

C. W. Zänker, Altona, Schauenburgerstr. 130.

Auszug aus dem Statut:

§ 2.

1. Der Bund bezweckt, durch Bekämpfung des Alkoholgenusses und der Trinksitten innerhalb der Arbeiterschaft den Befreiungskampf der Arbeiterklasse zu fördern, die Lebenshaltung der Arbeiterschaft zu heben und der durch den Alkoholgenuß bedingten Degeneration derselben vorzubeugen.

2. Der Zweck soll erreicht werden: a) durch Aufklärung über die hygienischen, sittlichen und sozialen Schäden des Alkoholgenusses; b) durch das persönliche Beispiel der Enthaltsamkeit von allen alkoholischen Getränken (Branntwein, Wein, Obstwein, Most, Biere jeder Art); c) durch geeignete Bekämpfung des Alkoholkapitals.

§ 5.

1. Das Einschreibegeld beträgt für männliche Mitglieder 50 Pf., für weibliche Mitglieder 25 Pf.

2. Der Bundesbeitrag beträgt pro Woche für männliche Mitglieder 10 Pf., für weibliche Mitglieder 5 Pf.

Mitglied des Bundes kann man an jedem Orte Deutschlands werden. Befinden sich an einem Orte mindestens 10 Mitglieder, so können diese eine „Ortsgruppe" bilden.

»Bekämpfung des Alkoholgenusses und der Trinksitten«

Abstinentenbund (AAB). Neben fürsorgerischer Tätigkeit bei der Trinkerrettung und umfangreicher Propagandaarbeit gegen den Alkohol und dessen Mißbrauch widmeten sich seine Mitglieder besonders der Kulturarbeit. Sie wurden darin vor allem durch die proletarischen Freidenker unterstützt. Zu ihren Leistungen zählten die Ausarbeitung proletarischer Moralnormen und deren institutionelle Verankerung. So erhielten bereits vor 1890 die ersten Schulentlassenen in Berlin eine nichtkirchliche Jugendweihe. In ihrem Interesse an allen

Formen der Kulturarbeit wurzelte bei Abstinenten wie Freidenkern das Engagement in den Bildungsausschüssen der Sozialdemokratie. Angehörige beider Gruppen leisteten vorrangig kulturpolitisch-propagandistische Tätigkeit. Sie wirkten nicht als Freizeitvereine, sondern sahen ihre Aufgabe in der weltanschaulichen Beeinflussung der Tätigkeit dieser Vereine.

In der sozialistischen Bewegung wurde nach der Aufhebung des Sozialistengesetzes die Frage Mäßigkeit oder Totalabstinenz verstärkt diskutiert. Eine zahlenmäßig zunächst kleine, aber sehr engagierte Gruppe von Sozialdemokraten löste eine rege Debatte aus. So war die Gründung des AAB 1903 als direkte Gegenaktion zur Meinung derjenigen Partei- und Gewerkschaftsmehrheit gedacht, die im Zahlabend ihre Organisation der Mitglieder an der Basis gefunden hatte. Ziel des AAB war die »Bekämpfung des Alkoholgenusses und der Trinksitten innerhalb der Arbeiterschaft«. »Die Deutsche Arbeiterbewegung von den Folgen des heute noch auf der Arbeiterklasse lastenden Alkoholgenusses zu befreien, sie dadurch leistungsfähiger, kampftüchtiger zu machen, sie zu befähigen, immer entschiedener den Kampf gegen den kapitalistischen Klassenstaat zu führen, das ist unser Ziel«, hieß es in einem Dokument des AAB aus dem Jahre 1907.[66]

Stärker noch, als dies schon bei den Samaritern zu beobachten war, klagten die Abstinenten über den allgemein schwachen Besuch ihrer Vorträge, die Stagnation ihrer Mitgliederzahl und vor allem die Zurückhaltung der Partei und der Gewerkschaften ihnen gegenüber. Wie schon frühere, zeigte der Kongreß von 1907, daß sich die Abstinenten als eine Fraktion innerhalb der Sozialdemokratie betrachteten und ein Programm der Agitationsarbeit besaßen, um die Abstinenzfrage zur »Parteifrage« zu machen. Zu den Hauptpunkten dieses Programms zählte neben der Agitation gegen den Alkohol und der

66 Protokoll der 2. ordentlichen Generalversammlung des Deutschen Arbeiter-Abstinentenbundes nebst Bericht an die Delegierten. Stattgefunden in Hamburg (Gewerkschaftshaus) Pfingsten 1907, Berlin 1907, S. 3, 7.

Organisation alkoholfreier kultureller Veranstaltungen vor allem die Erziehung eines abstinenten Parteikaders. Der abstinente Funktionär sei eher bereit, Ämter zu übernehmen. Er sei fleißiger und uneigennütziger in der Organisation tätig als andere. Anklang fanden die Abstinenten vor allem bei Kulturarbeitern, Jugendvertretern und Naturfreunden.

Die Ablehnung des Alkohols wurde zunächst aus der mit seinem Genuß beziehungsweise Mißbrauch verbundenen gesundheitlichen Schädigung der Arbeiter begründet. Es gelte, die »physische und moralische Degeneration der Arbeiterklasse (zu verhindern), sie fähig zu machen, allmählich die Leitung und Beherrschung der Produktion und damit die Erbschaft der bürgerlichen Klasse zu übernehmen«[67]. Dazu müsse das Proletariat den Alkohol lassen. »Ein selbstbewußtes Proletariat ... wird dann am besten vorwärts kommen, wenn es, frei von der Betäubung des Alkohols, alle Schäden der Gegenwart sieht, sie mit allen vorhandenen Mitteln und mit ungelähmter Kraft des Geistes und des Körpers bekämpft, wenn es abstinent ist.«[68]

Die Diskussion der Abstinenzfrage wurde von der physischen Befindlichkeit des einzelnen Arbeiters immer mehr auf die der politischen Befindlichkeit der Arbeiterbewegung ausgedehnt. Zu den wesentlichen kulturpolitischen Aussagen der Abstinenten in dieser Richtung zählt die von dem belgischen Sozialdemokraten Émile Vandervelde aufgestellte These von den »falschen Bedürfnissen«, denen die Arbeiter und damit ihre Bewegung nachhingen. Nach einem Bericht der »Frankfurter Zeitung« erklärte Vandervelde 1902 vor streikenden belgischen Arbeitern: Der »Endsieg des Proletariats muß nicht nur ein Sieg über den Kapitalismus, sondern auch ein Sieg über sich selbst sein, über die Laster, die es erniedrigen, und über die falschen Bedürfnisse, die es un-

67 Hermann Blocher: Die Alkoholfrage in ihrem Verhältnis zur Arbeiterfrage, o. O., o. J. (um 1895), S. 19.
68 Wegscheider-Ziegler: Die arbeitende Frau und der Alkohol, Berlin o. J. (um 1904), S. 16.

terjochen«[69]. Zu diesen falschen Bedürfnissen zähle unter anderem der Alkohol. Die Abstinenten übernahmen damit das bürgerliche Vorurteil, daß die Arbeiter in Fragen der Kultur rohen und niedrigen Sinnengenüssen anhängen. Dieser Abqualifizierung durch die herrschende Klasse lag unter anderem der Wunsch zugrunde, ein arbeitseifriges, diszipliniertes und ausgeruhtes Personal zu haben, aus dem ein Mehr an Profit zu schlagen war. Weiterhin spielte die Beobachtung eine entscheidende Rolle, daß die Proletarier sich in Kneipen als Partei organisierten und »dunkle Streikkomplotte« ausheckten. Statt Alkohol zu trinken, solle sich der Arbeiter ausruhen, seine Familie versorgen und sich der Bildung widmen. Im gleichen Sinne argumentierten die sozialistischen Abstinenten, auch wenn ihre ideologische Zielrichtung genau entgegengesetzt war und den kämpfenden Arbeiter meinte. In dieser Hinsicht haben die Abstinenten zweifellos auf eine Stärkung der Arbeiterbewegung hingewirkt.

Einige sozialistische Abstinente gingen in der Übernahme dieser These aber so weit, daß ihnen der Kampf gegen den Alkohol wichtiger wurde als der Kampf gegen das Kapital. Auch opportunistische Konzepte wurden mit der Alkoholfrage verknüpft. »Der Alkohol drückt das Niveau der Arbeiterschaft noch unter die ökonomisch bedingte Höhe herab. Er verringert ihre Selbständigkeit dem Unternehmer gegenüber. Und da der Alkoholgenuß bei allen Menschen zu Ausschreitungen jeder Art die Veranlassung gibt, stört er auch die notwendige Ruhe und Besonnenheit der Arbeiterbewegung.«[70] Andere Abstinente leiteten aus der dann über den Alkoholgenuß hinausgehenden These von den »falschen Bedürfnissen«, die Konsumorientierung generell meinte, ein revolutionär-anarchistisches Konzept ab, wie Otto Rühle in den zwanziger Jahren. Beide Richtungen innerhalb der Abstinenten wollten den Genuß alkoholischer

69 Emile Vandervelde in einer Rede 1902. Zit. in: Georg Keferstein: Moderne Arbeiterbewegung und Alkoholfrage, Berlin o.J. (um 1905), S. 28.
70 Ebenda. (Keferstein selbst)

Schwindel

Schwindel ist es, wenn Bierbrauer und Wirte behaupten, Bier sei flüssiges Brot. **Bier ist flüssiger Tod.**

Bier macht dick, dumm und faul.

Der Bierphilister ist der Feind jedes Fortschrittes. Warum? Weil er nur noch sich selber mästen mag, weil er zu dumm ist, den Fortschritt zu begreifen, weil er zu faul ist, sich für etwas Rechtes anzustrengen.

Arbeiter, hütet Euch vor den Bierphilistern unter Euch!

Die Abstinenten betrieben eine rege Agitation.

Getränke durch den Genuß ästhetischer und geistiger Produkte, Kunst und Bildung ersetzen. »Bedauerlicherweise sind die großen Parteifeste, wie z. B. die Maifeier, mancherorts leider zum reinsten Jahrmarktstrubel herabgesunken. Auf diesem Gebiete müssen wir bahnbrechend wirken und bei der Abhaltung unserer eigenen Festlichkeiten dafür sorgen, daß das bestmöglichste geboten wird.«[71] Hier stimmten die Absichten der Abstinenten wiederum mit denen der Freidenker überein.

Das kulturpolitische Konzept der Freidenker war insofern aufgeklärter als das der Abstinenten, als es auf einem tieferen Verständnis der Rolle von Sitten, Regeln und Riten im menschlichen Leben beruhte. »Ursprünglich waren nicht wenige sozialistische Freidenker Hamburgs – wie andernorts auch – der Meinung, auf alle Feste und Feiern, die von der Kirche durchgeführt werden, darunter auch auf die Konfirmationsfeier, verzichten zu können. Es war ihnen noch nicht bewußt, daß diese Feste und Feiern, auch die Feier aus Anlaß des Eintritts der Jugendlichen in den Kreis der Erwachsenen, älter sind

71 Protokoll der 2. ordentlichen Generalversammlung des Arbeiter-Abstinentenbundes ..., S. 41, 44.

als Christentum und Kirche, daß ihnen in Wirklichkeit keine religiösen, sondern menschliche und gesellschaftliche Bedürfnisse und Erfordernisse zugrunde liegen. Erfahrungen und Überlegungen führen die proletarischen Freidenker dazu, ihre Haltung zu korrigieren.«[72]

So waren es die Freidenker, die den historisch gewachsenen Festen und Feiern der Menschen ein neues, sozialistisches Gepräge geben wollten. Sie strebten an, die Feste, Feiern, Versammlungen, Demonstrationen und Kongresse der Arbeiterbewegung aus der Alltäglichkeit herauszuheben. Erst auf diesem gedanklichen Wege wurden viele von ihnen zu Gegnern des Alkohols und des Zahlabends.

Die Freidenker waren zunächst eine internationale antikirchliche Aufklärungsvereinigung. Sie hatten in der 1880 gegründeten Brüsseler-Freidenker-Internationale ihre Organisationsform. 1881 wurde der Deutsche Freidenkerbund gegründet, dem auch Gelehrte wie Ludwig Büchner und Sozialdemokraten wie Wilhelm Liebknecht angehörten. Die meisten Mitglieder gingen aus dem Bund freireligiöser Gemeinden hervor, der bereits 1859 durch den Zusammenschluß von »Deutschkatholiken« und »Lichtfreunden« entstanden war. »Innerhalb der freireligiösen Gemeinden behauptete sich lange eine pantheistische Mystik im merkwürdigen Gemisch mit utilitaristischer Moral. Die Sonntags-, Jugend-, Ehe-, Totenfeiern, die Frühlings-, Herbst-, Sonnwendfeste, die Erbauungen, Gedenktage, Dichterabende etc. versetzten die Zuhörer in einen meist undefinierbaren Gefühlsnebel ... Die Freidenkerorganisationen hingegen stellten ein mehr streitbares Element, gingen aggressiv gegen die Kirche vor und bewegten sich weltanschaulich entschiedener in der Richtung zum Atheismus.« Im Sinne der von Otto Rühle als »sektiererische Alchemie aus philosophischen, naturwissenschaftlichen und religiösen Ingredienzien« bezeichneten Weltanschauung wirkte auch

72 Gotthold Krapp: Die Kämpfe um proletarischen Jugendunterricht und proletarische Jugendweihen am Ende des 19. Jahrhunderts. In: Monumenta paedagogica, Bd. XVII, Berlin 1977, S. 177/178.

der 1906 von Ernst Haeckel gegründete Monistenbund, der vor allem bürgerliche Intellektuelle erfaßte.[73]

Eine neue Qualität erreichte die freigeistige Bewegung nach 1905 mit der vor allem gegen die preußische Schulgesetzgebung gerichteten Kirchenaustrittsbewegung, die im wesentlichen vom »Komitee Konfessionslos« geleitet wurde, das sich 1910 als Organisation konstituierte. Es führte eine Reihe von Großversammlungen mit dem Ergebnis durch, daß in Berlin 1913/1914 etwa 100000 Menschen aus der Kirche austraten. Der Redakteur und Arbeiterfunktionär Adolph Hoffmann, der Naturforscher und Philosoph Ernst Haeckel, der Chemiker und Schreiber freireligiöser Predigten Wilhelm Ostwald, der Schriftsteller und Gründer der Berliner Freien Volksbühne Bruno Wille, der Arbeiterführer, Rechtsanwalt und Jugendfunktionär Karl Liebknecht und der Propagandist der proletarischen Genossenschaftsbewegung Heinrich Peus zählten zu den Aktivisten dieser Bewegung.

Der schon erwähnte Monistenbund wurde 1911 »eingetragener Verein«, zählte 6000 Mitglieder in 42 Ortsgruppen und 750 Einzelmitglieder, darunter der Kunsthistoriker und Museumsdirektor Wilhelm Bölsche, Bruno Wille, der Verfasser sozialer Dramen Hermann Sudermann, der sozialdemokratische Pfarrer Max Maurenbrecher, Heinrich Peus und der Kulturhistoriker Ernst Müller-Lyer, dessen »Kulturwissenschaft« und Idee eines neuen »Menschentumsevangeliums« die ideologische Grundlage des Bundes und anderer Organisationen dieser Art prägte.

Neben dem »Komitee Konfessionslos« gab es um die Jahrhundertwende eine Vielzahl anderer nichtproletarischer Organisationen, die eine liberal-humanistische Kulturpolitik verfochten. Die Mehrzahl dieser Organisationen kritisierte den preußischen Machtapparat. In manchen ihrer Forderungen stimmten sie mit denen der Sozialdemokratie überein. Deshalb sah die deutsche Arbeiterbewegung in vielen Fragen der Kulturpolitik hier

73 Otto Rühle: Illustrierte Kultur- und Sittengeschichte des Proletariats, Band 2, Gießen 1977, S. 101.

praktische oder potentielle Bündnispartner. Dem Marxismus standen sie allerdings fern. Wegen der Vielzahl bürgerlich-liberaler Organisationen mit ihren breitgefächerten, oft sehr radikal scheinenden Absichtserklärungen und wegen der in ihnen vertretenen Prominenz des deutschen Geisteslebens gelang es proletarischen Organisationen dieser Art nur sehr schwer, auf einem ihr neuen Terrain eigenes Profil zu gewinnen, sich überhaupt erst einmal organisatorisch von bürgerlichen Weltanschauungsvereinen zu lösen.

Angehörige zunächst selbständiger freidenkerischer Organisationen, wie des Freidenker-Vereins aus Eisenach und des Nürnberger Freidenker-Vereins sowie Mitglieder der Berliner Freireligiösen Gemeinde gruppierten sich immer mehr um die 1905 von Konrad Beißwanger geschaffene Zeitung »Der Atheist«. Sie gründeten schließlich 1908 in Eisenach den Zentralverband proletarischer Freidenker. Den 93 Ortsgruppen (1913) wurde jährlich ein- bis zweimal kostenlos ein Redner zur Verfügung gestellt. Neben dem Zentralverband existierte der 1905 von Berliner Sozialdemokraten ins Leben gerufene Verein der Freidenker für Feuerbestattung. Nach dem Krieg ging aus beiden Vereinigungen die Gemeinschaft proletarischer Freidenker (GpF) hervor, eine Organisation, in der viele Kommunisten wirkten.

Jugendarbeit – Versuche der Organisation

Bis zur Jahrhundertwende waren es hauptsächlich die konfessionellen Jugendvereinigungen und der bürgerliche Deutsche Turnerbund, die mit und für 14- bis 18jährige Jugendarbeit leisteten. Restriktive Vereinsgesetze und die vorrangige Orientierung der Arbeiterbewegung auf die berufstätigen Industriearbeiter wirkten zunächst der Bildung proletarischer Jugendvereine entgegen. Das änderte sich Anfang des 20. Jahrhunderts. 1904 wurden der Verein der Lehrlinge und jugendlichen Arbeiter Berlins und der Verband junger Arbeiter Mannheims gegründet. Rechtsschutz, Stellennachweise, Lohnvergleiche und Bildungsmaßnahmen waren ihre Anliegen. Dem

Berliner Verein wurde darüber hinaus die Aufgabe gestellt, seine Mitglieder auf den gewerkschaftlichen Kampf vorzubereiten. Weitere Vereinsgründungen folgten.

Auf Anraten Karl Liebknechts trafen sich im Dezember 1906 Vertreter der Berliner, Bernauer und Harburger Vereine, die zusammen etwa 1 500 Mitglieder vertraten, zu einer Konferenz. Ziel war es, eine zunächst lose Verbindung unter den Jugendvereinen herzustellen. Die auf der Konferenz ins Leben gerufene Vereinigung der freien Jugendorganisationen (Sitz Berlin) brachte die Jugendfrage 1905 und 1906 in die Parteitagsdebatten der SPD ein. Der begonnene Zusammenschluß der Jugendvereine wurde 1908 durch ein neues Vereinsgesetz unterbunden, das in ganz Deutschland Jugendlichen unter 18 Jahren jegliche politische Tätigkeit verbot.

Die rechten Führer in der deutschen Sozialdemokratie nutzten dieses Gesetz als Vorwand, um die proletarische Jugendbewegung in ihrer bis dahin existierenden Form rundweg aufzulösen. Statt dessen konstituierte sich im Dezember 1908 die Zentralstelle für die arbeitende Jugend Deutschlands. Sie stand unter dem Vorsitz Friedrich Eberts. Ab 1909 wurde eine neue Zeitung, »Die Arbeiter-Jugend«, herausgegeben. An die Stelle der Jugendvereine traten sogenannte Jugendausschüsse. »Es bestand kein Vorstand der Jugend, es wurden keine Mitgliedsbücher geführt, keine regelmäßigen Vereinsversammlungen einberufen ... Hier in der Jugendbewegung gab es anfangs keinen festen Halt, es gab niemand, den man verantwortlich machen und auf den man sich verlassen konnte. An den Versammlungen nahmen immer andere Jugendliche teil, jeder Veranstaltung mußte eine neue Agitation vorausgehen.«[74] Da die Jugendlichen aber in einem ständigen Kampf mit der Polizei standen, bildete sich bald ein fester organisierter Kern heraus, der die Führung in die Hand nahm. Viele spätere KPD-Funktionäre sind durch diese Erfahrungen

74 Walter Sieger: Das erste Jahrzehnt der deutschen Arbeiterjugendbewegung 1904–1914, Berlin 1958, S. 159.

Veranstaltungen

für die Arbeiter-Jugend von Gera u. Umgeg.

im Monat Juni 1911

Donnerstag den 1. Juni **Vortragsabend.** Herr Fraenkel spricht über: „Die Schäden des Alkohols.“ Gasthaus zum Adler, Hospitalstraße.

Sonntag den 4. Juni und Montag den 5. Juni **Jugendtag in Weimar.** Die Abfahrtszeit wird noch bekannt gegeben. Anfragen und Anmeldungen sind an die Mitglieder des Jugendausschusses zu richten.

Donnerstag den 8. Juni **Leseabend.** Geinitz' Restaurant, Pfortener Straße.

Sonntag den 11. Juni **Waldausflug.** Zusammenkunft 2 Uhr nachmittags im Gasthaus zum Martinsgrund, Waldstraße.

Donnerstag den 15. Juni **Vortragsabend.** Herr Knauf spricht über: „Die moderne Arbeiterbewegung.“ Reußischer Hof in Debschwitz.

Sonntag den 18. Juni **Ausflug nach Köstritz.** Zusammenkunft 2 Uhr nachmittags in der Bockschänke, Untermhaus.

Donnerstag den 22. Juni **Leseabend.** Bockschänke Untermhaus.

Sonntag den 25. Juni **Ausflug nach der Talmühle.** Zusammenkunft ½2 Uhr nachmittags in Geinitz' Restaurant, Pfortener Straße. Rückfahrt von Wünschendorf. Fahrpreis 25 Pfg.

Donnerstag den 29. Juni **Spielabend.** Gasthaus zum Adler, Hospitalstraße.

Sämtliche Veranstaltungen sind unentgeltlich. Kein Trinkzwang.

Auch die weibliche Arbeiterjugend wird zu reger Beteiligung an allen Veranstaltungen herzlichst eingeladen.

Die **Wochentags-Veranstaltungen** beginnen abends punkt **½9 Uhr.** Für die **Sonntags-Veranstaltungen** werden **Aenderungen,** die etwa notwendig werden, **Sonnabends** in der **Reußischen Tribüne** bekannt gegeben.

Wir empfehlen unseren Jugendfreunden, bei allen unseren Zusammenkünften sich des Rauchens und des Alkoholgenusses zu enthalten.

Der Jugend-Ausschuß.

Mit attraktiven Freizeitangeboten warben die Jugendausschüsse.

zu konsequenten Gegnern des Klassenstaates und zu geübten Organisatoren geworden.

Um die Anhängerschaft der Sozialdemokratie unter den Jugendlichen zu erhöhen, gab die Zentralstelle für die arbeitende Jugend eine Reihe von Werbebroschüren heraus. Die von Heinrich Schulz, dem Geschäftsführer des Zentralbildungsausschusses der Sozialdemokratie, gehörte zu den verbreitetsten. Die Publikation unternahm den Versuch, auf die Lage, das Empfinden, das Denken und die Sprache der Jugendlichen einzugehen. Die proletarische Jugendbewegung hebe die jungen Arbeiter aus der Enge und Niedrigkeit, der Vereinsamung und Abgeschlossenheit ihres Daseins. Die Arbeiterbewegung biete ihnen Gemeinschaft und Solidarität. »Junger Freund, was dem Arbeiter heute die eigene kleine Familie nicht mehr bieten kann, das muß ihm die große Familie seiner Gesinnungsgenossen ersetzen. Die Arbeiter haben sich an Stelle der alten Familiengemeinschaft eine neue Gemeinschaft geschaffen: das ist die Organisation, das ist der Zusammenschluß der Gleichgesinnten, das ist die Vereinigung der vielen einzelnen Schwachen zu einer einzigen starken Gemeinschaft.«[75] Schulz setzte in seiner Argumentation auf die frühe Selbständigkeit der jugendlichen Arbeiter.

Großen Anteil an der fortschreitenden Organisation der Jugendlichen hatte die sozialistische Kulturarbeit der Jugendausschüsse. Zu den Formen proletarischer Jugendarbeit, die in vielen Artikeln der »Arbeiter-Jugend« propagiert wurden, gehörten Vorträge, Lehrgänge (zum Beispiel in Stenographie), Abende mit Diskussionen, Unterhaltung und gemeinsamem Lesen, literarische, Heim- und Spielabende, künstlerische Veranstaltungen, Singestunden, Spiele im Freien, Tagespartien, Halbtagsausflüge, Abendwanderungen, Exkursionen, Weihnachts- und Herbstfeiern sowie ähnliche Feste zu Ostern und Pfingsten, Besuche »photographischer und kinematographischer Aufführungen«, Waldfeste, Vereinsreisen, Führungen durch Museen und industrielle

75 Heinrich Schulz: Gehörst Du zu uns? Eine Anrede an einen jungen Arbeiter, 2. Auflage, Berlin 1914, S. 5.

Sonntag, den 2. Mai:

Ausflug der jugendlichen Arbeiter und Arbeiterinnen

von Forst und Umgegend

nach dem Turnplatz des Arbeiter-Turnvereins bei Koyne.

Sammelpunkt 1 3/4 Uhr nachmittags am Wasserturm.
Daselbst

Spiele und Belustigungen aller Art.

Kaffeekochen!

Die Arbeiter von Forst nebst Familien sind zur Teilnahme an dem Ausflug eingeladen.

Der Jugend-Ausschuss.

Bei ungünstiger Witterung **Zusammenkunft** bei **Felix Gay.**

Anlagen, botanische und geologische Wanderungen, Einrichtung von Vortrags-, Diskussions-, Spiel-, Geselligkeitsräumen, Lesezimmern und Bibliotheken in Jugendheimen, Ausleihe von Sportgeräten und noch anderes mehr. 1914 gab es an 391 Orten Jugendheime. Allerdings hatten 261 von ihnen nur einen Raum. Für die Jugendarbeit wurden in der Regel die Wochenenden genutzt.

Die kulturpolitische Grundlinie der Jugendveranstaltungen umriß der sozialdemokratische Jugendfunktionär Richard Weimann 1910 in einem Artikel mit der Überschrift »Ueber die Pflege der Unterhaltung und Geselligkeit«. Er bezeichnete die erziehenden, bildenden und veredelnden Faktoren der Jugendarbeit als die wichtigsten. »Freilich darf bei dieser Voraussetzung die Unterhaltung in unseren Jugendveranstaltungen nicht etwa so beschaffen sein, wie man dies in bürgerlichen Klimbimvereinen und leider auch manchmal bei Arbeiterfesten beobachten kann, daß dabei das Couplet und der humoristische Solovortrag die Hauptrolle spielen und dann gewöhnlich bis tief in die Nacht hinein getanzt wird. Irgend ein künstlerischer Wert wohnt solchen Darbietungen nicht inne, im Gegenteil, sie sind in der Regel oberflächlich, seicht, lächerlich und gemein und häufig darauf berechnet, die niedrigsten Triebe im Menschen zu erregen.«[76] Was unter dem Kampf gegen das »Schlechte und Fadenscheinige« zu verstehen war, erläuterte 1913 der sozialdemokratische Wanderredner und Literaturhistoriker Max Poensgen-Alberty genauer: »Hütet Euch ... grundsätzlich vor einer Aufführung jener rohgezimmerten Stücke, die meist einen widerwärtigen Mischmasch von plumper Tendenz und verlogener Rührseligkeit darstellen. Sie verderben bloß Euren Geschmack. Wagt Euch auch nicht an die Aufführung der Klassiker. Die müssen Euch zu hoch stehen, als daß Ihr Euch an ihnen durch eine in jedem Fall unzulängliche Darstellung versündigt.«[77] Auch in der Jugendarbeit, das machen diese Ratschläge deutlich, hatte sich die deutsche Arbeiterbewegung mit dem Verhältnis von politischer Arbeit, ästhetischer und moralischer Erziehung und unterhaltender Geselligkeit auseinanderzusetzen.

Esperantisten und Stenographen

Die proletarischen Esperanto- und Stenographenvereine waren Bildungsvereine zum Erlernen einer Sprache beziehungsweise einer Kurzschrift. 1887 schuf der Warschauer Augenarzt Ludwig Zamendorf die Kunstsprache Esperanto. 1888 gab es bereits den ersten deutschen Esperantoverein. Die Gründung des Arbeiter-Esperantobundes (AEB) ist weitgehend mit der seit 1911 erschienenen Zeitung »Arbeiter-Esperantist« verbunden. Der Gedanke an eine einheitliche Weltsprache war in den

76 Richard Weimann: Ueber die Pflege der Unterhaltung und Geselligkeit. In: Arbeiter-Jugend, 1910, Nr. 2, S. 6.
77 Max Poensgen-Alberty: Vom Rezitieren und Theaterspielen. Arbeiter-Jugend, 1913, Nr. 5, S. 239.

proletarischen Vereinen stets mit der Betonung des internationalistischen Charakters der Arbeiterbewegung verknüpft. Esperanto sollte die Einheit der Arbeiter aller Länder durch sprachliches gegenseitiges Verstehen fördern und herstellen. Neben dem AEB existierte noch der Arbeiter-Ido-Bund, dessen Mitglieder eine andere Kunstsprache allgemein einführen wollten.

Gleichermaßen missionarisch wie die Esperantisten traten die Arbeiter-Stenographen auf. Das Bedürfnis nach einer Kurzschrift entstand in Deutschland zu Beginn des 19. Jahrhunderts mit der beginnenden Industrialisierung, der damit notwendig gewordenen Registratur sowie den verwaltungstechnischen Anforderungen der bürgerlichen Demokratie. Nach 1846 entstanden verschiedene Vereine zur Förderung der Stenographie. Hier sind der 1868 gegründete Deutsche Gabelsberger-Stenographenbund, später in Deutscher Stenographenbund Gabelsberg umbenannt, sowie der Arendssche Stenographen-Bund zu nennen. Letzterer nahm 1875 das System von Heinrich Roller an, nach dessen Kurzschrift die Verhandlungen der ersten sozialdemokratischen Parteitage stenographiert wurden. Der Deutsche Arbeiterstenographenbund System Arends, wie er sich später nannte, entfaltete eine rege Werbetätigkeit unter den Arbeitern. 1905 gegründet, hatte zum Beispiel die Ortsgruppe Chemnitz zeitweise über 300 Mitglieder. In der Zeit von etwa 1890 bis 1933 bestanden im deutschsprachigen Raum 13 Arbeiterstenographenverbände. Zu ihnen gehörten viele hundert Ortsgruppen. Seit 1907 erschien in Wien die Zeitung »Arbeiter-Stenograph«, das einflußreichste Fachblatt der Stenographen. Um 1900 gab es verstärkte, aber ergebnislose Bestrebungen, ein einheitliches System der Kurzschrift für die deutsche Sprache zu schaffen.

Der Deutsche Arbeiter-Stenographenbund, wahrscheinlich bereits vor 1900 gegründet, war die am besten organisierte und politisch am meisten mit der Arbeiterbewegung verbundene Vereinigung. Die Anrede war »Schriftgenosse«. Der Deutsche Arbeiter-Stenographenbund wollte ein »Volksbildungsverein« sein, »eine Bildungsschule für die Arbeiterschaft ... Unsere Mit-

Deutscher Arbeiter-
Stenographenbund.

Protokoll
des achten
Bundestages.

Vom 6. bis 9. Juni 1908
in Elberfeld.

Verlag von G. Richter, Lahr (Baden).

Druck von Geck & Cie., Karlsruhe.
1908.

Die »Schriftgenossen« sahen ihre Organisation als »Volksbildungsverein«.

gliedschaften sollen den wissenschaftlichen Mittelpunkt der modernen Arbeiterbildungsbestrebungen in den verschiedenen Orten ... bilden ... Wir treiben ja in unsern Vereinen keine Spielerei, keinen Sport. Hier gilt es, für das Leben und für unsere Ziele zu erwerben und zu streben.«[78] So die Argumentation auf einem Verbandskongreß, die darauf zielte, die Arbeiterstenographen als Teil der von der Sozialdemokratie geführten Arbeiterbewegung zu legitimieren. Warum nun aber haben Arbeiter wirklich Kurzschrift gelernt, Schach gespielt, Sport getrieben und dazu sogar noch eigene Organisationen gegründet?

Die Kenntnis der Kurzschrift konnte im beruflichen Leben weiterhelfen. Eventuell war der Aufstieg von der Werkbank ins Kontor möglich. Kurzschrift nützte auch in den Arbeiterorganisationen, zum Beispiel beim Protokollschreiben. Sportliche Betätigung wiederum erhielt die Arbeitskraft länger. Man bewegte sich an frischer Luft und saß nicht in stickigen Kneipen. Als Lohnarbeiter konnte man sich so unter Umständen länger und teurer verkaufen als ohne Training. Aber warum nun zum Beispiel Schach, ein Spiel, das einst Aristokraten vorbehalten war? Förderte es das Denken? War das Motiv nicht einfach, als Junggeselle oder Verheirateter unter seinesgleichen zu sein und die wenige Freizeit sinnvoll »totzuschlagen«? Waren es politische Gründe? Wollten diese Arbeiter in eine Domäne der Kultur der Herrschenden eindringen und zeigen: Das können wir auch! (Wobei die Betonung jedes einzelnen Wortes schon einen anderen Sinn ergibt.) Die Antworten auf diese Fragen sind so vielfältig wie die Ursachen und Motive, die überhaupt zu einer eigenen Arbeiterkulturbewegung führten.

Kulturelle Bedeutung der Vereine

Die Bedingungen für eine eigenständige Kulturarbeit hatten sich nach dem Fall des Sozialistengesetzes

78 Deutscher Arbeiter-Stenographenbund. Protokoll des achten Bundestages. Vom 6. bis 8. Juni 1908 in Elberfeld, Karlsruhe 1908, S. 51/52.

grundlegend gebessert. Politische Ursache für die Entstehung der Arbeiterfreizeitvereine war die Verbreiterung der nun legalen Arbeiterbewegung. Die ökonomische Ursache war ein Aufschwung der Wirtschaft, der auch die soziale Situation des Proletariats nachhaltig veränderte.

Die Anzahl der Arbeiter in Deutschland hatte sich bei einer Gesamtbevölkerung von etwa 65 Millionen um 1910 auf fast 14 Millionen erhöht, gegenüber etwa 1 Million um 1860. 1907 verdienten bereits nahezu 1 Million Arbeiter ihren Lohn in Betrieben, die mehr als 1000 Beschäftigte hatten. Im selben Jahr waren 31 Prozent der Bevölkerung in der Landwirtschaft, 35 Prozent in Industrie und Handwerk und 12 Prozent in Handel und Verkehr tätig. Von 28 Millionen Berufstätigen waren 10 Millionen Frauen. Noch 1871 wohnten über 60 Prozent der Bevölkerung in Gemeinden unter 2000 Einwohnern. 1910 dagegen lebte die gleiche Prozentzahl in Städten, davon etwa 21 Prozent in Großstädten.

Voraussetzung und Folge der Intensivierung der Produktion war eine Erhöhung des Lebensstandards. Um die Jahrhundertwende aßen Arbeiter in der Regel reichhaltiger und nahrhafter als ihre Väter und Großväter. Sie kleideten sich auch besser, und die überwiegende Mehrzahl konnte lesen, schreiben, rechnen und hatte mitunter auch Zeit zu Muße und Information über das Zeitgeschehen. Die tägliche Arbeitszeit war von etwa 16 Stunden um 1860 auf einen »Normalarbeitstag« von 10 bis 11 Stunden gesunken. Doch erfaßte diese Entwicklung nicht alle Arbeiterschichten. Verelendete und Lumpenproletarier gehörten zum »normalen« Bild dieser Zeit.

Die Erhöhung der Löhne ermöglichte besonders den bessergestellten Arbeitern auch ein Mehr an »Luxus«. Bessergestellt – das waren Arbeiter mit einem erlernten Beruf, einer festen Anstellung, einer nicht zu teuren Wohnung und einer nicht zu großen Familie. Ein Maschinenbauer in einer Großstadt kam im günstigsten Fall auf etwa 1500 bis 2000 Mark Lohn im Jahr. Das war für damalige Verhältnisse relativ viel Geld. Davon gab er, je nach Familiengröße, etwa 600 bis 800 Mark für Essen und Trinken und etwa 300 bis 500 Mark für Miete und Wohnung aus. Aufwendungen für Kleidung, Hygiene, Hausrat, Versicherung, Steuern usw. abgezogen, blieben ihm für »Sonstiges« 100 bis 300 Mark. Davon kaufte er in der Regel Schnaps, Bier, Zigaretten und anderen »Luxus«, zum Beispiel Schokolade für seine Kinder. Für Vereine und Zeitungen hatte er höchstens 10 bis 30 Mark übrig – also 20 bis 60 Pfennig pro Woche. Gab er dafür mehr aus, mußte er das Geld von anderen Posten abzweigen. So stellte der Eintritt in eine proletarische Organisation für den Arbeiter nicht nur politisch eine schwerwiegende Entscheidung dar. Seine Wahl richtete sich vor allem danach, ob und wie die Vereinigung ihm nützte, ob und welche materielle und geistige »Lebenshilfe« sie ihm bot.

Die Angebote der Arbeitervereine waren nicht nur Reaktionen auf neue soziale Erscheinungen, wie das bei den Konsumvereinen der Fall war, die auf die entstehende Kaufkraft proletarischer Massen eine sozusagen »proletarische Antwort« zu geben versuchten. Sie schlossen auch nicht nur Lücken im sozialen Bereich, wie es die Arbeiter-Samariter taten, die auf die Nichtzuständigkeit des Roten Kreuzes für den zivilen Kranken- und Unfallhilfsdienst reagierten. Sie füllten weiter nicht einfach Leerstellen im bürgerlichen Kulturbetrieb (Bildungswesen, Sport- und Kunstbetrieb). Sie waren vielmehr überhaupt ein Anreiz, sich der Organisation anzugliedern und sich weitergehenden Forderungen aufzuschließen. Die »Kosten«, die dem einzelnen Arbeiter aus seinem Organisationsbeitritt entstanden und darunter sind nicht nur Beiträge, sondern auch Risiken und Unannehmlichkeiten zu verstehen (Entlassung aus politischen Gründen, Freizeitverluste, Familienzwiste), wurden für ihn durchaus kalkulierbar mit dem »Gewinn«, den er davon hatte (kollektiver Arbeitskampf, Gemeinschaft, Bildung, Unterstützung).

»Nur der anspruchsvolle Proletarier vermag sozialistische Forderungen zu stellen. Es sind also nicht die Bescheidenen, die Zufriedenen, sondern diejenigen, die am ganzen Reichtum der kapitalistischen Gesellschaft teilhaben wollen, die diese Ordnung durch Proteste aller

Art in Frage stellen.«[79] Der Eintritt in einen proletarischen Verein war immer eine Form sozialen Protestes. Durch seine Mitgliedschaft entzog sich der Arbeiter anderen Organisationen – dem Werkverein, dem kirchlichen oder bürgerlichen Arbeiterverein. Er entzog sich auch der Tatsache, nur ein »Arbeitstier« zu sein. Vor allem der kulturell anspruchsvolle Arbeiter – und das war zumeist der hoch qualifizierte – war so bereit zu dauerhafter Organisation. Er war auch fähiger dazu als der »bedürfnislose« Proletarier, der der extensiven Ausbeutung unterworfen war, und der Lumpenproletarier. Der anspruchsvolle Arbeiter bedurfte der Organisation. Für ihn war die »eigentliche Gewerkschaftsarbeit, die Verbesserung der Arbeitsbedingungen, ... ein Kulturhebel von ungeheurer Bedeutung«, denn »*die Hebung der materiellen Lage des Arbeiters hat naturnotwendig eine Hebung seines geistigen und sittlichen Niveaus zur Folge*«, die wiederum auf die Organisierbarkeit und »soziale Arbeit« positiv zurückwirkte.[80]

Am Ende dieses Prozesses, wenige Jahre vor dem ersten Weltkrieg, stand die organisatorische Zusammenfassung der spezifischen Freizeitvereine in selbständigen Kulturorganisationen. Konsum- und Arbeiterwohnungsbaugenossenschaften waren entstanden. Lediglich Anfänge der Organisation gab es bei den Kleindarstellern, Kleingärtnern, Kinofreunden, »Lichtbildnern« (Fotografen), Mietern, Budikern und anderen. Die proletarischen Vereine leisteten eine vielgestaltige und umfangreiche Kulturarbeit. In der Freizeitsphäre angesiedelt, waren sie ein Ort des freiwilligen Zusammenschlusses zum Zweck gemeinsamer Betätigung, Erholung und Geselligkeit und boten Hilfe im unmittelbaren Lebensalltag: Bildung, soziale Betreuung, Unterstützung, Unterhaltung und Gemeinschaft.

Proletarische Vereinsorganisation war ein Prozeß der versuchten Selbstbestimmung der Freizeitinteressen

79 Arbeiterleben um 1900, Berlin 1985, S. 45.
80 Richard Seidel: Die Bildungsarbeit der Gewerkschaften. In: Correspondenzblatt der Generalkommission der Gewerkschaften Deutschlands (Berlin), 1914, Nr. 9, S. 135.

und -tätigkeiten der Arbeiter innerhalb der kapitalistischen Gesellschaft. Proletarische »freiwillige Assoziationen« stellten in gewisser Hinsicht Experimente dar. Sie wollten der in der kapitalistischen Gesellschaft vorherrschenden Tendenz der Individualisierung der Befriedigung von Bedürfnissen in nahezu allen Sphären des proletarischen Lebens das Prinzip der Gemeinschaft entgegensetzen. So waren die Vereine Versuche der Arbeiterklasse, das Profitprinzip für bestimmte Bereiche auszuschalten, das Klasseninteresse zu formulieren und in Ansätzen das Prinzip des Sozialismus, der Verständigung und Vereinbarung über die Arbeitsaufgaben und die Bedürfnisse, einzuführen und zu erproben. »Was heute durch das Kapital und die Konkurrenz der Arbeiter unter sich bewirkt wird, wird morgen, wenn man das Verhältnis von Arbeit und Kapital aufhebt, das Ergebnis einer Vereinbarung sein, die auf dem Verhältnis der Summe der Produktivkräfte zu der Summe der vorhandenen Bedürfnisse beruht.«[81]

Die Organisationen waren deshalb zugleich Mittel, diese Aufgaben und Bedürfnisse zu erkennen und zu formulieren. Damit wurde es möglich, alternative und die Arbeiter »ergreifende« Konzepte zu wesentlichen Teilbereichen des proletarischen Alltags auszuarbeiten. In den Vereinen wurde versucht, den gesellschaftlichen Anspruch der Arbeiterklasse auf die Führung der ganzen Gesellschaft in Programmen proletarischer Freizeitgestaltung zum Ausdruck zu bringen. Allerdings blieben diese Programme, Vorstellungen und Versuche notwendig einseitig und beschränkt. Dazu noch drei Bemerkungen:

Zum ersten wurden sie unter kapitalistischen Bedingungen ausgearbeitet und standen unter dem Primat des politischen Kampfes. In den Konzepten wurde nahezu alles abgelehnt, was die Macht der Regierung gegenüber dem Volke stärkte. Dazu rechneten nicht nur Sedanfeiern und Kriegervereine, auch Formen der »Massenkultur« zählten dazu, die in der Hand der Herrschen-

81 Karl Marx: Das Elend der Philosophie. MEW, Bd. 4, S. 104.

den waren: Tages- und Illustriertenpresse, Massenliteratur, Kinos und Vergnügungsparks. Daß die Arbeiterbewegung unter sozialistischen Verhältnissen ihre Beziehung zu diesen Produkten der sogenannten Industriekultur in einem langen Lernprozeß ändert, hängt mit den hier geschilderten Traditionen, Erfahrungen und politischen Prioritäten sehr eng zusammen.

Auch standen zweitens Vorstellungen von dem, was Malen, Tanzen, Singen oder Schreiben in der organisierten Kulturarbeit sein sollte, in den Traditionen der Arbeiterkulturbewegung des ausgehenden 19. Jahrhunderts und des damals geläufigen Begriffes von Kunst. Die Auffassungen von künstlerischer Betätigung und Aneignung von Kunst entsprachen der kulturpolitischen Praxis der Arbeiterbewegung einer Zeit, als es noch kein Fernsehen und kaum Kinos gab, als die Arbeiter noch nicht ihre Gartenlauben und Balkons verzierten, als viele Arbeitersängervereine begannen, den Kunstgesang bürgerlicher Gesangvereine nachzuahmen, und als zum ersten Male Arbeiter wie Carl Fischer, Adolf Lepp und andere selbst zur Feder griffen. Es waren dies Vorstellungen von Kulturarbeit, die sich aus Gründen der Festigung der Organisationen vom bürgerlich bestimmten Unterhaltungs-, Freizeit- und Amüsierbetrieb abgrenzen mußten.

Deshalb blieben zum dritten die Vorstellungen von Kulturarbeit, Unterhaltung und Geselligkeit und die damit verbundene Praxis im wesentlichen auf das in eigenen Organisationen Realisierbare bezogen: Ein Vereinsabend war machbar, ein eigenes Kino, selbst im Gewerkschaftshaus, nur schwer und eine eigene Spielzeug-, Film- oder Unterhaltungsindustrie gar nicht.

Alle drei Momente beeinflußten auch die sozialdemokratische Freizeitkonzeption und die Tätigkeit proletarischer Kulturarbeiter wesentlich. Sie beeinflußten auch die Ausbildung einer sozialdemokratischen Kulturpolitik hinsichtlich der ihr angeschlossenen beziehungsweise nahestehenden Vereine. Speziell dies wird noch genauer dargestellt werden müssen.

Kulturfunktionäre – Spezialisten für Kulturarbeit

Eine besondere Funktionärsbildung wurde nötig

»Das Hauptmittel ... zur Erlösung des darbenden Proletariats ist die Organisation, die Vereinigung«[82], hieß es immer wieder in Werbebroschüren der Arbeiterbewegung. Nur Organisation konnte die Konkurrenz unter den Arbeitern beschränken und die Klasseninteressen nach außen vertreten. Dies wurde in den sechziger und siebziger Jahren von immer mehr Arbeitern erkannt. Sie lösten sich organisatorisch von der Bourgeoisie und gründeten eigene Vereine und Kassen. Noch waren die Arbeiter aber auf Hilfe angewiesen (das wurde schon angedeutet) – Angehörige der bürgerlichen Intelligenz hielten in Arbeitervereinen Vorträge, ihre Kenntnisse in der Verwaltungslehre nützten beim Aufbau eigener Organisationen, und die politisch Progressivsten von ihnen waren es ja, die Arbeitern erste Kenntnisse über den Sozialismus vermittelten.

Die wissenschaftliche Weltanschauung der Arbeiterklasse war »aus den philosophischen, historischen und ökonomischen Theorien hervorgegangen, die von den

82 J. Stern: Der Werth der Organisation. Arbeiter-Fachvereinen gewidmet, Stuttgart o. J. (um 1880), S. 11.

gebildeten Vertretern der besitzenden Klassen, der Intelligenz, ausgearbeitet wurden«[83]. Auf Grund ihrer Lebensbedingungen konnten die Arbeiter »ein sozialdemokratisches Bewußtsein *gar nicht haben* ... Dies konnte ihnen nur von außen gebracht werden.«[84] Ein solcher bürgerlich-progressiver »Agent von Marx«[85] war Wilhelm Liebknecht. Als er, 1865 aus Preußen ausgewiesen, nach Leipzig kam, fand er in der Arbeiterbewegung Sachsens eine »Anstellung«. Dortige Arbeitervereine hatten gerade die Entsendung von »Reisepredigern« beschlossen. Doch es »fehlten die passenden Persönlichkeiten, deren Lebensstellung eine solche Tätigkeit erlaubte. Liebknecht stellte sich für diese Vortragsreisen bereitwillig zur Verfügung. Auch im Arbeiterbildungsverein war er als Vortragender willkommen, und bald waren seine Vorträge die besuchtesten von allen.«[86]

Unter dem Einfluß Liebknechts, der auch August Bebel genauer mit dem Marxismus bekannt machte, begann sich der politische Inhalt des Vereinslebens, zum Beispiel das Themenangebot der Vorträge und Lehrgänge, allmählich zu wandeln. So wirkte Wilhelm Liebknecht, der Sproß einer bürgerlichen Gelehrten- und Beamtenfamilie, als der »lebendige Vertreter marxistischer Anschauungen und marxistischer Traditionen«[87]. Er war in Deutschland einer der Mittler zwischen Arbeiterbewegung und Marxismus.

Seit den achtziger Jahren waren es immer mehr Arbeiter selbst, die – von ihren Organisationen dazu befähigt – in leitende Funktionen aufstiegen. Von den Ideologen der herrschenden Klasse wurde dieser Prozeß mit Sorge betrachtet. Es sei »Tatsache, daß sich innerhalb der unteren Schichten der Arbeiterklasse eine nicht unerhebliche Zahl von Männern findet, deren geistige Interessen ... weit über ihre soziale Position hinausragen.

83 W. I. Lenin: Was tun? In: Werke, Bd. 5, S. 386.
84 Ebenda, S. 385.
85 August Bebel: Trauerrede am Sarg Wilhelm Liebknechts. In: Vorwärts, 13. August 1900.
86 August Bebel: Aus meinem Leben, Berlin 1978, S. 105.
87 W. I. Lenin: August Bebel. In: Werke, Bd. 19, S. 287.

Wissen ist Bildung – Bildung ist Macht.

Arbeiter!

Indem wir Euch an die Bedeutung obiger Worte erinnern, laden wir Euch zum Beitritt in unsern Verein welcher den Zweck hat, Bildung und Aufklarung unter den Arbeitern verbreiten, ein.
In nachster Zeit beginnen unsere neuen Lehrcurse.
Unser im Jahre 1879 gegründeter

Fortbildungs-Verein

für Arbeiter

giebt seinen Mitgliedern Gelegenheit, für 10 Pfennig Wochenbeitrag Unterricht in Deutscher Sprache, Schönschreiben, Rechnen, Buchführung u. s. w. zu genießen. Ebenso kann sich jedes Mitglied am Gesang (Männer- und gemischter Chor), declamatorischen Uebungen und Turnen betheiligen; eine Bibliothek mit 1200 Bänden und ein Lesezimmer mit 40 Zeitungen steht ebenfalls zur freien Benutzung seitens der Mitglieder.

Außerdem werden von dazu befähigten Männern regelmäßig gemeinverständliche Vorträge uber alle wissenswerthen und die Arbeiter interessirenden Fragen abgehalten.

Zur weiteren Belehrung, sowohl wie zur Hebung der Geselligkeit veranstalten wir Discussionsabende, Besuche von Museen, Anstalten, Spaziergänge und gesellige Abende.

Mitglied unseres Vereins kann jede unbescholtene Person (beiderlei Geschlechts) werden, die das 21. Lebensjahr erreicht hat, doch können auch Minderjährige an dem Unterricht theilnehmen.

Anmeldungen werden jeden Abend von 8½ Uhr an in unserm eignen Vereinslokal **Kurprinzstraße 22, Hof 3. Etage,** angenommen.

Der Vorstand des Fortbildungsvereins für Arbeiter.

Am 26. April findet im Saale der „Flora", Windmühlenstraße, die Feier des hundertjährigen Geburtstages Ludwig Uhlands statt.
Programms hierzu sind à 10 Pfg. vom 16. April ab im Vereinslocal zu haben.

Von Anfang Mai ab wird im Garten der „Ton-Halle" geturnt.

Die Arbeiterbildungsvereine nützten dem beruflichen Fortkommen wie der Befähigung zur Funktionärsarbeit.

Sie sehen keine Möglichkeit für ihre Person, in eine ihrer Begabung angemessene Stellung zu gelangen und setzen deshalb schließlich ihre einzige Hoffnung auf die Befreiung der ganzen Klasse, der sie äußerlich angehören.«[88]

Die Organisationen der Arbeiter wirkten hierbei von Anfang an als »Schule des Sozialismus«: Die organisierten Arbeiter lernten den Wert der Organisation und die Erfahrungen des Klassenkampfes praktisch kennen. Sie eigneten sich die für die Verwaltung der eigenen Angelegenheiten nötige Elementarbildung an. Buchführung, Rechnen, Deutsch, Schönschreiben, auch Zeichnen und Stenographie gehörten zu den Angeboten der meisten Arbeiterbildungsvereine. Für den Arbeitsprozeß, für die Suche nach einem Aufstieg im Arbeitsleben, für die Bewerbung bei einem neuen Arbeitsplatz, für den Umgang mit Behörden und auch für den familiären Alltag erwies sich diese Unterrichtung als ebenso nützlich wie rückwirkend wiederum für die Organisation der Arbeiterbewegung. So hieß es in einem Aufruf des Arbeitervereins Leipzig 1901: »Sauber, orthographisch richtig und dem Inhalt nach klar schreiben können ist nicht nur eine gute Empfehlung in deinem Beruf, bei Stellengesuchen usw., sondern überhaupt die Grundlage aller Geistesbildung. Auch als Protokollführer in deiner Gewerkschaft, als Berichterstatter für dein Fachblatt brauchst du eine geübte Feder und lesbare Handschrift.«[89]

Das Schwergewicht der Ausbildung in den Arbeiterbildungsvereinen lag bis in die neunziger Jahre hinein auf der Vermittlung von praktischem Wissen und Können, das im Arbeiteralltag unmittelbar nützte. Auf der »personellen Ebene« bedeutete die zunächst vorrangige Orientierung auf unpolitische Elementarbildung aber, wie schon angedeutet, die Inanspruchnahme der Gebildeten aus dem Bürgertum. Für die Anfänge der Arbeiterbewegung bildete die Vermittlung des »Einmaleins« des Wissens – auch auf Grund der mangelhaften Schulausbildung – eine elementare Notwendigkeit. So hatte die

88 Heinrich Herkner: Seelenleben und Lebenslauf in der Arbeiterklasse. Preußische Jahrbücher, Berlin (1910), Nr. 140, S. 411/412.

89 An die jungen Arbeiter! Der freie Bund. Organ für genossenschaftliche Arbeit auf dem Gebiet der freien Volksbildung, Leipzig 1901, Nr. 7.

Schulung der ersten Funktionäre die Form der Belehrung und noch nicht die des Selbststudiums. 1863/1864 nahmen aus der Düsseldorfer Lassalleanischen Gemeinde von 224 Mitgliedern regelmäßig etwa 50 an Zusammenkünften teil. Es wurden fast ausschließlich politische Vorträge gehalten. Die Mitglieder lasen noch nicht selbst, ihnen wurde aus Lassalles Schriften und aus Zeitungen des Allgemeinen Deutschen Arbeitervereins vorgelesen. Dem schlossen sich »freie Sprechübungen einzelner Mitglieder über die Theorien Lassalles«[90] an. Sprech- und Redeübungen gehörten bis 1914 zu den Angeboten der Bildungsabende, Kurse oder Versammlungen.

Die Sprech- und Redeübungen, später durch gedruckte Serien von Vortragstexten weitgehend ersetzt, sind erste Versuche, die Vermittlung von Elementarbildung mit politischer Schulung zu verbinden. Solche Versuche waren dort besonders ausgeprägt, wo gelernte Handwerker (besonders Zigarrenmacher, Buchdrucker und Tischler) die Entwicklung der Vereine in sozialistische Richtung drängten. Bestrebungen dieser Art gab es bereits bei der Arbeiterverbrüderung, der 1848 in Berlin gegründeten ersten überregionalen Vereinigung verschiedenartiger proletarischer Organisationen in der Geschichte der deutschen Arbeiterbewegung. Auch schon davor sind Bemühungen dieser Art nachweisbar. Bereits 1846 wurden in einem Arbeiterverein »allwöchentlich einmal Redeübungen veranstaltet, welche den Mitgliedern Gelegenheit geben sollten, sich mündlich richtig ausdrücken und die Scheu vor öffentlichen Reden überwinden zu lernen«[91].

Frühzeitig wurde so der Boden für sozialistische Agitation und für die Ausbildung von Agitatoren bereitet. Zeugnisse dieses Lernprozesses, der mit der Bildung der Arbeiterpartei und der Gewerkschaften keineswegs ab-

90 Heinrich Karl Schmitz: Anfänge und Entwicklung der Arbeiterbewegung im Raum Düsseldorf, Hannover 1968, S. 43.
91 Georg Adler: Die Geschichte der ersten Sozialpolitischen Arbeiterbewegung in Deutschland mit besonderer Rücksicht auf die einwirkenden Theorien, Breslau 1885, S. 129.

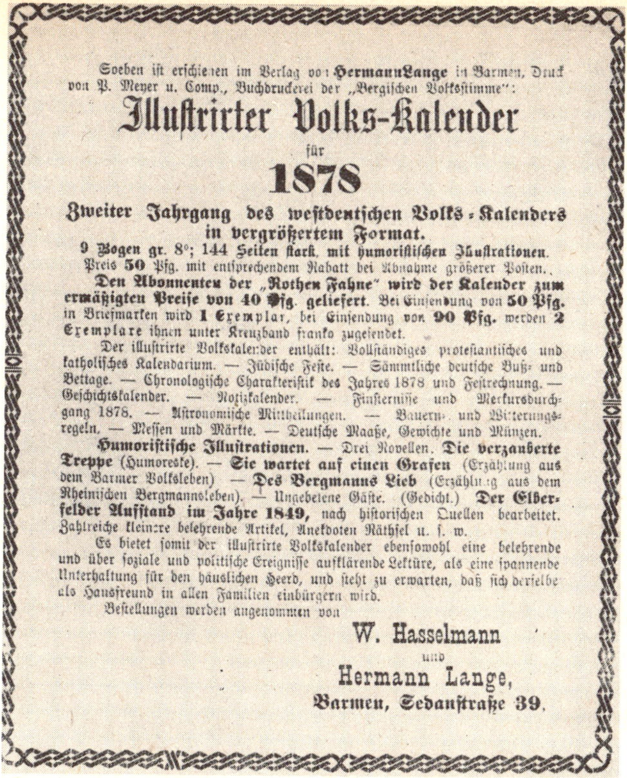

Soeben ist erschienen im Verlag von **Hermann Lange** in Barmen, Druck von P. Meyer u. Comp., Buchdruckerei der „Bergischen Volksstimme“:

Illustrirter Volks-Kalender

für

1878

Zweiter Jahrgang des westdeutschen Volks-Kalenders in vergrößertem Format.

9 Bogen gr. 8°; 144 Seiten stark, mit humoristischen Illustrationen.

Preis **50** Pfg. mit entsprechendem Rabatt bei Abnahme größerer Posten.

Den Abonnenten der „Rothen Fahne“ wird der Kalender zum ermäßigten Preise von 40 Pfg. geliefert. Bei Einsendung von **50 Pfg.** in Briefmarken wird **1 Exemplar**, bei Einsendung von **90 Pfg.** werden **2 Exemplare** ihnen unter Kreuzband franko zugesendet.

Der illustrirte Volkskalender enthält: Vollständiges protestantisches und katholisches Kalendarium. — Jüdische Feste. — Sämmtliche deutsche Buß- und Bettage. — Chronologische Charakteristik des Jahres 1878 und Festrechnung. — Geschichtskalender. — Notizkalender. — Finsternisse und Merkursdurchgang 1878. — Astronomische Mittheilungen. — Bauern- und Witterungsregeln. — Messen und Märkte. — Deutsche Maaße, Gewichte und Münzen.

Humoristische Illustrationen. — Drei Novellen. **Die verzauberte Treppe** (Humoreske). — **Sie wartet auf einen Grafen** (Erzählung aus dem Barmer Volksleben) — **Des Bergmanns Lieb** (Erzählung aus dem Rheinischen Bergmannsleben). — Ungebetene Gäste. (Gedicht.) **Der Elberfelder Aufstand im Jahre 1849,** nach historischen Quellen bearbeitet. Zahlreiche kleinere belehrende Artikel, Anekdoten Räthsel u. s. w.

Es bietet somit der illustrirte Volkskalender ebensowohl eine belehrende und über soziale und politische Ereignisse aufklärende Lektüre, als eine spannende Unterhaltung für den häuslichen Heerd, und steht zu erwarten, daß sich derselbe als Hausfreund in allen Familien einbürgern wird.

Bestellungen werden angenommen von

W. Hasselmann

und

Hermann Lange,

Barmen, Sedanstraße 39.

Nicht Terminregister, sondern Bildungshilfe und Leitfaden für den Agitator

geschlossen war, waren neben den Zeitungen, Reden, Flugblättern und Vereinsberichten auch die ersten Arbeiterkalender. Information, Unterhaltung und politische Unterweisung zielten hier, in den siebziger Jahren, deutlicher auf den politischen Zweck, Funktionäre mit notwendigem Wissen zu versorgen und neu beigetretene Arbeiter dauerhaft für Organisationstätigkeit zu gewinnen. Mit der Betitelung »Deutscher Arbeiter-Kalender des ›Neuen Social-Demokrat‹« (1875) schien auf den ersten Blick der Kalender wichtig. Doch »erledigte« sich dieser vordergründige Zweck mit dem Abdruck des 100jährigen Kalenders rasch. Den »Rest« bildeten Funktionärsinformationen. Beginnend mit der Aufzählung der wichtigsten Epochen innerhalb der christlichen Zeitrechnung und von Sonnenfinsternissen, gaben bereits die Namens- und Gedenktage eine politische Richtung an: utopische Sozialisten, große Dichter und Philosophen. Es folgten Maße und Gewichte, Zeiten von Ebbe und Flut, ein Neujahrsgruß, Ausschnitte aus der Verfassung des Deutschen Reiches, Vorschriften der Gewerbeordnung, das Gesetz über die Beschlagnahme von Löhnen, das Haftpflicht- und Ehegesetz, Auszüge aus dem Presserecht. Weiter wurden mitgeteilt: die Strafurteile gegen Teilnehmer des Badischen Aufstandes und politische Attentate seit 1830. Der Unterhaltungsteil bestand aus »Der Wahltag«, einer »Erzählung aus dem Volksleben«, einer Biographie Galileis, »Scherz und Ernst« und zwei Gedichten Freiligraths – auf 128 Seiten ein Kompendium für den Agitator des Vereins.

Die Vermittlung von Elementarbildung durch die Arbeitervereine verlor um die Jahrhundertwende an Bedeutung, da sich das öffentliche Bildungswesen verbesserte. Die Anzahl der Volksschulen stieg von etwa 25 000 im Jahre 1864 auf über 33 000 nach 1870. 1911 gab es noch einmal etwa 5 000 Schulen mehr. Es verdoppelte sich zwischen 1882 und 1911 die Klassen- wie die Lehrerzahl von 66 000 auf 129 000 beziehungsweise von 60 000 auf 117 000. Obwohl die absolute Zahl der Schüler von fast 4 Millionen 1871 auf über 6,5 Millionen im Jahre 1911 anwuchs, sank die Klassenstärke von 66 Schülern 1882 auf 51 um 1911.[92]

Auf Grund dieser Entwicklung veränderten die Arbeiterbildungsvereine ihr Angebot in Richtung Weiterbildung. Der Anteil von Allgemeinbildung sank, die verbleibenden Angebote hatten ein höheres Niveau. Allgemeinbildung hatte nun einzelne Arbeiter auch auf ein

92 Zum Vergleich: Die Klassenstärken der Mittelschulen betrugen 1911 etwa 30 Schüler pro Klasse und Lehrer; die der öffentlichen höheren Schulen (Gymnasien, Progymnasien, Realgymnasien, Oberrealschulen und Realprogymnasien) im gleichen Jahr 20 Schüler pro Lehrer.

Bildungsniveau zu bringen, das sie befähigte, Organisationsarbeit zu leisten. Die organisierte Arbeiterbewegung verwies stolz auf den gewachsenen Bildungsstand ihrer Mitglieder und Funktionäre. So zitierte eine sozialdemokratische Wahlbroschüre aus dem Sylvesterbrief 1906 des Reichskanzlers von Bülow an den Vorsitzenden des »Reichsverbandes zur Bekämpfung der Sozialdemokratie«, in dem dieser schrieb, »der deutsche Arbeiter sei der gebildetste der Welt«[93].

Ein neuer Beruf: »Arbeiterbeamter«

In der Anfangsphase der organisierten Arbeiterbewegung war die Fluktuation der Kader sehr groß. Da die Funktionärstätigkeit ehrenamtlich war, ergab sich eine Abhängigkeit der Amtsausübung von der Arbeitstätigkeit, dem Wohn- und Arbeitsort. So bestand 1875 die Düsseldorfer Ortsgruppe der Sozialdemokratischen Arbeiterpartei Deutschlands aus 48 Mitgliedern, die 16 Berufsgruppen vertraten. »Das Gros der Mitglieder stellten ... die jungen Handwerker von 20 bis 25 Jahren, die, wie auch aus den Mitgliederlisten hervorgeht, häufig den Arbeitsplatz wechselten, besonders in den Sommermonaten. Diese Fluktuation ließ in Düsseldorf nur einen kleinen, ständigen Stamm von Sozialdemokraten. Selbst der laut Statut nur jährlich zu wählende Vorstand wechselte viel häufiger.«[94] Nur »besoldete Beamte« (wie die Funktionäre der Bewegung sachlich genannt wurden) konnten den örtlichen Institutionen Dauerhaftigkeit verleihen. Das geschah zuerst in den Großstädten.

Immer wieder kam es darüber zu heftigen Debatten. Bereits 1875 polemisierte August Bebel gegen die Auffassung, man solle nur Gehälter in Höhe der oberen Proletarierlöhne zahlen oder sogar darunter bleiben, denn die Arbeit des Schmiedes sei schwerer als die eines Re-

93 Handbuch für sozialdemokratische Wähler. Der Reichstag 1907–1911. Herausgegeben vom Vorstande der Sozialdemokratischen Partei, Berlin 1911, S. 4.

94 Heinrich Karl Schmitz: Anfänge und Entwicklung der Arbeiterbewegung im Raum Düsseldorf, S. 132.

dakteurs, eines »Tintenkulis«. Auf den Parteitagen 1891 und 1892 kam es darüber zu heftigen Auseinandersetzungen. Die Attacken der Anhänger der »Jungen«, einer »linken« Splittergruppe von Literaten und einzelnen Arbeitern, richteten sich vergeblich gegen die in der Partei tätigen »Akademiker«. Zielrichtung dieser Angriffe waren aber weniger die »akademisch« gebildeten Führer in der Arbeiterpartei, durch die angeblich der »revolutionäre Geist ... systematisch ertödtet«[95] würde. Die linksradikale Opposition kämpfte vielmehr gegen den Organisationsaufbau der Partei und der Gewerkschaften selbst. So schrieb das Organ der »Jungen« 1891: »Die Aufgabe einer zielbewußten Arbeiterpartei sehen wir aber lediglich darin, die Rolle eines permanenten Agitationsausschusses der wirthschaftlich organisierten Arbeiter zu übernehmen, nichts weiter.«[96] Es war Bebel, der das eigentliche Ziel des Vorwurfs gegen die bezahlten Funktionäre erkannte: »... wollen wir aber auf tüchtige geistige Kräfte reflektiren, so müssen wir sie so bezahlen, wie es in der bürgerlichen Presse üblich ist.«[97] Überhaupt dürften alle Gehälter für Parteiangestellte kein »Trinkgeld« und auch kein »Gnadengehalt« sein. Auch spielte die Überlegung eine Rolle, die eigenen Funktionäre Bestechungsversuchen der Bourgeoisie und Polizei zu entziehen. Erst von 1894 an war die »Gehälterfrage« kein ständiger Streitpunkt mehr.

1909 gab es in der Arbeiterbewegung 2383 besoldete Funktionäre gegenüber 406 im Jahre 1902. Auch die Struktur des Funktionärsstammes hatte sich geändert. Waren 1902 die Redakteure, Berichterstatter und Schriftsteller mit einer Anzahl von 162 noch die größte Gruppe, so sah es 1909 folgendermaßen aus: 1569 Gewerkschaftsangestellte und Arbeitersekretäre, 326 Geschäftsführer und Expedienten, 321 Redakteure, 86 Parteiangestellte, 81 Buchhandlungsangestellte und Kontoristen. Erst die Veränderung der Beitragshöhe selbst (in den Gewerkschaften 1911 zwischen 20 Pfennig und

95 Protokoll, 1891, S. 74.
96 Das Erfurter Programm und die Opposition. In: Der Sozialist (Berlin), 1891, H. 7.
97 Protokoll, 1892, S. 114.

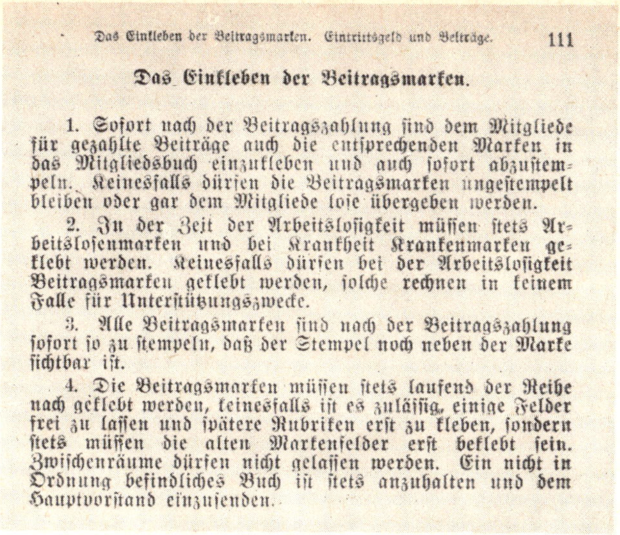

Das Einkleben der Beitragsmarken. Eintrittsgeld und Beiträge. 111

Das Einkleben der Beitragsmarken.

1. Sofort nach der Beitragszahlung sind dem Mitgliede für gezahlte Beiträge auch die entsprechenden Marken in das Mitgliedsbuch einzukleben und auch sofort abzustempeln. Keinesfalls dürfen die Beitragsmarken ungestempelt bleiben oder gar dem Mitgliede lose übergeben werden.

2. In der Zeit der Arbeitslosigkeit müssen stets Arbeitslosenmarken und bei Krankheit Krankenmarken geklebt werden. Keinesfalls dürfen bei der Arbeitslosigkeit Beitragsmarken geklebt werden, solche rechnen in keinem Falle für Unterstützungszwecke.

3. Alle Beitragsmarken sind nach der Beitragszahlung sofort so zu stempeln, daß der Stempel noch neben der Marke sichtbar ist.

4. Die Beitragsmarken müssen stets laufend der Reihe nach geklebt werden, keinesfalls ist es zulässig, einige Felder frei zu lassen und spätere Rubriken erst zu kleben, sondern stets müssen die alten Markenfelder erst beklebt sein. Zwischenräume dürfen nicht gelassen werden. Ein nicht in Ordnung befindliches Buch ist stets anzuhalten und dem Hauptvorstand einzusenden.

Ordnungsgemäße Beitragszahlung ermöglichte bezahlte Funktionärsarbeit.

1,40 Mark wöchentlich) und die teilweise Trennung von Zentral- und Lokalbeiträgen ermöglichten die personelle Festigung der Organisationen. »Mit der Tendenz ist gebrochen worden, durch niedrige Beiträge einen großen Mitgliederkreis gewinnen zu wollen. Die Erfahrung hat dies Mittel als durchaus ungeeignet erscheinen lassen.«[98]

Erst bezahlte Funktionärstätigkeit auf der Grundlage vorwiegend von Beitragsgeldern machte die Arbeiterbewegung von Mäzenen und philanthropischen Freunden unabhängig. Nach Bewährung in den Organisationen und entsprechender Qualifizierung an der Parteischule oder in gewerkschaftlichen Unterrichtskursen wurden nach 1906 viele ehemalige Arbeiter, besonders Arbeitersekretäre, zu bezahlten Funktionären der Arbeiterbewegung. Die überwiegende Mehrzahl der Tätigkeiten in der

98 Carl Legien: Die deutsche Gewerkschaftsbewegung, Berlin 1911, S. 24.

Arbeiterbewegung, wie fast alle geistig-kulturelle Organisationsarbeit, blieb allerdings ehrenamtlich. Nicht selten wurden solche Beschäftigungen auch sozusagen »halbehrenamtlich« ausgeübt. Von August Bebel ist bekannt, daß er Hauswart, von Friedrich Ebert, daß er Gastwirt war. Andere führten ein Geschäft oder arbeiteten als Redakteure. Um Verluste bei der Geschäftsführung auf Grund von Tätigkeiten in der Arbeiterbewegung auszugleichen, zahlten Organisationen für erbrachte Leistungen eine Art Abfindung in Form von Vergütungen.

Das Gros der ehrenamtlichen Funktionäre wirkte in den Vorständen der vielen Arbeiterorganisationen. So gab es an der Spitze jedes Orts- beziehungsweise Kreisvereins der Sozialdemokratie einen fünfköpfigen Vorstand, so daß man 1907 auf 14000 und 1913 auf 25000 Vorstandsmitglieder hochrechnen kann. Gleiches ist bei den Bildungs- und Freizeitvereinen zu finden. Die Vorstände setzten sich meist aus mehreren Personen zusammen. Als gewähltes Gremium hatte der Vorstand, je nach Größe der Vereine, eine ganze Anzahl von Posten jährlich zu besetzen. Neben dem Vorsitzenden und seinem Stellvertreter gab es den Vereinswart, den Kassierer, den Schriftführer und den Bibliothekar. Handelte es sich um einen größeren Verein, so hatte jeder dieser Funktionäre noch einen oder mehr Helfer: den Hilfskassierer, den Hilfsbibliothekar, den Aufseher, den Zeitungsverwalter, den Vorturner oder Vorsänger, die Kontrolleure und andere mehr.

Arbeiterfunktionäre als Kulturarbeiter

Mit der wachsenden Breite der Arbeiterbewegung wurde auch die Entscheidungsfindung komplizierter. Die Kollektivität der Beschlüsse und die Einheitlichkeit des Handelns auf allen Ebenen waren schwieriger herzustellen als in einer kleinen Sekte. Einheitliche Mitgliedsbücher, einheitliche Abrechnungs-, Berichts- und Verwaltungsmaterialien gab es seit 1908. Größer wurde auch die Anzahl der Tätigkeitsgebiete, für die Meinungsbildung nötig war: Genossenschaftswesen, Kommunalpolitik, Landagitation, Arbeiterschutz, Frauenfrage, Arbeiterversicherung, Wohnungsfrage, Verkehrs- und Handelspolitik, Schulwesen, Strafrecht, Arbeitslosenfürsorge, Steuerfragen, Maifeiern und internationale sozialistische Kongresse. Dazu brauchte die deutsche Arbeiterbewegung jeweils Spezialisten. Auch mußten nun Kulturarbeit und Gesamtpolitik bewußt aufeinander bezogen werden, um die Strategie der Bewegung in ihrer taktischen Umsetzung auf den verschiedenen Ebenen und Gebieten der Organisation bis in den Alltag und die Verhaltensweisen der einzelnen Mitglieder hinein zu sichern. Auf allen Gebieten, denen sich die Arbeiterbewegung in ihrer organisierten Tätigkeit zuwandte, wurden spezielle Kulturarbeiter wirksam. Wer waren diese Kulturarbeiter? Was bestimmte ihr Handeln?

Auf den Zusammenhang von Wirtshausgeselligkeit und Arbeiterbewegung ist schon weiter vorn verwiesen worden. Arbeiter trafen sich vor allem in Kneipen. Das machte die »Budiker« zu wichtigen Kulturarbeitern in der Arbeiterbewegung. Gastwirte, das war noch um 1900 »das Heer von kleinen Schankstelleninhabern und Flaschenbierverschleißern, die Inhaber der vorwiegend in den Arbeitervierteln liegenden kleinen Restaurationen, der Kellerlokale ..., der Stehbierhallen, der Material- und Grünkramhandlungen und sonstigen hier angrenzenden Betriebe. Sie waren überwiegend auf eine feste Arbeiterkundschaft angewiesen und bildeten von vornherein den Stamm der unbedingt zur Arbeiterschaft haltenden Lokale ...«[99] Trafen sich in vielen Lokalen auch organisierte Arbeiter, so ist doch die Mehrzahl der Wirte nicht zu Sozialdemokraten geworden. Sozialdemokratische Wirte, wie Paul Litfin und Karl Fritz Zubeil in Berlin, blieben bei aller Bedeutung in der Minderzahl. Der 1903 gegründete Verband der freien Gast- und Schankwirte Deutschlands war 1907 in 50 Städten präsent. Er forderte von jedem seiner Mitglieder die sozialdemokratische Parteimitgliedschaft. Schwerpunkt seines Wirkens

99 Emil Struve: Der Berliner Bierboykott von 1894. Ein Beitrag zur Geschichte der sozialen Klassenkämpfe der Gegenwart. Aktenmäßig dargestellt, Berlin 1897, S. 183.

war jedoch die Interessenvertretung der Wirte gegen das Bierkapital. Übergreifende kulturpolitische Konzeptionsbildungen sind von diesem Verein, wenn man die Protokolle seiner Verbandstage daraufhin betrachtet, nicht ausgegangen. Doch der Versuch, die Wirte sozialistisch zu erfassen und zu beeinflussen, war ein bedeutendes kulturpolitisches Unterfangen.

Der typische proletarische Kulturarbeiter vor dem ersten Weltkrieg war der Vertrauensmann. Er wird in einem zeitgenössischen Dokument wie folgt charakterisiert: »Die Aufgaben der Vertrauensleute sind vielseitig. Sie sollen nicht nur über die Betriebsverhältnisse, sondern auch über das Wesen der Organisation unterrichtet sein, um für die Ortsverwaltung und Agitationsleitung informatorisch und für die Arbeiter ... aufklärend zu wirken ... Der Vertrauensmann ... hat die Pflicht, bei Kleinarbeit nach Kräften mitzuhelfen.«[100] Zu dieser Kleinarbeit zählte auch die Organisation der Geselligkeit.

Die Vertrauensleute waren die ersten ehrenamtlichen Funktionäre der Arbeiterbewegung überhaupt. Die »Eisenacher« (das sind die Anhänger der 1869 in Eisenach gegründeten Sozialdemokratischen Arbeiterpartei) hatten das Vertrauensleutesystem als Prinzip der Leitung auf unterer Ebene ausgebildet. Es bewährte sich während der Zeit des Sozialistengesetzes. Auch danach standen die Vertrauensleute zunächst vielfach in direkter Verbindung zur Führung der Partei oder der entstehenden Einzelgewerkschaften. Doch bald konnten sie die Fülle der Arbeit nicht mehr allein leisten. Agitatoren kamen hinzu. Sie zogen übers Land, Löhne und Lebensbedingungen wurden verglichen, Erfahrungen über Kulturarbeit ausgetauscht. 1876 hatte die Sozialdemokratie 6 Agitatoren mit vollem Gehalt, die die Aufgabe hatten, »an einem bestimmten, vom Vorstand auserwählten Orte ihren Wohnsitz zu nehmen und dort, so wie in der Umgebung für die Partei thätig zu sein«. Weiter unterstützte sie 14 Agitatoren mit Zuschüssen, bezahlte 46 Beamte (Redakteure, Expedienten) und beschäftigte

100 Aufgaben der Vertrauensleute der in Ziegeleien beschäftigten Arbeiter, Hannover 1909, S. 3/4.

Sportzeitungen gehörten zu den am meisten von Arbeitern gelesenen Presseerzeugnissen

Pyramide, von Essener Arbeiterturnern
fürs Erinnerungsfoto gestellt

Arbeiter-Radfahrerbund »Solidarität« –
die »rote Kavallerie« der Arbeiterbewegung

Darbietungen der Kunstradfahrer
verschönten viele Arbeiterfeste

Ständiger Konkurrent proletarischer Kulturarbeit:
das attraktive Angebot bürgerlicher Vereine

Der Sportverein – eine der frühen Organisationsmöglichkeiten für Frauen ...

... selbstverständlich in polizeilich vorgeschriebener »sittlicher« Kleidung

45

Lieder-Gemeinschaft der Arbeiter-Sänger-Vereinigungen Deutschlands

1\. Wir glauben an der Freiheit Sieg. O. Suchsdorf.
◆ 2. Aus alten Märchen winkt es. Rud. Tietz.
◆ 3. Ein getreues Herz. Ed. Grell.
● 4. Sommersonnenwende. J. Ihle.
● 5. Banner-Lied. Carl Sahm.
● 6. Das Lied vom Spulen. Volckmann.
● 7. Völkerfrühlingslied. Th. Thieme, Op. 5.
● 8. Frühlingsruf. Bruno Zöllner.
● 9. Gruss an den Mai. Herm. Voigt, Op. 144.
● 10. Liedeslust. O. Suchsdorf.
● 11. Saat und Ernte. E. Himml.
● 12. Weltenfriede. Julius Schweitzer.
● 13. Festgesang. G. Ad. Uthmann.
◆ 14. Die Völkerbraut. Martin Bombelke.
● 15. Der Menschheit Erwachen. G. Ad. Uthmann.
● 16. Sängermarsch. G. Ad. Uthmann.
◆ 17. Proletarier-Wiegenlied. H. Riva.
● 18. Proletarier-Wiegenlied. H. Riva.
● 19. Vorwärts. S. Krannig.
● 20. Trinklied. G. Ad. Uthmann.
● 21. Freiheit. Gitov.
◆ 22. So wirst du nicht alt. Krannig.
● 23a. Sängergruss. Martin Bombelke.
● 23b. Zukunftsblüthe. Heinrich H. Gitov.
● 24. Sehnsucht. Heinrich H. Gitov.
● 25. Frühlings Erwachen. Gustav Neibig, Op. 177.
● 26. Es grünt und blüht. Eduard Himml
● 27. Empor zum Licht! G. Ad. Uthmann.
● 28. Weckruf. R. Heinrich.
● 29. Frühlingsstürme. Hermann Schulken, Op. 36.

Die mit ● versehenen Kompositionen sind Männerchöre.
Die mit ◆ versehenen Kompositionen sind gemischte Chöre.

Einzelne Stimmen werden nicht geliefert.

Eigenthum und Verlag der Lieder-Gemeinschaft

Alex. Kaiser, Berlin N. O.

Am Friedrichshain 31.

[illegible]

Liederbuch für Arbeitersänger

Arbeitersänger in ihrem Verein.
Geselligkeit und Wandern wurden in allen
Freizeitorganisationen groß geschrieben.

Großes Bezirkssängerfest in Chemnitz 1906

Massenausflüge – beliebte Unternehmungen der Arbeiterjugend

77 unbesoldete Redner. So hatte die Partei zu dieser frühen Zeit 145 »der Rede vollständig mächtige Agitatoren«.[101]

Besonders in den um die Jahrhundertwende entstehenden Ortskartellen der Gewerkschaften und der Sozialdemokratie wurden die Vertrauensleute mehr und mehr unterstützt durch technische Angestellte, Arbeitersekretäre, Herbergsverwalter und Mitglieder verschiedener Kommissionen. Ihnen halfen die erstmals aufkommenden »eigentlichen« Kulturarbeiter: Verantwortliche für Feste, Feiern, Vergnügungen, Aufführungen und für die Bibliotheken. Viele Arbeiterfunktionäre sind über die Kulturarbeit zu politischen Funktionären geworden. August Bebel leitete – wie schon erwähnt – den Unterhaltungsausschuß im Leipziger Gewerblichen Bildungsverein. Seine Wertung dieser Tätigkeit wurde bereits zitiert. Wilhelm Pieck war 2. Geschäftsführer des Zentralbildungsausschusses der Sozialdemokratischen Partei, Friedrich Ebert Arbeitersekretär, Jugendfunktionär und Budiker. Carl Severing »belieferte« seinen örtlichen Gesangverein mit Liedtexten. So waren politische Funktionäre zugleich auch Kulturarbeiter, denn das Programm der Arbeiterbewegung ist in seiner Gesamtheit stets ein Kulturprogramm. Es zielt auf die Veränderung der Menschen und der Umstände. Aber nicht nur in diesem allgemeinen Sinne gilt, daß jeder Arbeiterfunktionär ein Kulturarbeiter war. Im Alltag der proletarischen Organisationen vor 1914 war Kulturarbeit nie einem Ressort oder einem Kulturfunktionär zuzuordnen. Da hatte jeder mit anzupacken, gleich, ob es um den Wahlkampf oder einen geselligen Abend ging. Kulturarbeiter kümmerten sich um Kindergärten und Arbeiterschutz, um Wohnungsfragen und Unterstützungskassen, um Rechtsauskünfte und Trinkerrettung, um Bildungsarbeit und Unterhaltungsabende. Aber allmählich spezialisierten sich diese Tätigkeiten. So entstand auch eine Gruppe von Kulturarbeitern, die für die Arbeiterfreizeit zuständig waren. Diese Kulturarbeiter stellten vor 1914 das personelle Bindeglied zwischen den Formen geselliger Zusammen-

101 Protokoll, 1876, S. 16/17.

kunft in der Freizeit und denen der politischen Organisation des Klassenkampfes dar.

Politisch weniger geschulte organisierte Arbeiter fanden hier eine ihren Fähigkeiten und Neigungen entsprechende Tätigkeit als Vorsänger oder Vorturner, als Kolonnenführer oder Fahnenwart, als Festbeauftragter oder Ordner. Durch ihre unermüdliche Arbeit als Arbeitersekretär, Wanderredner, Bibliothekar, Jugendheimleiter, Vereinsvorsitzender oder Sozialhelfer trugen Kulturarbeiter wesentlich dazu bei, die Ziele der Sozialdemokratie und der Gewerkschaften im Arbeiteralltag zu verbreiten. Mit der Entwicklung des proletarischen Schrifttums bildete die deutsche Arbeiterbewegung zwei Arten von Kulturarbeitern aus, die an der Verbreitung sozialistischen Bewußtseins auf besondere Weise beteiligt waren, die Redakteure und die Kolporteure.

Die sozialdemokratische Presse und ihre Redakteure

Zu den ersten und einflußreichsten Kulturarbeitern zählten die 1877 zunächst 44 Redakteure der 41 Zeitungen und des Unterhaltungsblattes »Neue Zeit«. Davon stammten immerhin zwei Drittel bereits aus der Arbeiterklasse. Redakteure wurden auch zur Bildungsarbeit eingesetzt. Gerade für sie besaß die organisierte Arbeiterbewegung ein Programm kulturpolitisch-ideologischer Schulung, das immer mehr ausgebaut wurde. Es entsprach der Bedeutung, die das sozialdemokratische Pressewesen damals besaß.

In den sechziger und siebziger Jahren diente die Arbeiterpresse vor allem der Instruktion und Information der Funktionäre. In den achtziger und neunziger Jahren waren viele Mitteilungsblätter der Organisationen teilweise noch Mittel und Beleg der Beitragskassierung. So hatten die proletarischen Zeitungen andere Funktionen zu erfüllen als das sich rasch entfaltende bürgerliche Pressewesen, das neben aktueller Information auch Bildung, Belehrung, Werbung und Unterhaltung, Feuilleton, Sport, Witze, Kurzgeschichten und Fortsetzungsro-

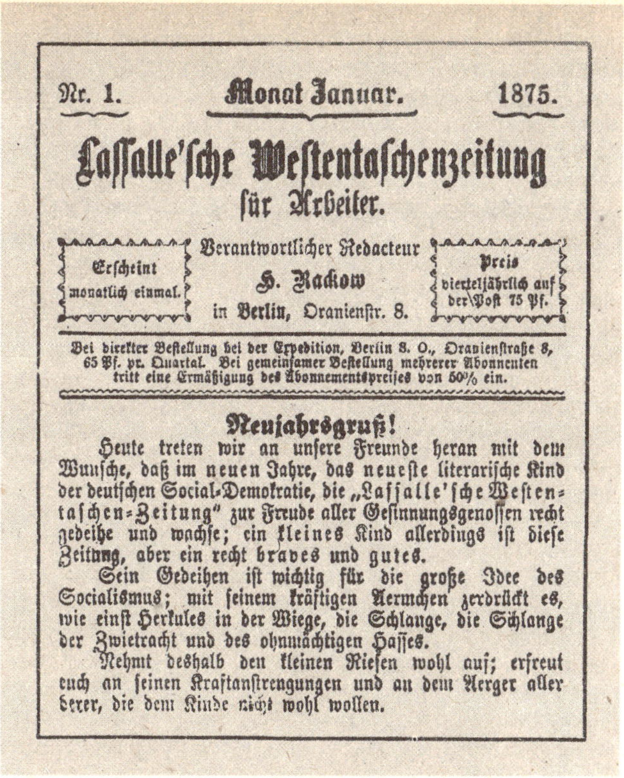

Nr. 1. Monat Januar. 1875.

Lassalle'sche Westentaschenzeitung für Arbeiter.

Erscheint monatlich einmal.

Verantwortlicher Redacteur H. Rackow in Berlin, Oranienstr. 8.

Preis vierteljährlich auf der Post 75 Pf.

Bei direkter Bestellung bei der Expedition, Berlin S. O., Oranienstraße 8, 65 Pf. pr. Quartal. Bei gemeinsamer Bestellung mehrerer Abonnenten tritt eine Ermäßigung des Abonnementspreises von 50% ein.

Neujahrsgruß!

Heute treten wir an unsere Freunde heran mit dem Wunsche, daß im neuen Jahre, das neueste literarische Kind der deutschen Social-Demokratie, die „Lassalle'sche Westentaschen-Zeitung" zur Freude aller Gesinnungsgenossen recht gedeihe und wachse; ein kleines Kind allerdings ist diese Zeitung, aber ein recht braves und gutes.

Sein Gedeihen ist wichtig für die große Idee des Socialismus; mit seinem kräftigen Aermchen zerdrückt es, wie einst Herkules in der Wiege, die Schlange, die Schlange der Zwietracht und des ohnmächtigen Hasses.

Nehmt deshalb den kleinen Riesen wohl auf; erfreut euch an seinen Kraftanstrengungen und an dem Aerger aller derer, die dem Kinde nicht wohl wollen.

So begann die Arbeiterpresse zu wirken.

mane bot. Hierzu mußte sich die proletarische Presse in Beziehung setzen und sich inhaltlich profilieren. Das geschah zunächst rein ideologisch und brachte die völlige Absage an alles Unterhaltende und alle Werbung, also alles »Unpolitische«. Um Politik und Unterhaltung nicht zu vermengen, wurden spezielle Unterhaltungsblätter gegründet. Die hohe politische Wertschätzung des gesamten Pressewesens ergab sich aus dem Umstand, daß die Presse neben den Vereinen das wichtigste Mittel darstellte, sozialistische Auffassungen zu verbreiten.

Noch 1892 war die finanzielle Lage der sozialdemokratischen Blätter prekär: »Glänzende Einnahmequellen sind die sozialistischen Blätter sehr selten. Ihr Abonnementspreis ist nur ganz ausnahmsweise höher als der des billigsten anderen Blattes am Orte ... So sind bei einer zudem ihren Aufgaben meist nicht gewachsenen Verwaltung die sozialistischen Blätter auf geringere Einnahmen angewiesen als die ihrer Gegner. Da aber aus politischer Konsequenz das technische Personal der sozialistischen Presse (Setzer, Drucker) die höchsten Löhne beziehen, so muß an den Kosten der Redakteure aufs äußerste gespart werden.«[102] So galt es lange Zeit als selbstverständlich, daß journalistische Arbeit eine Nebenbeschäftigung darstellte. Gescheiterte Verlagsunternehmen schienen diese Auffassung zu bestätigen. Verbote während des Sozialistengesetzes taten das Ihre dazu. »Die erste Literatur von Belang, die von der Sozialdemokratie in eigenem Verlag produziert wurde, war naturgemäß Zeitungsliteratur. Es dauerte lange genug, bis sie so weit war, wenigstens einer Reihe von Parteischriftstellern eine ausreichende materielle Basis für ihre Parteiarbeit zu bieten«[103], wurde in der »Neuen Zeit« resümiert.

Obwohl ein gut funktionierendes Verteilernetz existierte, mußte unter den Bedingungen des Sozialistengesetzes das Schwergewicht notwendigerweise auf der mündlichen Agitation liegen. Auf diese Weise wirkten Vertrauensleute und Agitatoren. Nach 1890 dann, unter den Bedingungen der Legalität, vervielfachte sich die Anzahl zentraler, beruflicher und regionaler Arbeiterzeitungen und ebenso von Büchern, Broschüren, Kalendern, Aufrufen, Flugblättern, Plakaten, Liederbüchern, Postkarten und anderen Druckerzeugnissen. Damit wurden Druckerzeugnisse auch zu einer Einnahmequelle für die Organisationen.

Fragen der ökonomischen Rentabilität verlangten, daß

102 Zit. in: Dokumente und Materialien zur Kulturgeschichte der deutschen Arbeiterbewegung 1848–1918. Hrsg.: Peter von Rüden/Kurt Koszyk, Frankfurt (Main)/Wien/Zürich 1979, S. 227.

103 Karl Kautsky: Heinrich Dietz. NZ, 1913, 1. Bd., Nr. 1, S. 3.

Informierend, agitierend, unterhaltend
und – Geld bringend: die vielfältigen Druckerzeugnisse
der Sozialdemokratie

das bisherige Konzept überdacht werden mußte: Müssen nicht auch die Frauen der Organisierten angesprochen werden, und wie ist dies möglich? Wie sind Nichtorganisierte an der Partei- oder Gewerkschaftspresse zu interessieren? Soll man der Konkurrenz bürgerlicher Blätter begegnen? Auf diese Weise gerieten Fragen der Kulturarbeit, der Unterhaltung, der Bildung und Belehrung in breiterem Maße ins Blickfeld der Redakteure und in die Spalten der Arbeiterpresse.

Die sozialdemokratische Presse hatte lange Zeit Funktionen innerhalb der sozialistischen Kulturarbeit auszufüllen, besonders in der Bildung und Unterhaltung, die später zum Teil von proletarischen Vereinen und den Bildungsausschüssen übernommen wurden. Das verdeutlicht eine 1904 vom Parteivorstand vorgenommene Auflistung: Sozialdemokratische Agitations-Bibliothek, Agitationsschriften in Einzelausgaben, Bücher, vier illustrierte Zeitungen (113000 Exemplare »25 Jahre Kampf und Sieg«, »Die Arbeit – eine Sylvesterzeitung« mit 120000, »März-Zeitung« mit 140000 und »Maifestzeitung« mit 353000 Exemplaren), Kalender (darunter 160000 »Neue-Welt-Kalender«, »Arbeiter-Notiz-Kalender« und Kalender der Einzelgewerkschaften), Parteitagsprotokolle, Reichstagsreden, Sammlung sozialistischer Theaterstücke, Bilder (Gruppenbild der sozialdemokratischen Reichstagsfraktion, Kunstblätter), Gesetzesführer, Arbeiter-Gesundheits-Bibliothek, Witzblätter, »Kulturbilder« (kulturhistorische Einzeldarstellungen) usw.

Wie ein bürgerlicher Beobachter schrieb, begegnete man zu Beginn der neunziger Jahre – im Gegensatz zu früher – in vielen Presseorganen der Sozialdemokratie »häufig auch der Rubrik ›Vermischtes‹, welche alles mögliche enthält, ohne daß aber hierbei nicht Rücksicht auf die sozialpolitische Tendenz genommen würde, so bei Abdruck von Scherzen aus den Witzblättern, bei Aphorismen, Anekdoten, Mitteilung von Erfindungen, Verbrechen und dergleichen. Wenn wir von den großen Organen absehen, so vermissen wir in der ganzen sozialistischen Presse die den modernen Zeitungsleser am meisten interessierende Rubrik ›Telegramme‹.« (Das sind Agenturmeldungen – H. G.) »Ebenso fehlt vollständig ein Börsenteil, alle Hof- und Personalnachrichten, Wettrennberichte, Notizen über Sport und dergleichen.«[104]

In gewisser Hinsicht änderte sich diese Situation um die Jahrhundertwende. Die proletarische Presse nahm den Konkurrenzkampf mit den bürgerlichen Zeitungen und Illustrierten auf. Sie war dazu gezwungen. Da viele organisierte Arbeiter nicht mehrere Zeitungen abonnieren wollten, um sich umfassend zu informieren, verlangten sie von ihrer Presse auch vieles von dem, was die bürgerliche Presse bot: Nachrichten aus aller Welt und einen Unterhaltungs- und Sportteil. Das waren aber Anforderungen an die Presse, »welche zu befriedigen ein sozialdemokratisches Blatt nicht gewillt sein darf. Hinwiederum giebt es eine ganze Reihe anderer Dinge, welche ein sozialdemokratisches Blatt bringen muß und wofür vorläufig ein Bedürfniß unter den Lesern eigentlich noch gar nicht vorhanden ist. Dieses Bedürfniß muß erst geweckt, muß den Lesern erst anerzogen werden.« Für den sozialistischen Redakteur ergebe sich die Aufgabe, »den richtigen Mittelweg zu finden«.[105]

Die Arbeiterbewegung mußte lernen, Unterhaltungs- und Informationsbedürfnisse der Arbeiter, Kulturarbeit in den Vereinen und Arbeit mit der Massenpresse zu koordinieren. War das zunächst ein Problem der lokalen Parteivereine gewesen (Zeitungsschauen, Aussprachen), so wurde es immer mehr, je häufiger die Zeitungen einzeln abonniert wurden, ein Problem der Schulung der Funktionäre und besonders der Redakteure. Unter hartem Konkurrenzdruck und mit zunehmender finanzieller Stärke der Verlage wandelte sich auch allmählich die Einstellung zur Unterhaltung im sozialdemokratischen Pressewesen. Allerdings wurde das als eine Art unvermeidlicher Kompromiß angesehen, wie schon gesagt, als zeitweiliger »Mittelweg«. Man sah darin eine Konzession an den Geschmack des indifferenten Publikums.

104 Dokumente und Materialien zur Kulturgeschichte der deutschen Arbeiterbewegung, S. 226.
105 Julian Borchardt: Die Aufgaben unserer Presse. NZ, 1901/02, 2. Bd., Nr. 3 (lfd. Nr. 29), S. 70, 72.

Aber nicht nur der Unterhaltungsteil der Zeitungen wuchs um 1900 in die Breite, auch der Anteil der Information stieg ständig. Beträchtlichen Anteil daran hatten die im folgenden mit ihren Sachgebieten genannten sozialdemokratischen Korrespondenten beziehungsweise Korrespondenz-Büros der Arbeiterbewegung: Kurt Baake (Parlaments-, Kongreß- und Gerichtsberichte), Julian Borchardt, Anton Pannekoek und Georg Ledebour (Leitartikel), Gertrud David (Sozialstatistik), Julius Kaliski und Wilhelm Düwell (Volkswirtschaft), Kurt Eisner (Feuilletons), Karl Thiel (Feuilleton-Korrespondenz), Kurt Heinig (Gewerkschaften), Wilhelmine Köhler, Regina Ruben und Frida Prager-Düwell (Frauenfragen), Julian Marchlewski, Rosa Luxemburg und Franz Mehring (Parteifragen), Simon Katzenstein (Ausland), Kurt Kirchner (soziale Organisationen), Felix Linke (Urania), Max Sack (Weltpolitik) und Friedrich Stampfer (allgemeine Politik). Dazu kamen 13 Auslandskorrespondenten in 8 Ländern.

1913 besaß die deutsche Arbeiterbewegung 90 täglich erscheinende Parteizeitungen, 62 Parteidruckereien, beschäftigte 267 Redakteure, 89 Geschäftsführer, 273 Personen kaufmännisches, 2646 technisches und 140 sonstiges Personal sowie fast 7600 Zeitungsausträgerinnen. Der »Vorwärts« als Zentralorgan der Partei hatte eine Auflage von 155000 Exemplaren. Die Gesamtzahl der Abonnenten der Parteipresse belief sich auf fast 1,5 Millionen, wobei die Zahlen der ständigen Leser in Berlin mit 155000, Hamburg mit 76000, Chemnitz mit 60000, Leipzig mit 53000 und Dresden mit 50000 weit über dem Durchschnitt sonstiger Städte lagen. Die Zeitungen der gewerkschaftlichen Zentralverbände erreichten 1914 eine Auflagenhöhe von über 2,6 Millionen. So hoch diese Zahlen insgesamt erscheinen, darf doch das Übergewicht der bürgerlichen Zeitungen nicht vergessen werden. Mit 90 bis 95 Prozent aller Zeitungen besaßen sie das absolute Monopol in der Zeit vor dem Krieg.

Unterhaltungsorgane der Partei waren »Die Neue Welt« (gegründet 1876) und »Der wahre Jacob« (1884). Sie hatten vor Ausbruch des Krieges eine Auflage von 650000 beziehungsweise 360000 Exemplaren. Die literarische Zeitung »In freien Stunden« erschien seit 1897

Der wahre Jacob ist da!

Nach einer Zeichnung von O. E. Lau.

Selbstdarstellung im »Wahren Jacob«

und die Blindenzeitung »Die Neue Welt« seit 1909 (sechsmal jährlich in kleiner Auflage). »Der Bibliothekar«, die Monatsschrift für Arbeiterbibliotheken, wurde seit 1909 herausgegeben. Sie gab den Arbeiterbibliothekaren Anleitung und versuchte sie organisatorisch zusammenzufassen.

Es gelang der sozialistischen Presse durch das Ansprechen spezieller Interessen und Hobbys zunehmend besser, die Kulturarbeit der Arbeitervereine anzuleiten, mit den Aufgaben von Partei und Gewerkschaften zu verbinden und neue Arbeitergruppen anzusprechen. Als erstes Blatt dieser Art erschien von 1892 bis 1907 die »Liedergemeinschaft«. 1893 gegründet, stellte die »Arbeiter-Turnzeitung« mit einer Auflage von fast 119000 Exemplaren die einflußreichste und am weitesten verbreitete Vereinszeitung dar. Sie besaß einen großen Feuilleton-Teil und eine spezielle Beilage mit Turnübungen, Geräteerklärungen usw. Weitere Sportzeitungen waren »Die freie Turnerin« mit einer Auflage von 18000 Exemplaren, die illustrierte Monatsschrift »Moderne Körperkultur« in gleicher Auflage, die 14täglich erscheinende Illustrierte »Jugend und Sport« (alle drei gegründet 1907) und die »Arbeiter-Schachzeitung« (1912), der die parallel weitererscheinende »Deutsche Arbeiterschachzeitung« (1909) vorausgegangen war. Die »Athletik« war das obligatorische Organ des Arbeiter-Athletenbundes (1907 gegründet, Auflage 10000). »Der Arbeiter-Radfahrer« erschien seit 1895 in 168000 Exemplaren gleichzeitig in Deutschland, Österreich und in der Schweiz.

Als Zeitungen der »unpolitischen« Organisationen erschienen die »Arbeiter-Jugend« (1909, 100000 Exemplare) als Nachfolgerin von »Die freie Jugend« (1895), »Der abstinente Arbeiter« (1903, 5100 Exemplare), die »Deutsche Arbeiter-Sängerzeitung« (1907, 112000 Exemplare), der »Arbeiter-Stenograph« (3000 Exemplare) und »Der Atheist« (1905), die Propagandaschrift der Freidenker. Als das Gegenstück zu den sozialistischen Abstinenten galt die Zeitung »Freier Gastwirt« (1901, 11000 Exemplare). Sie stellte sich die Aufgabe, die Parteiwirte in der wirtschaftlichen Interessenorganisation Verband der freien Gast- und Schankwirte Deutschlands zu vereinigen. In Norddeutschland erschien »Der Wanderfreund« (1909, 2000 Exemplare) zuerst als »Mitteilungsblatt des Arbeiter-Wanderbundes ›Die Naturfreunde‹ Berlin«. Da die Großstadtarbeiter zum Wandern ermuntert werden sollten, erhielten es die Mitglieder des Bundes gratis.

Die große Zahl der proletarischen Zeitungen für Politik und Freizeit verlangte viele Redakteure. Die »Schriftleiter«, wie es damals hieß, der meisten Vereinszeitungen waren gleichzeitig als politische Funktionäre in der Arbeiterkulturbewegung aktiv. Einige von ihnen vertraten in den Diskussionen zur Kulturpolitik der deutschen Arbeiterbewegung vor 1914 bestimmende Positionen. Dazu gehörten Karl Frey und Fritz Wildung (Sport), Karl Korn, Richard Weimann und Helmut Lehmann (Jugend und Bildung) und Victor Noack (Kunst).

Der Kolporteur – ein typischer Kulturarbeiter

Vertrauensleute, Bibliothekare und Redakteure waren bis 1900 die wichtigsten Kulturarbeiter. Dazu kamen noch die Leiter der Gesangs-, Turn- und Vergnügungsabteilungen der örtlichen sozialdemokratischen und Arbeiterbildungsvereine sowie die Vorsitzenden der Bildungsvereine selbst. Oft wurden die Funktionen auch in Personalunion ausgeübt. Das war besonders während des Sozialistengesetzes der Fall, als es galt, politische Arbeit kulturell zu tarnen. Erst nach der Ausbildung des Arbeitervereinswesens und der proletarischen Kulturvereinigungen nach dem Fall des Sozialistengesetzes 1890 entsprach dem breiten Spektrum von Tätigkeitsanforderungen auch eine Vielzahl von meist ehrenamtlichen Funktionären der Kulturarbeit: Wanderredner, Redakteure, Kneipenwirte, Gastwirtsgehilfen, Arbeiterbibliothekare, Arbeitersekretäre, Mitglieder der Bildungsausschüsse, Kassenwarte, Ortsvorsitzende der Partei, Beauftragte für Feste, Feiern und Umzüge, Leiter von Jugendheimen, Herbergen, Gewerkschaftshäusern und ähnlichen Institutionen, Partieleiter (das waren Wanderführer der Jugendvereine), Vereinsvorsitzende und Vorstandsmitglieder der Sänger, Radfahrer, Turner, Freidenker, Athleten, Wanderer, Kegler, Fußballer, Schachspieler, Segler, Raucher, Theaterfreunde und dramatischen Klubs, Leiter der örtlichen Frauen- und Jugendorganisationen, Sozialhelfer der Gesundheitskommissionen, der Veteranenbetreuung und andere mehr. Oft wurde ihre Tätigkeit anerkannt, dann wieder wurden sie der »Vereinsmeierei« gescholten. Ihre soziale Lage war nicht immer die beste. Das traf besonders auf die Kolporteure zu.

In der zweiten Hälfte des 19. Jahrhunderts gelangten Druckerzeugnisse auf zweierlei Weise an ihre Leser: entweder durch Verkauf in Buchläden, die aber meist nur Lektüre für ein spezielles Lesepublikum aus den gebildeten Schichten anboten, den sogenannten Sortimentsvertrieb; oder durch das Aufsuchen der potentiellen Käufer selbst, den Hausierer- und Wanderhandel, Kolportage genannt. Der sächsische Regierungsbeamte Karl Heinrici untersuchte den Kolportagehandel in Deutschland vor der Jahrhundertwende. Demnach umfaßte dieser »Verlags-, Sortiments- und Grossogeschäfte, sowie solche Kommissionäre, welche Colportagefirmen vertreten, ebenso den Kunsthandel. Auch der fliegende Buchhandel gehört hierher, vielleicht auch der Schriftenvertrieb nach Vorträgen und Versammlungen ... Die Bücherhausierer kaufen fest, d.h. ohne Rückgaberecht, und gegen bar einen Posten Bücher und setzen diese, von Ort zu Ort ziehend, ab. Selten leben sie ausschließlich von der Colportage; ihr Wandergewerbeschein lautet häufig außer auf Bücher noch auf andere Artikel.«[106]

Meist waren die Kolporteure nebenberuflich tätig, weil das Handwerk, die kleine Landwirtschaft oder das Gewerbe nicht genügend einbrachten. Zu ihrem Sortiment gehörten vier Literaturgruppen: Journale wie »Gartenlaube«, »Daheim« oder »Simplicissimus«; religiöse oder politische Tendenzschriften wie Reden, Vorträge, Traktate und Flugblätter; Lieferungsschriften wie populäre medizinische Schriften, »vaterländische« Prachtbände oder auch »Brehms Tierleben« und Konversationslexika; Kolportageromane in Heftserien bis zu je 16 Seiten und 50 bis 200 Lieferungen. Um 1900 gab es in

106 Karl Heinrici: Die Verhältnisse im deutschen Colportagebuchhandel. In: Schriften des Vereins für Sozialpolitik. Bd. 79, Leipzig 1899, S. 184/185.

Berlin etwa 40 Kolportageverleger, 1895 im Deutschen Reich etwa 45 000 Kolporteure mit ungefähr 20 Millionen Lesern. Diese Kolporteure verdienten im Prämiensystem. Mit Entstehung des Fortsetzungsromans in der Zeitung und des Postzeitungsvertriebs, der auch die Illustrierten ins Haus brachte, verlagerte sich das Schwergewicht der Tätigkeit der Kolporteure auf Grund des noch unentwickelten Buchhandelsnetzes auf Bücher und Broschüren.

Die soziale Stellung der Kolporteure ähnelte in vielem der der Vagabunden und mittellosen Kleinhändler, denn sie verkauften auch »andere Artikel« wie sie Heinrici erwähnt, das hieß: Rasierklingen, Schnürsenkel, Nähzeug oder auch »Wundermedizinen«. Der Vertrieb von Fortsetzungsliteratur, Journalen, Tendenz- und Lieferungsschriften allein lohnte sich nicht. Deshalb gehörten zum Angebot der Hausierer auch noch weitere Druckerzeugnisse: »... Kalender, Bilderbücher, Jugendschriften, Briefsteller, Komplimentierbücher, Gelegenheitsdichter und Polterabendscherze, deklamatorische und Anekdotenbücher, Gratulations- und Wunschbücher, neueste Lieder und Couplets, Liederbücher, Traum-, Punktier-, Zauberbücher, Scherzkarten, Koch-, Gesang-, Rechts-, gewerbliche, landwirtschaftliche, Arzneimittel-, Hausmittelbücher, Erzählungen (a 10, 20 Pf.); aber auch wieder Atlanten, Klassikersammlungen, Wörter-, Reisebücher, die Reklamschen und Meyerschen Volksbücher.«[107]

Kolporteure waren zunächst einmal Kulturarbeiter schlechthin. Wenn sie Briefsteller verkauften, so verbreiteten sie Bücher mit Briefmustern für alle Gelegenheiten, von der Geburtstagsgratulation über das Einstellungsgesuch bis zum Dankesbrief an den Fabrikanten. Komplimentierbücher waren populäre Fassungen von Knigges Verhaltensregeln, denen zufolge man sich vor seinem »Arbeitgeber« zu verbeugen hatte und aus denen man, zumindest theoretisch, lernte, wie man Hummer aß. Die Kolporteure verbreiteten mit ihren Schriften Gesundheitsregeln ebenso wie solche der Kurpfusche-

107 Ebenda, S. 215.

rei, klassische Literatur wie »sittenwidrige« Schriften. Es waren demzufolge Auffassungen über Lebensweise, die sie zu Markte und durch die Lande trugen. Ihre Rolle im Kulturprozeß dieser Zeit war also kaum zu unterschätzen.

Nicht zuletzt deshalb versuchten verschiedene bürgerliche Organisationen, zum Beispiel der Verein für die Massenverbreitung guter Schriften, auf den Kolportagehandel Einfluß zu nehmen – dies auch, weil es die sozialistische Bewegung mit der Übernahme dieses Vertriebssystems schaffte, allein 1895/1896 eine Million Druckschriften unter das Volk zu bringen. Die meisten sozialistischen Schriften erschienen deshalb in Heftform. Man kann zu Recht von »Kolportageliteratur« sprechen, wenn auch mit der Einschränkung, daß »der Vertrieb der Drucksachen vielfach von Anhängern der socialdemokratischen Partei aus Parteiinteresse bei Volksversammlungen oder sonst gelegentlich besorgt wird. Eine scharfe Grenze zwischen dieser Art des Absatzes und der erwerbsmäßigen Colportage läßt sich jedoch nicht ziehen. Soviel ist klar, daß es sich um eine sehr wirksame Organisation handeln muß. Denn anders lassen sich die erstaunlichen Resultate der socialdemokratischen Partei im Absatz ihrer Agitationsschriften nicht erklären. Der Sortimentsbuchhandel allein könnte dies nicht erreichen.«[108]

Sozialdemokratische Kolporteure bildeten eine spezifische Gruppe proletarischer Kulturarbeiter (und selbstverständlich auch unter den Kolporteuren). Die mit ihnen in der Arbeiterorganisation gemachten Erfahrungen waren anfangs allerdings geradezu deprimierend. Im Protokoll des ersten Parteitages der hessischen Sozialdemokratie findet sich folgender Bericht: »Vielfach hätten sich Genossen freiwillig angeboten, für Verbreitung von Zeitungen in ihren Kreisen Sorge zu tragen ... Es habe dann Wochen lang gedauert, ohne daß ein Erfolg oder eine Vermehrung der Abonnements hiervon zu verspüren gewesen sei. Als dieserhalb Nachforschungen angestellt worden seien, habe sich herausgestellt,

108 Ebenda, S. 222/223.

daß in mehreren Fällen die Pakete mit den Zeitungen völlig uneröffnet liegen geblieben, in anderen Fällen die Zeitungen aber nicht zur Verteilung gelangt seien ... Beim Biertisch im Kreise der Genossen habe manch einer mehr Courage als zu Hause in den Wirtschaften.«[109]

Deshalb waren es zunächst die Agitatoren, die sozialistische Literatur vertrieben. Dann wurde es nötig, daß »in solchen Gegenden, wo die Agitation nicht durch Versammlungen betrieben werden kann, Colporteure für Parteischriften und Organe angestellt oder hingeschickt werden«[110]. Dafür sollte »ein entsprechender Zuschuß aus der Centralkasse« bewilligt werden, damit auch »sämtliche Colporteure die Broschüren zum darauf gedruckten Preise verkaufen«.[111] Die zentrale Bezahlung und damit feste Anstellung ließ sich jedoch nicht verwirklichen, so daß weiterhin in vielen Fällen Geschäft und Agitation getrennt waren – Zeitschriftenvertrieb durch den nicht mit der Organisation verbundenen Kolporteur, Agitation durch die beamteten Funktionäre. Dieser Zustand führte 1897 zu einer Beschwerde: »Ferner müssen die Kolporteure mehr für die Verlagsartikel des ›Vorwärts‹ interessiert werden. Wir müssen alle Mittel der Konkurrenz, soweit sie anständig sind, heranziehen.«[112] Diese Forderung, alle Mittel der Konkurrenz anzuwenden, wurde im Namen des Vorstands von Parteisekretär Richard Fischer relativiert. Er wies auf den Unterschied zwischen Parteiliteratur und Unterhaltungsliteratur hin. »... Sie dürfen nicht vergessen, einmal, daß jene Schundromane 60, 80, 100 und 200 Hefte lang sind, also viel theurer werden, dann auch, daß wir von Ihnen ... den Auftrag haben, diese Erscheinungen *den Genossen* zum billigsten Preise zu liefern.« Die Partei konnte also nicht »rein buchhändlerisch« arbeiten.

109 Busjäger: Der erste sozialdemokratische Parteitag für Hessen (-Darmstadt) und Hessen-Nassau am 22. Februar 1891 in Frankfurt/M. (Nachdruck) Camberg/Ts. 1980, S. 26/27.
110 Protokoll, 1877, S. 9.
111 Ebenda, S. 51.
112 Protokoll, 1897, S. 97.

»Daß unsere Literatur in die Masse hineinkommt, ... das ist Sache der Agitation ...«[113]

Das Bestreben der Kolporteure, sich nicht auch noch wegen politischer Umtriebe und nicht nur wegen Vagabundierens mit der Polizei zu überwerfen, führte dazu, daß die »Parteikolporteure bei ihrem Vertriebe sich auf Versammlungen oder doch auf ... Parteikreise beschränken«[114]. Ein Vorschlag, die Kolportage überhaupt in »Parteiregie« zu übernehmen, also zu einer Organisationsangelegenheit zu machen, wurde 1901 als undurchführbar abgelehnt. Ein 1910 gestellter Antrag, diese Gruppe der proletarischen Kulturarbeiter den Partei- und Gewerkschaftsbeamten gleichzustellen, indem man ihnen eine Versicherungsmöglichkeit bot und sie in die »Unterstützungsvereinigung der in der modernen Arbeiterbewegung tätigen Angestellten« aufnahm, wurde 1911 vom Vorstand abgelehnt. Wahrscheinlicher Grund war, daß sich die Mehrzahl der schon Versicherten weigerte. Ursachen dafür lagen sicher im schlechten Leumund und »Lebenswandel« der Kolporteure.

Es war damals in nahezu jeder Organisation – besonders denen mit Unterstützungskassen – üblich und nötig, »*vor* Vollziehung der Aufnahme ... darüber Informationen« einzuziehen, »ob der Gesundheitszustand der Betreffenden ein befriedigender ist und ... ob die Kollegen auch in technischer Beziehung derart ausgebildet sind, daß sie ihren Beruf voll ausfüllen können«.[115] In dieser Beziehung gab es beträchtliche Unterschiede zwischen den Angestellten der Bewegung und den proletarischen Kolporteuren. Aus ihrem Leumund auf ihren Beitrag zur Festigung der Arbeiterorganisationen schließen zu wollen, würde aber den Blick auf die Leistungen der Kolporteure verfälschen. »Der Zweck der Parteibuchhandlung ist nicht etwa in erster Linie Erzielung möglichst hoher Erträge, sondern vielmehr die Verbreitung socialistischer Litteratur. Die socialdemokratische

113 Ebenda, 1897, S. 104, 105.
114 Protokoll, 1899, S. 24.
115 Ratgeber für Verbands-Funktionäre. Verband deutscher Buchdrucker, Rixdorf o. J. (um 1909), S. 3.

Partei kann sich rühmen, mit ihrem an die politische Organisation sich anlehnenden Büchervertrieb Erfolge zu erzielen, wie sie keine andere Partei oder sonstige Organisation verzeichnen kann.«[116]

Bessere Bedingungen für Kulturarbeit

Mit Gründung der Freizeitvereine und zunehmenden finanziellen Möglichkeiten der Arbeiterbewegung verbesserten sich auch die Lebensbedingungen der proletarischen Kulturarbeiter. Während sich im Prozeß der Vereinsbildung einerseits die Kneipe (mit Vereinszimmer) zu einer proletarischen Kulturinstitution entwikkelte, benötigte vor allem die angewachsene Bürotätigkeit der erstarkten Organisationen eine angemessene und selbständige Lokalität. Die Institutionalisierung der Arbeiterbewegung brachte insofern eine »Wende« in der Kulturarbeit, als nun besondere und von den Lokalen gesonderte Räumlichkeiten für Aktivitäten vorhanden waren, die über den »Zahlabend« im Wirtshaus hinausgingen. Die um die Jahrhundertwende entstehenden Gewerkschafts- und Volkshäuser wurden zu neuen »Kommunikationszentren«. Sie beherbergten Büros und Verwaltungseinrichtungen ebenso wie Freizeiteinrichtungen: Lokale, Säle, Vereinszimmer, Bäder und Übernachtungsmöglichkeiten.

Diese Erleichterung der Arbeit für Kulturfunktionäre in einigen Großstädten betraf auch die Arbeiterbibliothekare, die vor 1914 ebenfalls meist in Vereinszimmern wirkten. In Wandregalen oder kleinen Schränken häuften sich jedoch mit der Zeit die von den verschiedenen Organisationen angeschafften Lesematerialien. Verschiedentlich fanden die Bibliotheken Platz in gemieteten kleineren Gewerberäumen und Kellerwohnungen. Dort gab es manchmal auch einen Leseraum. Zu einer besseren Wirkungsstätte der Arbeiterbibliothekare wurden nach der Jahrhundertwende jedoch die organisa-

116 Karl Heinrici: Die Verhältnisse im deutschen Colportagebuchhandel, S. 224/225.

Verwaltung, Geselligkeit, politisches
und Vereinsleben fanden in den Volkshäusern Raum.

tionseigenen Häuser mit ihren Buch- und Zeitungssammlungen sowie Lesezimmern. Die meisten Arbeiterbibliotheken öffneten gewöhnlich zwischen 19.00 und 20.00 Uhr und schlossen gegen 22.00 Uhr. Pro Abend nutzten zehn bis zwölf Besucher diese Einrichtungen.

Die Möglichkeiten für erfolgreiche proletarische Kulturarbeit hatten sich also nach der Jahrhundertwende grundlegend verbessert. 1912 besaß die deutsche Arbeiterbewegung 491 Gewerkschaftsherbergen und Versammlungssäle, davon 77 Gewerkschaftshäuser, 581 Bibliotheken, 98 Lesezimmer, 429 Bildungsausschüsse und 415 Jugendkommissionen.

Zentralisation. Kulturarbeit der Bildungsausschüsse

Gründung und leitende Tätigkeit des Zentralbildungsausschusses (ZBA)

In Reaktion auf eine Initiative des Jenaer Parteitages 1905 beschloß der Mannheimer Parteitag der deutschen Sozialdemokratie 1906 die Gründung des Zentralbildungsausschusses (ZBA) der Partei. Auf einer gemeinsamen Sitzung des Parteivorstandes mit der Kontrollkommission am 7. November 1906 wurde der Ausschuß gewählt. August Bebel war der Vertreter des Parteivorstandes in diesem Gremium. Vor dem ersten Weltkrieg leiteten Heinrich Schulz und (seit 1. Mai 1910) Wilhelm Pieck als erster beziehungsweise zweiter Geschäftsführer den ZBA. Ihm gehörten stets führende Sozialdemokraten an, wie zum Beispiel Eduard David, Hugo Heimann, Karl Korn, Heinrich Laufenberg, Paul Löbe, Franz Mehring, Philipp Scheidemann, Heinrich Schulz, Georg von Vollmar und Clara Zetkin.

Die Aufgaben des ZBA bestanden in der inhaltlichen Anleitung und organisatorischen Zusammenfassung der bis dahin nur regionalen Aktivitäten in der Kulturarbeit. Den vom ZBA angeleiteten regionalen Ausschüssen für Bildung und Kultur oblag innerhalb der Arbeiterbewegung die Hauptverantwortung für die Kulturarbeit. Basis ihres Wirkens waren daher meist die Ortskartelle, die organisatorischen Zusammenschlüsse aller Gewerkschafter und Sozialdemokraten an einem Ort, und die ihnen angeschlossenen Arbeitervereine. Seit dem Gewerkschaftskongreß von 1911 wurden die Leitungen der Bildungsausschüsse von Partei und Gewerkschaft auf örtlicher Ebene paritätisch besetzt.

Die dem Vorstand vom Parteitag zur Bearbeitung überwiesenen »Leitsätze« galten als Grundlage der Kulturpolitik. Zwar sprach Heinrich Schulz bereits zwei Jahre nach der Gründung von Meinungsverschiedenheiten im Bildungsausschuß, »die auf die Verschiedenartigkeit der grundsätzlichen Auffassung zurückzuführen sind«[117]. Er forderte die offizielle Verabschiedung der »Leitsätze«. Aber inzwischen hatte 1907 Otto Rühle[118], ohne als Autor aufzutreten, seine Auffassung zur Kulturarbeit im Auftrage des Vorstandes in 50000 Exemplaren publiziert. In beiden Dokumenten (Auszüge daraus siehe Anhang des vorliegenden Buches) besaßen die mehr als 2000 in über 400 Bildungsausschüssen tätigen Parteimitglieder eine theoretische Leitlinie ihres Handelns (Zahlen für das Jahr 1913).

Die Sitzung des ZBA im Juni 1907 traf unter anderem die Entscheidung, Hermann Duncker und Otto Rühle ab September des gleichen Jahres als erste Wanderlehrer (Wanderredner) einzustellen. In der Diskussion über die Rednerfrage machte sich erstmals der opportunistische Einfluß im ZBA geltend. Bildung und Agitation wurden ausdrücklich als getrennte Bereiche der Parteiarbeit definiert: »›Vorträge agitatorischen Charakters werden durch den Bildungsausschuß überhaupt nicht vermittelt.‹«[119] Darunter wurden ausgesprochen aktuellpolitische Vorträge, Wahlreden usw. verstanden.

Der Essener Parteitag 1907 formulierte als Aufgaben des ZBA: »... die Ausarbeitung von *Programmen für Vorträge, Vortrags- und Unterrichtskurse und künstlerische Veranstaltungen*; und zwar sowohl von zusammenhängenden Programmen, die die Bildungsarbeit eines ganzen Jahres umfassen, als auch von besonderen Programmen für einzelne Veranstaltungen; ferner die

117 Protokoll, 1908, S. 219.

118 Siehe (Otto Rühle:) Volksbildung, Wissenschaft, Kunst und Sozialdemokratie. (Sozialdemokratische Flugschrift Nr. II,) Berlin 1907.

119 Zit in: Protokoll, 1907, S. 100.

Herausgabe eines Verzeichnisses von Jugendschriften, die für proletarische Kinder besonders geeignet sind; außerdem die *Zusammenstellung von Bibliotheken* bzw. die *Schaffung von Musterkatalogen* ...; schließlich ... *Vermittelung von rednerischen Kräften* für populär-wissenschaftliche Vortragsarbeit sowie ... *Anregung und Unterstützung von bildenden und künstlerischen Veranstaltungen* ...«[120]

Bereits im ersten Jahr organisierte der ZBA 234 Vorträge, 90 Lichtbildervorträge, 60 Unterhaltungsabende, 31 Vortragszyklen, 3 Vorlesungen und 312 schöngeistige und künstlerische Veranstaltungen (Rezitationen, Theateraufführungen, Konzerte und Dichterabende). Die Wissensgebiete reichten von Sozialismus (155 Vorträge), Gewerkschaftswesen (146) und Geschichte (89) über Nationalökonomie (49), Sozialgesetzgebung (31) und Technik (14) bis zu Literatur (13) und Gesundheitspflege (10). Weniger als zehn Veranstaltungen hatten Themen zum Genossenschaftswesen, zu Rechtsfragen und Religion sowie Redeübungen. Ebenfalls im ersten Jahr seiner Existenz veranstaltete der ZBA eine Fragebogenaktion. 447 Vorstände sozialdemokratischer Vereine, 529 Gewerkschaftskartelle und 146 weibliche Vertrauenspersonen bekamen eine Liste von Fragen zugeschickt.

Die eingegangenen Antworten erbrachten wesentliche Erkenntnisse. Im Gegensatz zu den großen Städten hatten in vielen kleinen Orten noch niemals sozialdemokratische Bildungsveranstaltungen stattgefunden. Als Hauptschwierigkeiten der Bildungsarbeit wurden genannt: »›Mangel eines geeigneten Saales; Belastung der befähigten wie bildungsbedürftigen Genossen durch die politische und gewerkschaftliche Kleinarbeit; Mangel an wissenschaftlich gebildeten Rednern und geschulten Künstlern; große Kosten beim Heranziehen auswärtiger Redner und Künstler.‹« Als »weitere Feinde« der Bildungsarbeit galten »die Interesselosigkeit der Arbeiter« und ihre »schlechte wirtschaftliche Lage«, aber auch »der Alkohol, das System der Tag- und Nachtschichten, die Saisonarbeit, persönliche Streitig-

120 Ebenda, S. 96.

keiten, und endlich die vielen Vergnügungsvereine (›Klimbimvereine‹), die Vereinsmeierei und die Vergnügungen von Gewerkschaften, Turn- und Gesangvereinen, die den Arbeitern so viel Zeit und Geld kosteten, daß ihnen für Bildungszwecke nicht mehr viel übrig bleibe«.[121]

Des weiteren äußerten die Kulturarbeiter Wünsche. Sie baten um Hilfe bei der Rednerausbildung, um die Herausgabe von Leitfäden für die Selbstbildung, von Einführungen in Opern und Dramen, eines Lehrbuches über die Geschichte der Sozialdemokratie, eines Verzeichnisses sozialistischer Literatur und einer Anleitung zur Organisation von Veranstaltungen sowie die Einrichtung von Wanderbibliotheken. Allen diesen Wünschen wurde in der relativ kurzen Frist von zwei bis drei Jahren entsprochen. Die Idee der Wanderbibliotheken wurde durch eine Zentralausleihe mit Postversand ersetzt.

Schon 1909 hatte sich der lokale Bildungsausschuß als eine gewisse organisatorische Form durchgesetzt und als geeigneter als gesonderte Arbeiterbildungsvereine erwiesen. Lokale Bildungsausschüsse agierten »freier, beweglicher« und oktroyierten »den organisierten Arbeitern nicht eine neue mit laufenden Beitragszahlungen verbundene Organisationsverpflichtung«.[122] 1911 entsprach die Gliederung der Bildungsausschüsse im wesentlichen der der Parteiorganisationen. Auch gab es Ansätze zu festeren Strukturen, wie zum Beispiel örtlichen Leitungen. Seit 1912 koordinierten Wahlkreis- beziehungsweise Bezirksbildungsausschüsse die Wünsche und Anforderungen, trafen Absprachen untereinander und mit den Rednern und Künstlern. Die Schaffung einer Lichtbildzentralstelle begann etwa zur gleichen Zeit. Erstmals überstiegen die Einnahmen die Kosten.

Heinrich Schulz bekräftigte auf dem 8. Gewerkschaftskongreß 1911 noch einmal die Gültigkeit der »Leitsätze« und beantragte erfolgreich künstlerische Veranstaltungen als Zusatzpunkt zu den »Bildungsaufgaben der Gewerkschaften«, die dieser Kongreß verab-

121 Zit in: Ebenda, S. 99.
122 Protokoll, 1910, S. 49.

Leitfaden für die Bildungsarbeit in Groß-Berlin

Herausgegeben vom
Bezirksbildungsausschuß
Groß-Berlin

Zweiter Jahrgang 1914

Anleitung durch lokale Bildungsausschüsse erwies sich als die beste Form.

schiedete. Gemeinsame Aufgabe von Partei und Gewerkschaften sei es, hob der führende Gewerkschaftsfunktionär Johannes Sassenbach in Übereinstimmung mit Schulz in seinem Referat hervor, »die Mitglieder mit den Fragen des öffentlichen Lebens bekannt zu machen und ihnen Kenntnisse zu vermitteln, die geeignet sind, sie als Menschen zu heben und als kämpfende Arbeiter in ihren Kämpfen zu unterstützen«[123]. Die Bildungsausschüsse förderten, wie Schulz 1913 schrieb, das »Streben nach höheren Kulturzielen ... die uns in rein menschlicher Beziehung über die Nichtigkeiten des Alltags hoch hinwegtragen«[124].

Erfolge und Schwierigkeiten der praktischen Kulturarbeit

Mit der Vortrags- und Kurstätigkeit begann die institutionelle Trennung von politischem Versammlungsleben und theoretischer Bildung. Schon vorher hatte es in der Arbeiterbewegung eine »bunte Masse« von Vorträgen gegeben. Diese sollte nun allmählich und zielgerichtet durch Kurse ersetzt werden. Auf zwei »Gefahren« wurde in diesem Zusammenhang immer wieder verwiesen, die diese Tendenz störend beeinflußten: die Fortexistenz »bunter« und allgemeiner Bildungsprogramme sowie die Anbiederung von »Spekulanten« in Sachen Wissenschaft und Kunst. Den Bildungsprogrammen standen vor allem die realen Möglichkeiten ihrer zweckentsprechenden Durchführung entgegen. »Die Vorträge werden in Wirtshäusern abgehalten, schon deshalb, weil nur an den Zahlabenden auf Besuch zu rechnen ist ... Der Alkoholgenuß während des Vortrages hebt die Aufnahmefähigkeit sicher nicht. Der Wirtshauslärm aus den Schankräumen, die gerade Samstag abends stark besucht sind, lenkt ab. Dazu die Kürze der zur Verfügung stehenden Zeit! ... Der Vortrag dauert also eine Stunde oder ein paar Minuten länger. Hernach kommt keine Diskussion, sondern das leidige ›Eventuelle‹, das alle Aufmerk-

123 Protokoll der Verhandlungen des achten Kongresses der Gewerkschaften Deutschlands. Abgehalten zu Dresden vom 26. Juni bis 1. Juli 1911, Berlin 1911, S. 362 (im folgenden 8. Kongreß).
124 Heinrich Schulz: Arbeiterbildung, S. 10.

samkeit auf sich lenkt.«[125] Die Gesamtzahl von 1578 Vorträgen zu 197 Themen im Ausbildungsjahr 1913/1914 war angesichts dieser Umstände beträchtlich, zumal fast 80 Prozent der Themen der Arbeiterbewegung und der allgemeinen Politik gewidmet waren.

Die erreichte Breitenwirkung muß man realistisch einschätzen. In einer Großstadt wie Stuttgart mit damals über 300000 Einwohnern und einem sehr aktiven Bildungsausschuß fanden 1912/1913 »lediglich« 28 Veranstaltungen statt. Darunter befanden sich zwei »Heitere Abende« und ein Rezitationsabend über Arbeiterdichtung (Leitung: Edwin Hoernle) – einer der wenigen dieser Art – und ein Lauten-Abend. Im einzelnen fanden statt: 2 Vorträge über Lassalle (Wilhelm Blos), 3 ökonomische Vorträge (Julian Borchardt), einer über Feuerbestattung, 4 mit Lichtbildern für Kinder, 4 über »Frauenleben und -leiden«, 6 über materialistische Geschichtsauffassung, 3 mit Lichtbildern (über den Balkan beziehungsweise über Gesundheitspflege) und ein Kinovortrag für Kinder. Einen durchschnittlichen Besuch von 20 Personen zugrunde gelegt (ohne Berücksichtigung der Tatsache, daß oft »Stammkunden« mehrere Veranstaltungen besuchten) und außerdem die geselligen Veranstaltungen nicht mitgerechnet, ergab dies eine Teilnahme von 500 bis höchstens 1000 Personen.

Die meisten der 206 Kurse, die 1912 in ganz Deutschland stattfanden, führten die 8 fest angestellten Wanderredner durch: Hermann Duncker, Salo Drucker, Engelbert Graf, Max Poensgen-Alberty, Bernhard Rausch, Wilhelm Reimes, Otto Rühle und Richard Woldt. 1914 waren 13 Redner beschäftigt, darunter Hermann Müller, Hermann Wendel und Julian Borchardt. Sie hielten 941 Vorträge und erreichten fast 30000 Teilnehmer, davon 4750 Frauen. Die Rededispositionen wurden vorher gedruckt angeboten. Das Honorar für einen Wanderredner betrug pro Abend 20 Mark, zuzüglich 10 Mark Tagegeld und Ersatz der Kosten für Gepäck und Fahrt. Die Vorträge dienten vor allem der Funktionärsbildung auf

125 • Robert Danneberg: Die Ergebnisse sozialdemokratischer Bildungsarbeit. In: Der Kampf (Wien), 1915, H. 7/8, S. 280.

örtlicher Ebene. Sie zu organisieren bedeutete für die örtlichen Leiter eine große Kraftanstrengung, denn bis zum kleinsten organisatorischen Detail lag alles in ihren Händen. Darüber hinaus hatten sie gemeinsam mit den Arbeiterbibliothekaren oder auch allein, wenn es, was häufig war, keinen Bibliothekar gab, die Bücherbestände zu erweitern und die Ausleihe anzuregen. Die Organisation von künstlerischen Veranstaltungen kam noch hinzu.

Kartenverteilungskommissionen versuchten, »die der ... Arbeiterschaft noch immer halbverschlossenen Musentempel noch mehr zugänglich« zu machen.[126] Auch gab es bereits vor dem Krieg 31 kostenlose Vormittagsveranstaltungen (Konzerte) für je etwa 50 Arbeitslose. Billige »Einführungen in Dramen und Opern« durch »parteigenössische Schriftsteller« sollten die Durchführung von »Volksvorstellungen« aufklärend unterstützen. 1909 erschienen 16 solcher Hefte in einer Auflage von je 5000 Stück. 8 weitere Broschüren befanden sich zu dieser Zeit in der Produktion. Der Absatz entsprach nicht den Erwartungen; nur etwa ein Viertel konnte verkauft werden. »Bei diesem Unternehmen war vorausgesetzt worden, daß die Organisationen, die Volksvorstellungen veranstalten, die Einführungen in Masse für die Besucher beziehen ...«[127] Das Vorhaben wurde aber nicht eingestellt, sondern trotz finanzieller Bedenken weitergeführt.

Ein ähnliches Schicksal war den Ausstellungen mit Jugendliteratur und Wandschmuck beschieden. 1908 unternahm Otto Rühle die erste Agitationstour mit einer Ausstellung von Jugendliteratur. 1909 gab es an 29 Orten solche Ausstellungen, die über 6000 Personen besucht haben sollen (also etwa 200 bis 250 je Ort). 1912 steigerte sich die Zahl der Ausstellungen auf 108. Der Besuch entsprach nicht den Erwartungen. Daraufhin wurde das Schwergewicht auf Ausstellungen zu Weihnachten und auf solche verlagert, die Arbeitern zweck-

126 Jahres-Bericht für das Geschäftsjahr 1909. Verband der Fabrikarbeiter, Frankfurt a. M. 1908, S. 9.
127 Protokoll, 1909, S. 57/58.

Proletarischer Haussegen

mäßige Wohnungseinrichtungen vorführten. Oft arbeiteten dabei die Bildungsausschüsse, wie in Hamburg, mit den bürgerlichen »Vereinen für Kunstpflege« Hand in Hand. »Ausgestellt wurden: Jugendschriften, Bilderbücher, Vasen, Skulpturen, Bilder, Reformkleidung, Handwebereien und Kleiderschmuck, selbstgefertigtes Spielzeug und einige nach neuen Entwürfen angefertigte Wohnungseinrichtungen.« Begründet wurden diese Aktivitäten damit, »daß die steigende Verwendung künstlerischen Schmuckes im Arbeiterheim beweist, daß der Kampf der Arbeiterklasse um die materiellen Bedingungen ihres Daseins gleichzeitig ein Streben nach höherer Kultur ist«.[128]

Volkshäuser zwischen Ideal und Wirklichkeit

1912 berichteten 27 Orte dem ZBA über eigene »kinematographische Aufführungen«. 1913 war der ZBA »dem Plane nähergetreten, zur Förderung guter belehrender *kinematographischer* Aufführungen geeignete Schritte zu tun. Er wird versuchen, die Arbeiter von der heute grassierenden Kinoseuche zu heilen, zugleich aber doch auch den Kinematographen als ein außerordentlich anschauliches Lehrmittel für die Bildungsarbeit nutzbar zu machen.«[129] Das Problem, wie sich die Bildungsausschüsse zu den wie Pilze aus dem Boden schießenden Kinos stellen sollten, bewegte den ZBA seit 1910. Zu dieser Zeit ließ es sich nicht mehr »bestreiten, daß diese Theater ... eine wichtige Rolle im Vergnügungsprogramm der Arbeiter spielen. Hunderttausende von Arbeitern, Arbeiterfrauen und Arbeiterkindern besuchen allabendlich die kinematographischen Vorführungen und lassen die teils heiteren, teils sentimentalen, teils grausig-sensationellen und leider nur zum ganz kleinen Teil auch belehrenden Bilder auf sich wirken.«[130] Kinos und ihre Filme wurden als Zeugnisse bürgerlicher »Unkultur« gewertet.

Auch 1912 war die »Anziehungskraft des ›Kinos‹ ... noch ungebrochen. Leider aber hat sich das Niveau der Kinematographentheater noch nicht gehoben. ... Demgegenüber hat neuerdings eine Bewegung eingesetzt, die zur besseren Ausnutzung des kinematographischen

128 Zentralkommission für das Arbeiterbildungswesen von Hamburg, Altona und Umgegend. Geschäftsbericht für das Jahr 1911/12, Hamburg 1912, S. 16.
129 Protokoll, 1913, S. 43/44.
130 Protokoll, 1911, S. 55.

Theaters für die Zwecke der Volksbildung eine Auslese aus dem Filmmaterial plant. Der Bildungsausschuß behält diese Bestrebungen im Auge.«[131] Die hier erwähnten Bestrebungen waren allerdings bürgerlicher Provenienz. Sie verfolgten das Ziel, den Film als ästhetisches Erziehungsmittel zu nutzen. Salo Druckers und Victor Noacks Schriften über das Kino standen, abgesehen von einigen politischen Einschüben, weitgehend auf dem Boden dieser Bildungsabsichten. Wie bei den »Volksaufführungen« und »Volksausstellungen« schloß sich auch hier der ZBA weitgehend Bestrebungen zur Schaffung solcher Einrichtungen an, die als »Erziehungsinstitute« wirken sollten.[132] Den Bildungsausschüssen wurde empfohlen, mit den Kinobesitzern dementsprechende Absprachen zu treffen.

In besonderem Maße boten sich die Gewerkschaftshäuser als Orte »kommerzfreier« und »idealer« Kunstpflege an. Die Gewerkschaftshäuser, Herbergen und Bibliotheken sollten, so sah es der ZBA, als Kulturhäuser wirken. Heinrich Peus brachte diese Reformierungsgedanken am prägnantesten zum Ausdruck. Das Gewerkschaftshaus solle zum »Volkshaus« werden und für den modernen Arbeiter »der Tempel seiner öffentlichen Betätigung« sein. »Bis jetzt waren in unseren Städten und Dörfern die Kirchen, die Bet- und Predigthäuser, die hervorragendsten Gebäude. In Zukunft werden es die in ihrer Bedeutung über die Kirchen weit hervorragenden Volkshäuser sein.«[133] Das Volkshaus sollte dem Arbeiter nicht nur die Kirche, sondern auch seine Kneipe ersetzen. Jede Stadt ein Volkshaus und jedes Volkshaus das schönste Haus der Stadt, so sahen Peus und andere die Zukunft der Gewerkschaftshäuser. Tatsächlich entsprachen einige dieser Häuser, so das der Holzarbeiterge-

131 Protokoll, 1912, S. 54.

132 Siehe Winke und Ratschläge. Winterprogramm für das Jahr 1910–1911, Berlin 1910, S. 27. – Victor Noack: Der Kino. Etwas über sein Wesen und seine Bedeutung, Leipzig 1913. – Salo Drucker: Das Kinoproblem und unsere politischen Gegner. NZ, 1914, 1. Bd., Nr. 23, S. 867–872; Nr. 24, S. 907–912.

133 Heinrich Peus: Das Volkshaus wie es sein sollte. In Deutsch und in Ido, Berlin 1912, S. 6.

»Eleganz und Solidität« der Gewerkschaftshäuser sollten »veredelnd« wirken.

werkschaft in Berlin, in Bau und Ausstattung nahezu diesem Programm. »Seine Säle seien ein Muster von Solidität und Eleganz! Jedes Bild, das eine Wand schmückt, sei ein schönes Kunstwerk! Man dulde keine häßlichen Plakate, am wenigsten solche geschäftlichen Charakters. Das Volkshaus soll auf Schritt und Tritt die Seele seiner Besucher den Idealen zuwenden, die das menschliche Gemeinschaftsleben adeln.«[134]

Diese Vorstellungen waren letztlich aber weit entfernt von den hoch zu bewertenden tagtäglichen Leistungen kultureller Kleinarbeit der Gewerkschaftshäuser. Deren Satzungen bestimmten als Zweck eindeutig die Unterbringung von Arbeiterorganisationen. Mitglied der Genossenschaft oder der e. G. m. b. H. (das waren die möglichen Rechtsformen dieser Häuser) konnte jede gewerkschaftlich organisierte Person oder Körperschaft werden, die einen entsprechenden Beitrag entrichtete. Auch die Freizeitvereine hatten erst zu zahlen, ehe sie

134 Ebenda, S. 13.

sich dort versammeln durften. Ständig warf die Geschäftsführung Finanzprobleme auf. 1902 klagten die Gastwirtsgehilfen auf dem Gewerkschaftskongreß wegen zu geringer Bezahlung und zu langer Arbeitszeit. Und es waren gerade Fragen der Rentabilität und der Löhne, die 1909 Vertreter der Gewerkschaftshäuser zu einer Konferenz nach Berlin zusammenriefen. Die dort verabschiedeten »Leitsätze« warnten vor unüberlegten Gründungen. Sie verwiesen auf »Volksbank«-Kredite zur Mittelbeschaffung. Die Gewerkschaften sollten Zuschüsse für die Herbergen geben und die Presse mehr Unterstützung. Fragen der Kulturarbeit erschienen lediglich als Probleme der Saalvermietung. Die Volkshausleiter forderten, daß »für die Benutzung der Säle eine bare Miete gezahlt wird und daß die indirekte Entschädigung durch den Verzehr von Getränken fortfällt. Wo die Erhebung von Miete nicht möglich ist, ist ein direkter Beitrag der Gewerkschaften und der Partei zur Erhaltung des Gewerkschaftshauses zu verlangen.«[135]

Nur auf dieser finanziellen Grundlage war es möglich, eine vielfältige Kulturarbeit zu organisieren. In den Gewerkschaftshäusern, dem »Zentralverkehr aller organisierten Arbeiter« (laut Werbeanzeigen), aber auch in anderen Räumlichkeiten wie Vereinszimmern, Lesehallen, auf Festplätzen und in Parks gab es Vorträge und Vortragszyklen, Musik-, Kunst- und Theaterabende, Märchenabende für Kinder, Arbeiterfeste (besonders Gewerkschafts- und Stiftungsfeste, Maifeiern), Frühlings-, Sommer-, Herbst-, Winter-, Weihnachts-, Oster-, Pfingstfeiern, Kommerse, Turnervorführungen, Umzüge, Tanzvergnügen, Kinderfeste, Weihnachts- und andere Ausstellungen. Es fanden Jugendweihen und die ersten Namensgebungen statt. Als Kulturarbeiter wirkten hier auch Gelegenheitsdichter, die für Feiern und andere Anlässe massenhaft Prologe und Weiheworte ersannen.

Die Feste und Feiern warfen nicht nur den größten Gewinn ab. Sie zogen auch die meisten Arbeiter an. Sie bo-

135 Protokoll der Konferenz der Vertreter der Gewerkschaftshäuser. Abgehalten im Berliner Gewerkschaftshaus am 29. und 30. Juni 1909, Berlin 1909, S. 24.

ten ihnen Unterhaltung, Entspannung und Vergnügen. Deshalb trat regelmäßig, besonders bei Wahlen, bei denen auch viele unorganisierte Arbeiter angesprochen werden sollten, der »bildende Aspekt« in den Hintergrund. So empfahl der Musterplan für 1911/1912: »Der Entwurf ... läßt ... die Monate Dezember und Januar fast völlig frei von bildenden Veranstaltungen. Vielleicht finden in dieser Zeit trotz der Wahlbewegung Festlichkeiten größerer Vereine (gewerkschaftliche Stiftungsfeste, Sängerfeste) statt; die Bildungsausschüsse müssen dann bestrebt sein, in den Programmen solcher Feste die bewegte Kampfstimmung der Wahlwochen zum Klingen zu bringen.«[136] Gerade diese Festangebote haben viel zur Massenwirksamkeit der Arbeiterbewegung beigetragen. An Orten, an denen die Arbeiterbewegung noch nicht Fuß gefaßt hatte, wirkten die Bildungsausschüsse durch ihre breit angelegte Kulturarbeit oft als Initiatoren, wie Berichte aus den Bezirken belegen.

Den kulturpolitischen Schwerpunkt der Arbeit des ZBA stellten die sogenannten künstlerisch-geselligen Veranstaltungen dar. 1912/1913 fanden an 254 Orten 668 künstlerische Veranstaltungen statt:[137]

Art der Veranstaltung	Anzahl der Abende	Prozent	Besucher	Prozent
Dichterabende, darunter Busch, Hebbel, Heine, Keller, Krille, Liliencron, Reuter, Rosenow, Schiller, Thoma	28	4	8556	2
musikalische Veranstaltungen, darunter Beethoven, Mozart, Wagner, Vokal- und Instrumentalkonzerte, Liederabende	159	23	84513	18

136 Winke und Ratschläge, 1911–1912, Berlin 1911, S. 28.
137 Nach dem Protokoll, 1913, S. 38/39 (Berechnungen – H. G.).

Art der Veranstaltung	Anzahl der Abende	Prozent	Besucher	Prozent
Rezitations- und Kunstabende (Rezitationen, Lieder zur Laute, Balladen, Bunte Abende, Familienabende)	297	45	104 271	22
Feiern im künstlerischen Rahmen (März-, Mai-, Jugend-, jahreszeitliche Feste, Weihnachts-, Oster-, Stiftungs- und Gewerkschaftsfeste, Marx- und Rousseaufeiern)	66	10	225 470	48
Lieder- und Märchenabende für Kinder	99	15	33 340	7
Verschiedenes	19	3	10 853	3
Gesamt	668		467 003	

Daraus ergab sich eine durchschnittliche Beteiligung pro Abend bei den Feiern von etwa 3 400, den Musikveranstaltungen und Konzerten von etwa 530, den Kunstabenden von etwa 350 und bei den Dichterabenden von etwa 30 Besuchern.

Die Unterschiede in den Besucherzahlen bei geselligen und bildenden Veranstaltungen stellten die sozialdemokratischen Kulturarbeiter vor konzeptionelle Probleme. Viele von ihnen begannen, das Arbeiterleben gedanklich in zwei Bereiche zu teilen. Sie sahen den Arbeiter einmal als »Kämpfer« und ein andermal als »Mensch«. Johannes Sassenbach formulierte dies 1911 deutlich. Kulturelle Veranstaltungen würden »in sehr wirkungsvoller Weise erzieherisch ... wirken, zwar weniger, um Kämpfer als um Menschen zu erziehen«[138]. Auf die politischen Folgen dieser Unterscheidung wird noch zurückzukommen sein.

138 8. Kongreß, S. 365.

Der spätere Sozialdemokrat und ehemalige Pfarrer Paul Göhre beobachtete 1890 drei Monate lang direkt im Arbeitermilieu den Proletarieralltag. Über seine Erlebnisse verfaßte er ein Buch, das auch über allsonntägliche Arbeiter- und Kinderfeste berichtete, die Chemnitzer Sozialdemokraten arrangierten. Oft spielten auf diesen Festen »die Kinder sichtlich die Hauptrolle; es war ein echtes, volkstümliches Jugendfest mit Kinderwagen und Kindergeschrei, mit Blechtrompetentönen und Ziehharmonikamusik, mit Sternschießen und Luftballon ... Ein junger Arbeiter in buntem Kostüm hatte sich ganz mit einfachen Pfefferkuchenstücken behängt; so trat er unter die Kinder und ließ sich nun von ihnen jagen; wer ihn einholte, durfte sich solch ein süßes Stückchen von seinem Leibe reißen ... Da spielte man ... Adam hatte sieben Söhne und ähnliches. Die Tanzlustigen vergnügten sich dabei in einem sehr primitiven Saale bei Zithermusik an Walzer und Polka.«[139] Zu einem Ausflug mit Sommerfest in Einsiedel, einem Vorort von Chemnitz, fuhren die Festgäste gemeinsam mit der Eisenbahn. Zum Freikonzert spielten Musiker, die sich den anwesenden Gendarmen zum Trotz »Achtstunden-Capelle« nannten. Prämienschießen, Stangenklettern und Knaulwickeln gehörten zum Programm für Kinder und Erwachsene. Ein Fackelzug beschloß den Tag.

Den ganzen Nachmittag hatten sich alle vergnügt: Die Jungen kletterten, die Mädchen spielten Sternstechen und die Kleinsten Blindekuh. »Jeder erhielt eine Kleinigkeit, die Jungen Messer, Mundharmonikas, Federhalter, Taschentücher, Wurst, die Mädchen Ohrringe, Broschen, Geldtäschchen, Strumpfbänder, Taschentücher, Würstchen ... Während dann für die erwachsene Jugend gegen 5 Uhr der Tanz begann ..., bildete sich ... unter den zahlreichen Besuchern eine Männergruppe und sang ... aus dem sozialdemokratischen Liederbuche nach bekannten Melodien sozialdemokratische Wei-

139 Paul Göhre: Drei Monate Fabrikarbeiter und Handwerksbursche. Eine praktische Studie, Leipzig 1891, S. 98.

sen ... In einer Ecke des Platzes stand ... das ... Raritätenkabinett und eine Nachahmung der bekannten auf Jahrmärkten und auch sonst nie fehlenden Buden für Schnellphotographie. Jeder mußte in eine der Buden hinein ...«[140] Die Ausstellungsstücke erinnerten auf lustige Art an Arbeiteralltag und Klassenkampftraditionen. Das Geld ging an die lokale Parteikasse. Man machte den Kindern eine Freude, gewann die Herzen der Mütter, vergnügte die Jugend und agitierte zugleich auf besondere Weise für die Arbeiterbewegung.

Von diesen ausgelassenen und fröhlichen Arbeiterfesten, die in der hier behandelten Zeit in der deutschen Arbeiterbewegung immer wieder und in vielen Orten stattfanden, unterschieden sich in Ziel, Form und Inhalt die künstlerisch-geselligen Veranstaltungen der Bildungsausschüsse.

Die Rezitations- und Kunstabende brachten ein sogenanntes gemischtes Angebot: Rezitationen, Lieder zur Laute und Balladen. Aber auch »Bunte« und »Heitere Abende« sowie Familienabende wurden darunter gezählt. Unter musikalischen Veranstaltungen verstand man vor allem Konzerte mit Werken von Beethoven, Mozart und Wagner, aber auch Vokal- und Instrumentalkonzerte und Liederabende. Besonderen Wert legten die Bildungsausschüsse auf die Dichterabende. Die Tätigkeitsberichte der Bildungsausschüsse zeigen, daß Angebot und Erwartungshaltung oft weit auseinanderfielen. Dennoch kamen in die künstlerisch-geselligen Veranstaltungen für Erwachsene zum Beispiel im Winterhalbjahr 1912/1913 immerhin 430 000 Besucher. Das waren meist Arbeiter und Handwerker, deren Bildungsgrad die Rezeption des Dargebotenen gestattete. Auch gehörte ein Großteil der Besucher zu den Arbeitern, die Funktionen versahen und für die Festigung der Organisationen aktiv wirkten.

Auf diese Besucher traf zu, worüber unter Kulturarbeitern weitgehende Übereinstimmung bestand: Kunst zu genießen setzt physische »Sattheit« und auch politische »Ruhe« voraus. Wilhelm Liebknecht schrieb 1891, »der

140 Ebenda, S. 100.

Kampf schließt die Kunst aus. Man kann nicht zwei Herren dienen: nicht gleichzeitig dem Kriegsgott und den Musen.«[141] Erst wenn »der Leib befriedigt ist«, hob etwa zur gleichen Zeit der Funktionär und Arbeiterdichter Josef Scheu hervor, »stellt sich beim höher organisierten Menschen der Wunsch, das lebhafte Verlangen nach geistiger Erhebung, nach idealen, künstlerischen Genüssen ein«. Mit fortschreitender Hebung des Lebensstandards einiger Facharbeiterschichten folgerten Kulturarbeiter aus diesen Überzeugungen eine gewisse Überbetonung der künstlerischen Bedürfnisse im Arbeiterleben. So meinte Josef Scheu, Gesang und Musik müßten und könnten die Parteiveranstaltungen festlich überhöhen. Der »Parteimann« gehe auch hier anderen Arbeitern voran, indem er in den festlichen Stunden seiner Organisation »auf ein paar Stunden dem Alltagsleben entrückt, gestärkt und erfrischt« werde.[142]

Die künstlerisch-geselligen Veranstaltungen hoben zusammen mit Formen der künstlerischen Umrahmung von Partei-, Gewerkschafts- und Vereinsveranstaltungen die Höhepunkte und das Feiertägliche im Organisationsleben hervor. Stiftungsfeste und Gewerkschaftsfeiern benötigten nach dem Prolog erhebende, die Bedeutung des Tages unterstreichende Musik und Rezitation. Die »Leitsätze« der Bildungsarbeit bezogen sich auf diese Praxis von Kulturarbeit. Sie forderten die Ausgestaltung der Zahlabende, die künstlerische Ausstattung der Feste, Festschriften und andere Formen der Kulturarbeit im Organisationsalltag.

Künstlerische Ausgestaltungen und besonders die künstlerisch-geselligen Veranstaltungen konnten durch Einbindung in den Organisationsalltag das Selbstbe-

141 Wilhelm Liebknecht: Brief aus Berlin (17. 2. 1891). Zitiert nach Dietger Pforte: Von unten auf. Studie zur literarischen Bildungsarbeit der frühen deutschen Sozialdemokratie und zum Verhältnis von Literatur und Arbeiterklasse, Gießen 1979, S. 111.

142 Josef Scheu: Die Arbeitergesangsvereine und ihre Bedeutung für die Sozialdemokratische Partei, Dresden o. J. Zit. in: Werner Kaden: Die Entwicklung der Arbeitersängerbewegung im Gau Chemnitz ..., S. 129.

Künstlerisch-gesellige Veranstaltungen – Höhepunkte im Organisationsleben

wußtsein der Arbeiter heben und ihren »Idealismus« stärken. So schrieb 1912 der Kulturfunktionär Konrad Haenisch: Der Kampf der Arbeiterklasse sei »in seinem besten Teile nicht nur ein Appell an die geschichtliche und ökonomische Einsicht der Arbeiter, sondern auch an die praktische Betätigung von Hingabe und Treue, Pflichterfüllung und Opfermut – kurz, an das, was man eben gemeinhin unter ›Idealismus‹ versteht«. Dazu brauche die Arbeiterklasse auch den »wurzelechten Idealismus der Praxis«, wie ihn Friedrich Schiller in seinen Werken und seinem Leben zeige.[143] Für damalige sozialistische Kulturarbeiter bedeutete dies: »Pflegen wir also die Kunst so, damit das rebellische Wollen des einzelnen und somit der Masse gesteigert wird. Wenn wir zum Verständnis der Kunst, zur Freude am Schönen erziehen, wird die Sehnsucht nach Kunstgenuß, damit aber auch zugleich der Drang nach Erringung materieller Besserstellung angestachelt.«[144]

Mit solchen Aussagen unterstrich die Sozialdemokratie ihren Anspruch, eine historische »Kulturpartei« zu sein. Sozialistische Kulturarbeiter betrachteten es als ihre Pflicht, zu allen Erscheinungen des geistigen Lebens Stellung zu beziehen. Nationalem »Schiller-Kult« oder pompösen Goethe-Feiern konnte sich die Praxis sozialistischer Kulturarbeit nicht ignorierend entziehen. So wurde eben nicht die »nationale Geistesgröße« der Deutschen oder die »Kunstliebe der Hohenzollern« betont, sondern die »Tatsache«, daß sich verschiedene Gedankengänge Goethes mit den »Richtlinien des modernen Sozialismus des klassenbewußten Arbeiters auf das engste berühren«. Die Arbeiter seien ebenso die »Enkel Goethes«, wie sie einst die Erben Deutschlands sein würden.[145]

Die Betonung des eigenen Erbeanspruchs in der Auseinandersetzung mit der bürgerlichen Kulturpolitik führte zur Gründung von eigenen Organisationen. So entstand 1905 in Bremen der Verein für Volkstums-

143 Konrad Haenisch: Schiller und die Arbeiter, Dresden 1912, S. 16.

144 Leitfaden für die Bildungsarbeit in Groß-Berlin, Bd. 2, Berlin 1914, S. 5.

145 Max Grunwald: Goethe und die Arbeiter, Dresden 1912, S. 18/19.

Flugblatt Nr. 10. Leipzig, Februar 1900. Preis 5 Pfg.

Freier Bund

Weckrufe zu neuem Leben und frischem Streben
auf dem Gebiete der
Arbeiter- und Volksbildungsvereine.

Redaktion:	Expedition:
Friedrich Bosse, Leipzig, Weststr. 27.	Otto Jansen, Leipzig, Alexanderstr. 21.

Dritte Theatervorstellung des Arbeitervereins Leipzig.

Am 7. Jannar wurde in dem Lokale des Arbeitervereins Leipzig eine Besprechung über weitere Theatervorstellungen abgehalten. Der Besuch war ein äußerst schwacher, wollte man hieraus auf das Interesse der Gesamtarbeiterschaft für diese Vorstellungen schließen, würde man zu sehr niederdrückenden Anschauungen kommen. Daß sich die in der Besprechung Anwesenden nicht von solchen niederdrückenden Anschauungen anwandeln ließen, mag beweisen, daß eine äußerst lebhafte Debatte gepflogen wurde, worin man sich aber über die Einzelheiten eines weit ausschauenden Planes, wie ihn der Einberufer der Besprechung vorschlug, nicht einigen konnte, es wurde deshalb eine Kommission von fünf Personen gewählt, die die Einzelheiten beraten sollten. Das ist geschehen, der Plan ist ausgearbeitet. Das Ziel ist: die hervorragendsten deutschen Dramatiker von Lessing bis Hauptmann sollen nach der geschichtlichen Reihenfolge zur Aufführung gelangen. Mit Shakespeare anzufangen, wie es eigentlich die geschichtliche Entwickelung erforderte, hielt man für unthunlich, dahingegen ist Shakesreare mit Julius Cäsar und Hamlet, nach Goethe vor[illegible] Plan hat der Theaterdirektion vorgelegen, dieselbe will, soweit es das Repertoir des Stadt-

Gotthold Ephraim Lessing.

»Hebung der ästhetischen Genußfähigkeit« – Ziel und Leistung sozialdemokratischer Kulturarbeit abende als proletarisches Gegengewicht zum bürgerlichen Goethebund. Es war bezeichnend für das Eindringen politischer Fragen in die Kulturdebatten, daß die Entstehung dieses Vereins verbunden war mit den Fortschritten der Linken in der Bremer Sozialdemokratie. Mit dem Erstarken opportunistischer Positionen verlor der Verein seine ideologische Distanz zum Goethebund.

Die Bemühungen der Sozialdemokratie um die Hebung der ästhetischen Genußfähigkeit der Arbeiter im Kapitalismus gehören zu den bleibenden Leistungen der deutschen Arbeiterkulturbewegung. Daraus erwuchs die kulturpolitische Forderung, gute und nützliche künstlerische Leistungen aus Vergangenheit und Gegenwart seien dem ganzen Volke zugänglich zu machen. Doch darf dieser wichtige Akzent sozialdemokratischer Kulturpolitik über eines nicht hinwegsehen lassen: Mit der Orientierung auf »unpolitische« Kunst- und Bildungswerte, einer gewissen einseitigen Orientierung allein auf »große Kunst«, trieben opportunistische Kräfte schon vor dem ersten Weltkrieg eine Entpolitisierung der deutschen Arbeiterkulturbewegung energisch voran.

Künstlerische Programme der Arbeiterorganisationen wurden um die Jahrhundertwende zu einem festen Bestandteil des Organisationslebens und somit auch der politischen Auseinandersetzung. So nahmen Bestrebungen zur »unpolitischen Veredelung« des Arbeiters zu. Damit verbunden war ein bestimmtes Verständnis von Arbeiterbewegung als »Kulturbewegung«. Dieses nahm den Arbeiter in fast keinem seiner realen geistig-kulturellen Ansprüche als »Menschen«. Max Maurenbrecher, Wolfgang Heine, Eduard Bernstein, Georg von Vollmar und andere erblickten im Arbeiterdasein nur Kulturlosigkeit und leiteten daraus ein Konzept von Kulturpolitik ab, das sie über ihren Einfluß im Zentralbildungsausschuß auch weitgehend umsetzten. Es entsprach ihren reformistischen politischen Zielstellungen. Für den sozialdemokratischen Kulturpolitiker Friedrich Stampfer wurde die Arbeiterklasse sogar zum einzigen Wahrer der bürgerlichen Kultur. »Mit liebevoller Sorgfalt wird sie die Kulturgüter der Vergangenheit über den breiten Strom tragen, der das Heute vom Morgen trennt.«[146]

Wally Zepler, eine der führenden Theoretikerinnen der Frauenbewegung in den revisionistischen »Sozialistischen Monatsheften«, ging sogar noch darüber hinaus. Sie forderte die volle Einbeziehung der Arbeiter in die bürgerliche Kultur. Sie war damit die erste Sozialdemokratin, die das revisionistische Konzept des »Hineinwachsens in den Sozialismus« auch auf den kulturellen Bereich ausdehnte. »Auch im Geistigen wächst die gegenwärtige Welt allmählich in die Zukunftsgesellschaft hinein.«[147] Die künstlerischen und Bildungsveranstaltungen der Sozialdemokratie förderten ihrer Auffassung nach die »Freude an allem Fernliegenden, die um so stärker wächst, in je engerem Umkreis sich das tägliche

146 Friedrich Stampfer: Kunst und Klassenkampf. In: Die Volksbühne (Berlin), 1911, H. 9, S. 18.
147 Wally Zepler: Die psychischen Grundlagen der Arbeiterbildung. In: Sozialistische Monatshefte, 1912, H. 3, S. 1554 (im folgenden SM).

Leben abspielt«. Mit den künstlerisch-geselligen und anderen Bildungsveranstaltungen könne sich die Arbeiterschaft »so etwas wie einen Ausblick aus der Welt der Realitäten schaffen«.[148] Durch »die Berührung mit dem Reich der Ideale« würden sich die Arbeiter »aus der Umklammerung des Alltags lösen«.[149] Aus der These vom »Ausgeschlossensein« entwickelte sich so eine opportunistische Kulturkonzeption. Welche Vorgänge im Kulturleben lagen der Behauptung vom Hineinwachsen in die bürgerliche Kultur zugrunde?

Die sozialdemokratischen Kunstinstitutionen waren zunächst die einzigen, die Arbeitern die Kenntnisnahme der Werke deutscher Klassiker ermöglichten. Die Lektüre der Klassiker war vor 1914 eine Domäne der Gymnasien, daran änderten auch billige Reclam-Ausgaben wenig. Der kulturelle Anspruch der Sozialdemokratie richtete sich gegen alle Privilegien, so auch gegen Privilegien in diesem kulturellen Bereich. Dieser Prozeß der Hinwendung zu den Werken der Klassiker war aber zugleich verwoben mit einem Prozeß der Öffnung kunstverbreitender Institutionen für Arbeiter generell. Alle bürgerlichen und kirchlichen Arbeitervereinigungen widmeten sich zunehmend der Schließung dieser Bildungslücke. Sie ordneten die dazu ausgearbeiteten Programme in ihre ideologischen und politischen Zielsetzungen ein. So fand sich die Losung »Die Kunst dem Volke« sowohl beim bürgerlichen Verein »Volkswohl« als auch beim sozialistisch orientierten Arbeiterverein Leipzig. Unter dieser Losung gewährte »Volkswohl« in Dresden »Preisermäßigungen für den Besuch in den Kunstsammlungen, im ›Körner‹- und ›Schiller-Museum‹ sowie für Konzerte der ›Gewerbehauskapelle‹ und der Militärkapellen«[150]. Der Sozialdemokrat Heinrich Lange hielt 1899 im Arbeiterverein Leipzig eine Rede, die teilweise publiziert wurde. Darin hieß es: »Nicht besser kann man der seichten Tingel-Tangelei entgegenwirken, als wenn man

148 Ebenda, S. 1556.
149 Ebenda, S. 1557.
150 Die Kunst gehört dem Volke. In: Volkswohl (Dresden), 1897, Nr. 23, S. 215.

dem Volke das Theater öffnet und zugänglich macht.«[151]

Die Losung »Die Kunst dem Volke« und die verschiedenen Institutionen ihrer Umsetzung, vom Arbeiterverein bis zum Goethebund, waren Teil eines als Zeittendenz zu bezeichnenden Vorgangs. Vor Entstehung des Kinos und anderer Formen der Massenunterhaltung stellten Literatur, Theater, Musik und Malerei in ihren damaligen Ausdrucksformen die Träger der künstlerischen Massenunterhaltung dar. Mangels anderer Formen massenhafter und zugleich bildender Unterhaltung, abgesehen von Sportveranstaltungen, Rummelplätzen und dergleichen, und vor Erfindung und Verbreitung von Radio und Fernsehen, bildeten die liberale Bourgeoisie wie die Sozialdemokratie den Gedanken der Demokratisierung, das heißt der »Öffnung« der traditionellen Kunstinstitutionen aus.

Wesentlich vorangetrieben wurde dieses Konzept von der liberalen Bourgeoisie. Man müsse »die breite Masse des Volkes ... auch ästhetischer Genüsse theilhaftig werden lassen (und) ... die Pforten des Theaters dem Arbeiter öffnen, damit auch der Paria der Gesellschaft an der Darstellung des Schönen Freude empfinde und nach des Tages Mühsal Stunden reiner Erhebung über irdischen Kummer verbringe«[152]. Man forderte die Subventionierung von Theaterplätzen an bestimmten Tagen im Monat für Arbeiter und argumentierte gegenüber dem konservativen Bürgertum auf dreierlei Weise. Erstens solle man nicht glauben, »daß das Arbeiterpublikum nicht auf Anstand halten oder sonst Unfug in den Räumen des Theaters treiben würde«. Zweitens seien sowieso »gewisse ›Problem‹-Dichtungen zu hoch für das naive Gemüt des Volkes«. Aber wichtiger sei drittens die Erzeugung einer »Reife für richtiges Wahlverhalten durch Erzeugung von edlen Bestrebungen«.[153]

Besonders in einigen Großstädten wurden diese De-

151 Heinrich Lange: Was geht den Arbeiter das Theater an? Der freie Bund, Leipzig 1900, Nr. 19.

152 Georg Adler: Die Sozialreform und das Theater. Auch eine »soziale Frage«, Berlin 1891, S. 8.

153 Ebenda, S. 10–12.

mokratisierungsmodelle praktische Kulturpolitik. Von den Abendkursen über die Urania bis zu den Museen gab es in Berlin ein breites Feld »volkstümlicher« Kulturaktivitäten. »Außer den volkstümlichen Universitätskursen sind von der Zentralstelle für Volkswohlfahrt in Berlin Museumsführungen eingerichtet, um der Arbeiterbevölkerung die Schätze der Berliner Sammlungen zu erschließen ... Solche Führungen finden seit dem Jahre 1895/96 an vielen Sonntagen vom Herbst bis in den Frühling hinein regelmäßig in zwei Zyklen statt ... Die Karten zu den Museumsführungen werden unentgeltlich abgegeben und gelangen durch die Vertrauensmänner des ... Ausschusses ... zur Verteilung.«[154]

Der gebildete Industriearbeiter wuchs gegen Ende des 19. Jahrhunderts in diese Angebote der Großstädte förmlich hinein. »Doch am klarsten tritt Art und Tugend der gewandelten Zeit im jungen Arbeiter uns entgegen. Viele gibt es, die ihn anders wünschen, nicht so bedacht auf die Form des Kragens und den Schnitt des Rocks, nicht so fröhlich hingegeben dem Sport, ähnlicher der Vergangenheit.«[155] Die traditionellen Institutionen künstlerischer Kultur, einst Domänen des aufsteigenden Bürgertums, waren dem organisierten und anspruchsvollen Arbeiter nun nicht mehr generell vorenthalten. Der vollzogene Wandel in der Lebensform und im Lebensgefühl des Arbeiters wurde ein Problem für das Bürgertum *und* für die Arbeiterbewegung. Die kulturpolitischen Folgen des um die Jahrhundertwende einsetzenden Demokratisierungsprozesses im Kulturbereich führten zu einer Verbreiterung des Angebots in diesen Institutionen auch in Richtung »Unterhaltung«. Die Bourgeoisie ihrerseits orientierte sich hauptsächlich auf repräsentativere und exklusivere Institutionen wie Oper, Bälle und Hauskonzerte. Sie führte eine ausgeklügelte Preisskala ein, die Rang und Parkett, Volks- und Galavorstellungen schied und die Separierung der sozialen Gruppen garantierte.

154 Hertha Siemering: Arbeiterbildungswesen in Wien und Berlin. Eine kritische Untersuchung, Karlsruhe 1911, S. 113.
155 Karl Leuthner: Einst und Jetzt. SM, 1910, H. 7, S. 422.

Ihre Kulturarbeiter erarbeiteten ein Konzept der ästhetischen wie der allgemeinkulturellen Erziehung der Arbeiter zu gesteigerter Genußfähigkeit ebenso wie zu »ordentlichem« Betragen.

Diese Tendenz in der Entwicklung des geistig-kulturellen Lebens erfaßten auch die Arbeitervereine und Bildungsausschüsse. Die künstlerisch-geselligen Veranstaltungen bildeten in diesem breiten Spektrum die von Arbeiterorganisationen selbstorganisierte Seite. Und die Kulturpolitik der Sozialdemokratie war eingeordnet in diese Zeittendenz und vorantreibend wirksam. In der »Volksbühnen«-Bewegung wie in der Kommunalpolitik vertrat die deutsche Sozialdemokratie am radikalsten den Gedanken einer Demokratisierung des Kulturlebens und der Brechung des Bildungsprivilegs.

Die kulturpolitische Konzeption der Bildungsvereine

Nur die Arbeiter konnten sich zu Klassenkämpfern emporarbeiten, die in der Lage waren, den Blick über die »Nichtigkeiten des Alltags«[156] zu erheben, die sich die sozialistische Theorie aneigneten und ihre geistigen Bedürfnisse entwickelten. Nicht darin waren Tendenzen der Entpolitisierung zu suchen, wie sie mit der Verbreiterung des Arbeitervereinslebens verstärkt in der sozialdemokratischen Bewegung artikuliert wurden. So konstatierte der ZBA 1910 zwei Tendenzen: In vielen Berichten der Bildungsausschüsse kehrt die Klage über mangelhafte Beteiligung der breiten Massen an den Bildungsveranstaltungen wieder. Meist wurde damit die Forderung verbunden, das Themenangebot in den Vereinen, die bildende Vereinsarbeit also, auszuweiten.

Eine zweite Tendenz bestand in Angriffen auf das gesellige Vereinsleben. In vielen Berichten wurde »über die *Vereinsmeierei* geklagt, die der ernsten Bildungsarbeit im Wege«[157] stehe. Diese Klagen brachten die Besorgnis

156 Heinrich Schulz: Arbeiterbildung, S. 10.
157 Protokoll, 1910, S. 53.

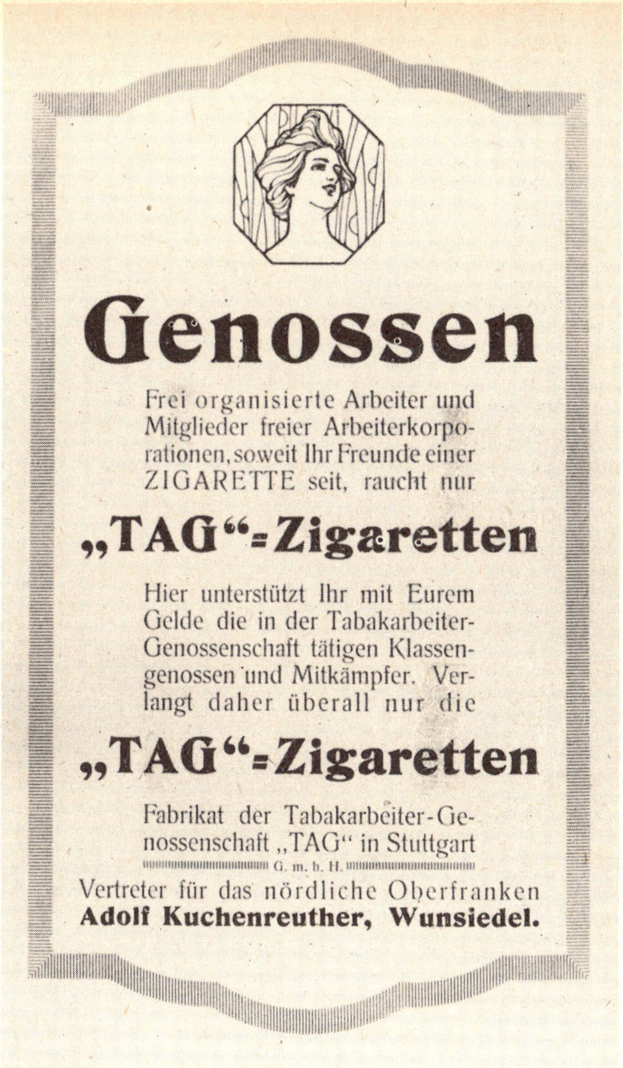

Widersprüche in der Kulturarbeit:
Zigarettenwerbung in einer Festzeitung
der Arbeiterturner

zum Ausdruck, Unterhaltung und Geselligkeit könnten allgemeinbildende wie politische Veranstaltungen sozusagen »überwuchern« und ihre Bedeutung mindern. Während sich dabei die Kritik linker Sozialdemokraten gegen die wachsende politische Unbestimmtheit der geselligen wie bildenden Veranstaltungen richtete, bezweckte die Kritik rechter Sozialdemokraten anderes. Sie gingen mit ihrer Kritik an der Vereinsmeierei von abstrakten Bildungszielen aus. Die Formel von der »Veredelung« des Arbeiters verdunkelte die Sicht auf das reale Arbeiterleben und die Probleme des Arbeiteralltags.

Heinrich Schulz' kulturpolitisches Konzept wurde zumindest noch verbal von der Vorstellung geprägt, die verstärkte Aneignung von Werten der Bildung und der Kunst würde die Arbeiter zu revolutionärem Handeln veranlassen. »Und je öfter dem Arbeiter durch die bescheidenen künstlerischen Veranstaltungen der Bildungsausschüsse ein kleiner Einblick in das weite und heitere Sonnenland der Kunst gewährt wird, um so mehr kommt ihm zum Bewußtsein, wieviel an Schönheit, Glück und Lebensfreude ihm die heutige Klassengesellschaft vorenthält. Aber zugleich wird dadurch in ihm die brennende Sehnsucht geweckt, mehr und mehr von dem zu erlangen, was ihm fehlt. Und wenn er es nicht mehr für sich erobern kann, so will er es doch für seine Kinder erobern.«[158]

Opportunistische Kräfte förderten die Vermittlung politisch unbestimmter, quasi wertneutraler Bildung. Sie orientierten auf die »Neutralität aller wahren Kunst«[159] Diese Konzeption bedeutete eine Abkehr vom realen Arbeiterleben und ging immer stärker einher mit Tendenzen der Ausschaltung des »Vergnügungsdranges« der Proletarier. Die Zurückdrängung geselliger Formen der politischen Zusammenkunft stellte ein Erfordernis der Institutionalisierung der Arbeiterbewegung dar. Der Angriff auf die organisierte Freizeitgeselligkeit schlechthin

158 8. Kongreß, S. 372.
159 Wilhelm Radloff: Kritisches zur Volksunterhaltung. SM, 1910, H. 10, S. 641.

»Arbeiterfeste sind wahre Kulturfeste,
wahre Menschenfeste.« (Wilhelm Liebknecht)

Demonstrationen unter freiem Himmel
zeigten die organisatorischen Fähigkeiten
der Arbeiterbewegung.

Arbeiter kannten die Gesetze:
Ein Seil schuf den vorgeschriebenen
»abgegrenzten Versammlungsort«.

Gestaltung von Demonstrationen
gehörte zur Organisationskultur

Ehrendes Geleit für die verstorbenen Führer
wurde zur kulturellen Tradition
in der deutschen Arbeiterbewegung.

Aktivitäten des Zentralbildungsausschusses:
Schundliteratur- und Handfertigkeitsausstellungen

Proletarische Presse festigte die Organisation.
Die Expedition der Magdeburger »Volksstimme«
wurde von der Polizei überwacht.

Die Parteitage der deutschen Sozialdemokratie waren stets auch kulturelle Höhepunkte. Fahnenschmuck, »lebende Bilder«, Geselligkeit beim Hallenser Parteitag 1890

Ein »Almfest« vereinte die Delegierten
zum Abschluß des Münchner Parteitages 1902
in fröhlicher Runde.

Beliebt: »lebende Bilder«,
von Arbeitern ausgestattet und gestellt.

Organisation – das war nicht nur politischer Kampf.
Das Mitgliedsbuch des Arbeitervereins –
ein kleines Kunstwerk.

Organisierte Stuttgarter Buchdrucker bei einem Ausflug

bedrohte allerdings das bestehende Netzwerk proletarischer Kommunikation generell. Es zielte auf den organisatorischen Rückhalt des politischen Handelns und der ideologischen Orientierung der »einfachen Arbeiter«. Die Zurückdrängung der proletarischen Geselligkeit in den Freizeitorganisationen der Arbeiter wurde am intensivsten von den opportunistischen Kräften vorangetrieben. Sie erlangten in den Bildungsausschüssen, vor allem aber im ZBA, immer mehr Einfluß. Doch erfaßte die Tendenz der Vergnügungsfeindlichkeit nahezu alle politischen Strömungen der Sozialdemokratie. Die Anlässe und Zwecke diesbezüglicher Stellungnahmen waren jedoch verschiedene.

Wilhelm Liebknecht verstand in den siebziger Jahren unter Arbeiterfesten politische Kundgebungen. »Arbeiterfeste sind keine Feste, die Sinne zu berauschen. Da der Arbeiter allein Kulturmensch ist, sind auch nur allein die Arbeiterfeste wahre Kulturfeste, wahre Menschenfeste. Bei den Arbeiterfesten ... belehren und klären wir uns auf, stärken uns zum weiteren Kampf.«[160] Über dreißig Jahre später war die Fragestellung jedoch eine andere. Die Arbeiterorganisationen waren fest gefügt. Die endgültige Trennung der Bildungsveranstaltungen von den Bierabenden war zu einer Notwendigkeit in der Arbeiterbewegung geworden: »Die Wirkung von Vorträgen wird auch zweifellos dadurch gehoben werden können, wenn während des Vortrages und am besten während der ganzen Versammlung kein Ausschank stattfindet.«[161]

Die Vergnügungsfeindlichkeit begann erst da die proletarischen Kommunikationsstrukturen anzutasten, wo, bildlich gesprochen, das Bier durch allgemeine Bildung, durch die »Veredelung« der Freizeitgeselligkeit und der Vergnügungen ersetzt werden sollte. »Es versteht sich von selbst, daß während der gesamten Dauer der Ausführung künstlerischer Programme weder das Rauchen

160 Wilhelm Liebknecht im Juli 1875 in Lößnitz. Zit. in: Werner Kaden: Die Entwicklung der Arbeitersängerbewegung im Gau Chemnitz ..., S. 49.
161 8. Kongreß, S. 364.

noch das Servieren von Speisen und Getränken gestattet werden darf.«[162] Ein solcher Ratschlag bedeutete praktisch die Separierung eines Teils der organisierten Arbeiter von einem anderen und die Absonderung beider von der unorganisierten Arbeiterschaft, die sich in den gleichen Lokalen traf. Das Empfinden der ersteren, zum exklusiven Kreis der Kenner zu gehören und in den Bedürfnissen über den anderen zu stehen, begann über die Gemeinsamkeit der ökonomischen und politischen Interessenerkenntnis zu dominieren. Lichtbildervorträge sollten keine gemütlichen Abendunterhaltungen mehr sein, sondern ausschließlich der Belehrung dienen. Mit solchem Anspruch blieben die Enthusiasten unter sich.

In der Tendenz führte diese Kulturpolitik zu einer weitgehenden Lostrennung wichtiger Bereiche selbstbestimmter Kulturarbeit von den massenhaften Formen der Befriedigung geistig-kultureller Bedürfnisse – ohne daß diese Tendenz vor 1914 voll wirksam wurde. Sie erfaßte nur ausgewählte Bereiche, und von einer Integration sozialistischer Kulturarbeit in den bürgerlichen Kulturbetrieb zu sprechen, wie es die meisten sozialdemokratischen Kulturhistoriker heute tun, ist überspitzt. Gegen diese Tendenz wirkten die elementaren Äußerungen der Arbeiterunterhaltungsbedürfnisse in den Vereinen selbst am stärksten: Es fanden vorrangig Vergnügungen statt. So hegte der ZBA »ernsthafte Zweifel«, ob man verschiedene künstlerisch-gesellige Veranstaltungen als solche bezeichnen kann, da diese »zumeist lediglich der Unterhaltung dienen. Einzelne Orte haben auch Variétéveranstaltungen ... unter die künstlerischen Veranstaltungen gerechnet.«[163] Auch ein Jahr später »laufen doch noch immer sehr viele unschöne und unkünstlerische Dinge unter«[164].

Die elementaren Bedürfnisse der Arbeiter und die politischen Erfordernisse der Wahlkämpfe zwangen die Bildungsausschüsse und Vereine dazu, um Arbeiter anzusprechen, »reine« Unterhaltungsabende und -feste

162 Winke und Ratschläge 1912–1913, S. 29.
163 Protokoll, 1910, S. 52.
164 Protokoll, 1911, S. 55.

Gewerkschaftshaus „Vorwärts", **Apolda**

Heute Sonntag, den 24. d. Mts.

Grosser Rezitations-Vortrag:

Hamlet, Prinz von Dänemark.

Rezitator: Schauspieler E. Neuhoff.

Hierauf ——— **BALL** ——— bis nachts 3 Uhr

Hierzu laden freundlichst ein

Das Gewerkschaftskartell u. E. Neuhoff.

Anfang 8 Uhr. Eintritt 15 Pfg.

Nach dem Bildungserlebnis
lockte der Ball im Volkshaus.

durchzuführen. Die Zunahme geselliger Veranstaltungen in Wahlkampfzeiten wurde bereits erwähnt. Daß die Ausschaltung des Vergnügungsdranges letztlich nicht voll durchschlug, resultierte auch aus Erfahrungen mit »gehobenen« Veranstaltungen, die die Arbeitermassen nicht erreichten. Kritische Hinweise kamen besonders aus den Reihen der Gewerkschaften, deren Stiftungsfeste die längste Tradition hatten. Auch waren die Gewerkschaften an der »Basis« mit den Lebensbedingungen und -bedürfnissen der Arbeiter vertrauter als mancher Bildungsexperte. So hatte die Unterhaltungsliteratur, trotz aller gegenwirkenden Bemühungen der Arbeiterbibliothekare, stets die höchsten Ausleihziffern. Es wurde von Gewerkschaftsseite als begreiflich bezeichnet, »daß die Mehrzahl der Arbeiter nach langer, ermüdender Arbeit lieber ein leichtes Buch liest als ein schwieriges Werk studiert. Zum Studium zwingen kann man sie nicht.«[165]

Anders die Schlußfolgerung des ZBA 1912: »So sehr es zu begreifen ist, daß die Arbeiter bei den gelegentlichen künstlerischen Veranstaltungen, die sie besuchen, in der Abwechselung und in leichter heiterer Kunst größere Reize sehen als in der Einheitlichkeit und Reinheit einer ernsten künstlerischen Darbietung, so dürfen die Bildungsausschüsse diesem Verlangen doch nicht ohne

165 8. Kongreß, S. 367.

weiteres stattgeben. Sie müssen vielmehr bestrebt sein, die Arbeiter zur Freude an gediegenen künstlerischen Genüssen zu erziehen.«[166] Es war bezeichnend für die Schlußfolgerungen des ZBA, daß die Ursachen für den Vergnügungsdrang der Arbeiter nicht in deren Lebens- und Arbeitsbedingungen gesucht wurden. Psychologische Besonderheiten und bestimmte Gegebenheiten, wie schlechte Lokale oder Biergeselligkeit, wurden als Begründungen vorgebracht. So würden sich die Künstler erst »im Laufe der Zeit in die Arbeiterpsyche hineinleben und die richtige Fühlung mit ihrem Zuhörerkreis ... gewinnen«[167]. Dies sei eine Grundbedingung dafür, daß die bisher üblichen Enttäuschungen überwunden werden könnten. Daher blieb es bei der ablehnenden Haltung des ZBA zu den Unterhaltungsbedürfnissen der Arbeiter. Eine wesentliche Ursache hierfür war in erster Linie die Freizeitkonzeption.

166 Protokoll, 1912, S. 49.
167 Winke und Ratschläge 1912–1913, S. 20.

Konzeptionen. Praxis und Strategie der Vereinspolitik der Partei

Die Bremer Ereignisse und die Haltung zu Kunstvereinen

Um die Jahrhundertwende erreichte die deutsche Arbeiterbewegung eine damals in der Welt einmalige Massenhaftigkeit. Das ist nicht nur positiv zu sehen. Immer mehr Stimmen sprachen davon, daß das Verständnis von Weg und Ziel unter den neu zuströmenden Arbeitermassen zu mäßig entwickelt sei. Auch treibe den Arbeiter »das lebhafte Vereins- und Versammlungsleben, die vielfache sportliche Betätigung, das Zeitungslesen zu einer solchen Zersplitterung der Kräfte, daß ihm zu konzentriertem Denken, zu der Beschäftigung mit schwerer Lektüre weder Neigung noch Muße bleibt«[168]. Kurz, es mangele der Bewegung und den einzelnen Arbeitern an Qualität. Dabei waren die Vorstellungen, wie diese neue Qualität beschaffen sein müsse, sehr unterschiedlich. Es sind vor allem drei größere Debatten gewesen, die die Auffassungen von Kulturarbeit in der deutschen Arbeiterbewegung deutlich zum Ausdruck brachten und die das Verständnis von revolutionärer Kulturarbeit wesentlich beförderten: die Bremer Goethebund-Auseinandersetzung, Rühles Vorstoß zur Einführung von Deutschkursen und Maurenbrechers Konzept unpolitischer Bildung.

168 Wilhelm Nitsche: Wie und nach welcher Richtung entwickelt sich das Lesebedürfnis der Arbeiterschaft? SM, 1913, H. 6, S. 369.

Die Bremer Ereignisse von 1905 stellten einen der unmittelbaren politischen Anlässe dar, den ZBA ins Leben zu rufen: Der sozialdemokratische Verein für Volkskunstabende begann 1905 unter dem Einfluß von Friedrich Ebert und Hermann Müller, mit dem bürgerlichen Goethebund zusammenzuarbeiten. Die politischen Zielsetzungen des bürgerlichen Bildungsverbandes wurden ignoriert. Heinrich Schulz warf Ebert vor, eine wahllose und unpolitische Bildungsarbeit zu befördern. Ebert sagte (nach einem Bericht der »Bremer Bürger-Zeitung« vom 2. Februar 1905): »Neben dem Klassenkampf sind wir auch noch selbst da ... man kämpft doch nicht immer im Klassenkampf, man lebt doch auch noch außerdem, es sind noch Nebensachen vorhanden, die uns gelegentlich ein paar freudige Minuten bereiten können. Das sind nicht Biertisch und Skat, sondern die schöngeistigen Bestrebungen. Diese müssen wir fördern ... Sollen wir nun heute an solchen Genüssen vorübergehen? Sollen wir an das Theater herantreten und dreimal an die Tür klopfen und rufen: Klassenkampf?«[169]

In Eberts Argumentation verdichteten sich die Ansichten opportunistischer Kulturpolitiker. Es gelte zu unterscheiden zwischen dem Arbeiter als Sozialisten und dem Arbeiter als Alltagsmenschen. Die Arbeiterorganisationen seien neben Klassenkampf- auch Institutionen unpolitischer Kulturarbeit. Die Organisationen hätten im Freizeitbereich die »idealen« Bestrebungen über die Befriedigung der proletarischen Alltagsbedürfnisse zu stellen. In Kulturfragen finde kein Klassenkampf statt. Dagegen opponierten die sozialdemokratischen Linken, die vor allem den Anteil politischer Bildung zu erhöhen beabsichtigten. Weitgehende Übereinstimmung zwischen beiden Lagern gab es allerdings in der Frage, ob sich die Sozialdemokratie in Kunstdebatten einmischen und als Partei Stellung beziehen müsse. Aus unterschiedlichen Beweggründen heraus wurde ein solches Ansinnen abgelehnt. Es gäbe Gebiete des öffentlichen Lebens, »die mit den Klassengegensätzen nichts zu tun haben ...

169 Friedrich Ebert: Schriften, Aufzeichnungen, Reden. Erster Band, Dresden 1926, S. 252.

Dazu gehört zum Beispiel die Kunst ... Und Einfluß auf diesen Gebieten ... gebührt ihnen« (den Arbeitern – H. G.) »nur, soweit sie *Sachverständige*, nicht soweit sie *Proletarier* sind.«[170] Diese Haltung wurde, wenn auch indirekt, durch einen Parteitagsbeschluß festgeschrieben, in dem folgender Antrag keine nennenswerte Unterstützung fand: Der bis dahin hochverehrte Veteran Wendelin Weißheimer, den noch 1906 ein Lorbeerkranz als verdienten Arbeiterkomponisten geehrt hatte, versuchte, einen sozialdemokratischen Kunstausschuß einzusetzen. Dieser sollte »durch einen hervorragenden Dirigenten des Arbeiter-Sängerbundes« – sicher ihn selbst – geleitet werden, Massenchöre für Parteitage einheitlich einüben und als Kommission »dichterische und musikalische Erzeugnisse aus Genossenkreisen ... prüfen und zur Veröffentlichung« auswählen. Gleiches sollte für Bühnenwerke gelten.[171]

Lückenbüßer für mangelhafte Schulbildung?

Eine ähnliche Diskussion wie die in Bremen fand im Vorfeld der Gründung des ZBA zwischen Otto Rühle und Heinrich Schulz statt. Rühle forderte 1904 von den Arbeiterorganisationen, daß diese die »Mängel und Lücken der Volksbildung *aus eigenen Kräften* auszufüllen und zu ersetzen« verpflichtet seien. Um die für den Klassenkampf nötige »geistige Tüchtigkeit und sittliche Reife« zu erlangen, fehle es den Arbeitern am Allernötigsten, vor allem an der Kenntnis der deutschen Sprache. »Ein *gründlicher schulmäßiger, systematischer Unterricht in deutscher Sprache erscheint daher als das Wichtigste und Nächstliegende*, was in bezug auf die intellektuelle Bildung unserer Arbeiterschaft vor allem anderen zu fordern ist.«[172] Heinrich Schulz wies den Vorschlag Rühles

170 Karl Kautsky: Die Revision des Programms der Sozialdemokratie in Österreich. NZ, 1901/1902, 1. Bd., Nr. 3, S. 80/81.
171 Protokoll, 1908, S. 177.
172 Otto Rühle: Ein neuer Weg zur Volksbildung. NZ, 1903/1904, 2. Bd. Nr. 29, S. 92/93.

schroff zurück. Er fragte, »was damit für den Klassenkampf gewonnen« sei, und forderte die *»Vertiefung in die Grundsätze und Bestrebungen des internationalen Sozialismus«*[173]. Die Arbeiterbildung müsse *»bewußt in den Dienst des Klassenkampfes* treten ... Sonst erziehen wir uns Ästheten, Schöngeister und Schwärmer, die selbstgefällig an ihrem schönen Ich herumbasteln, aber keine Klassenkämpfer.«[174]

Schulz setzte sich gemeinsam mit Clara Zetkin, wie beschrieben, in den bildungspolitischen »Leitsätzen« des Parteitages von 1906 durch. Seitdem war allgemein anerkannt, daß praktische Bestrebungen zur Hebung des kulturellen Niveaus der Arbeiter wie der Bewegung an zwei Stellen ansetzen müßten. Einmal komme es darauf an, die Kulturarbeit mit den Massen der Mitglieder und mit den Nichtorganisierten zu verstärken. Zum anderen müsse die Arbeiterbewegung vor allem das Kulturniveau ihrer Funktionäre heben und dabei neue Wege beschreiten. Bildungsausschüsse und Parteischule waren die beiden Kultureinrichtungen, die geschaffen wurden, um dieses Programm in die Tat umzusetzen.

Die »unpolitische Veredelung« des Arbeiters

Max Maurenbrecher sah beide Kultureinrichtungen nicht in ihrer Einheit. Er unterschied streng zwischen politischer Bildung für die Funktionäre und kultureller Elementarschulung für die Arbeitermasse. Diese Trennung entsprach auf den ersten Blick der Erfahrung der Arbeiterbewegung, daß der Sieg in der politischen Revolution letztlich von der Reife der Avantgarde abhängt. Doch gerade diese Konsequenz sprach nicht aus den Worten Maurenbrechers. Ziel der »Schulung der Funktionäre« war für ihn nicht eine höhere politische Bildung, sondern ein höherer Grad von Allgemeinbildung.

173 Heinrich Schulz: Volksbildung oder Arbeiterbildung? Ebenda, Nr. 43, S. 525, 527.
174 Ebenda, S. 528/529. – Schulz lehnte zunächst auch die von Rühle vorgeschlagene Idee der Wanderlehrer ab.

Von der liberalen Bewegung bürgerlicher Kreise 1903 zur Sozialdemokratie gestoßen, behielt Maurenbrecher viele der »Industriekultur«-Vorstellungen Friedrich Naumanns bei, die vorn bereits vorgestellt wurden. Dementsprechend reduzierte er Kulturarbeit auf die »unpolitische Veredelung« des Arbeiters. Die Masse solle »in Theater, Konzert, Bilderbetrachtung, Bücherlektüre, hygienischer, hauswirtschaftlicher, pädagogischer Schulung erst einmal ahnen, was ihr fehlt und was sie schon heute haben könnte, wenn sie nur Geld hätte: Das Klassenbewußtsein wächst aus solcher Aussaat von selbst hervor.«[175]

Maurenbrecher brachte die Auffassung, daß der Arbeiter nicht nur Klassenkämpfer, sondern auch Mensch sei, auf ihren Kern und formulierte ein entsprechendes kulturpolitisches Konzept. Dieses sah proletarische Kulturarbeit unter kapitalistischen Bedingungen nun überhaupt nicht mehr politisch. Die Sicht auf den Arbeiter als Sozialisten zum einen und als Alltagsmenschen zum anderen führte als kulturpolitisches Programm zur Ausschaltung alles politisch Eigenständigen in der proletarischen Kulturarbeit. Die Arbeiterbewegung wurde nicht mehr vorwiegend als Klassenkampforganisation, sondern als »Einrichtung« unpolitischer Kulturarbeit gesehen. In Kulturfragen, so die Schlußfolgerung, finde kein Klassenkampf statt. Das revisionistische Konzept des »friedlichen Hineinwachsens in den Sozialismus« fand hier seine kulturpolitische Entsprechung. Deshalb erhielt Maurenbrechers Programm der Kulturarbeit vor allem auf revisionistischer Seite viel Beifall. Es konnte dort als die kulturpolitisch-praktische Umsetzung der theoretischen Grundgedanken betrachtet werden. Zu diesen Grundgedanken zählte besonders die Auffassung vom Sozialismus als »ethische und kulturelle Notwendigkeit«[176].

175 Max Maurenbrecher: Massenbildung. SM, 1909, H. 21, 3. Bd., S. 1365.– Max Maurenbrecher: Schulung der Funktionäre. Ebenda, 1909, H. 22, S. 1369.

176 Ludwig Woltmann: Der historische Materialismus. Darstellung und Kritik der Marxistischen Weltanschauung, Düsseldorf 1900, S. 424.

Gerade unter Kulturarbeitern häuften sich um die Jahrhundertwende die Stimmen, daß die »Socialdemokratie eine Partei der Sittlichkeit« sei, die »die Massen nicht nur ökonomisch, sondern auch sittlich« zu heben habe. Was bei einigen Sozialdemokraten noch als persönliches Interesse erschien (»Meinen Demokratismus hat in erster Linie die schöne Literatur; es haben ihn unsere Klassiker gebildet, zum meisten Kant mit seinen kleinen Schriften.«[177]), war bei anderen auf den Inhalt der kulturpraktischen Organisationsarbeit bezogen: Kunst, Literatur, Musik, große Dramen, Museumsführung, »Vorträge über bildende Kunst, über Dichter und Maler, über Wohnungs-, Geschmacks- und Persönlichkeitskultur«[178]. Sozialistische Kulturarbeit sollte ein »seelisches Reizmittel, ein inneres Stimulanz« sein und gegen die »höhnende, angeblich wissenschaftliche Ablehnung des ethischen Sozialismus« wirken. »Der Arbeiter reißt eines nach dem andern von den Kulturgütern der Menschheit an sich, er dringt gewaltsam in die Sphären, die ihm bisher verschlossen waren, er ist mit einem Teil seiner Seele bereits Kultur- und Geistesmensch. Der Keim einer zukünftigen, klassenlosen Gesellschaft ist in der Arbeiterschaft auch im Geistigen schon heute lebendig.«[179]

Angesichts steigenden Lebensstandards bei einigen Arbeiterschichten verstanden Maurenbrecher, Zepler und andere opportunistische Kräfte in der Sozialdemokratie unter »Klassenbewußtsein« lediglich das Bewußtsein der Arbeiter, kulturell benachteiligt zu sein. Sie faßten darunter nicht auch das Selbstbewußtsein der Klasse von ihrer eigenen kulturellen Leistungsfähigkeit. Maurenbrechers Auffassung korrespondierte mit Bestrebungen von bürgerlichen Intellektuellen und Kunstfreunden, die in der Arbeiterklasse ein historisches Subjekt zu sehen glaubten, das Träger ihrer besonderen Kunstvor-

177 Robert Seidel: Socialdemokratie und ethische Bewegung, Zürich, 1897, S. 10/11, 9.

178 Wally Zepler: Psychologische Grundlagen. SM, 1912, H. 3. S. 1553.

179 Ebenda; S. 1556, 1554.

stellungen sein könnte. Sie wandten sich an die, die Kunst »verstehen zu genießen ... Die Kunst fürs Volk: das heißt nicht, sie steige hinab zum Volke, sondern das Volk steige hinauf zur Kunst!«[180] Seine Gedanken von kultureller Erziehung verband Maurenbrecher mit einer Zielvorstellung, die von der sozialistischen Gesellschaft als einem fernen Ziel des Wollens und Glaubens sprach.

Maurenbrechers Konzept fand nahezu ungeteilte Anerkennung bei allen, die sich um eine »idealistische« Erneuerung sozialdemokratischer Politik einsetzten. Manche verstanden darunter »religiöse Ergänzung« wie Maurenbrecher selbst, Theodor von Waechter (der erste sozialdemokratische Theologe) oder Paul Göhre. Andere sprachen der Sozialdemokratie jede Zuständigkeit in philosophischen Urteilen ab, so Wally Zepler, Wilhelm Schröder, Paul Kampffmeyer und Friedrich Stampfer. Wieder andere Sozialdemokraten traten »freidenkerisch« auf, so der ehemalige Rabbiner Jakob Stern, der äußerte: »Der Sozialismus allein kann die wahre Kultur auf Erden begründen, die äußerlich materielle und die innerlich ethische Kultur. Der Sozialismus ist darum keineswegs ... eine bloße ›Magenfrage‹, sondern von eminent ethischer Bedeutung.«[181]

Gerade weil sie Kampf und Sieg der Arbeiterklasse auf den Sankt-Nimmerleinstag verschoben, wurden die genannten und andere Funktionäre von Rosa Luxemburg, Clara Zetkin, Heinrich Schulz und Wilhelm Pieck kritisiert: Ihre Vorstellungen seien vor allem Angriff auf die sozialistische Theorie und die Bestimmung des Endziels. Sie seien aber auch, so Schulz, »nicht frei von der alten bürgerlichen Auffassung, daß die Masse geleitet und geschoben werden muß«[182].

Was hier als Problem der praktischen Zweckmäßigkeit und weltanschaulicher Sinngebung bestimmter Formen und Inhalte der Kulturarbeit diskutiert wurde, war Teil

180 Albinus: »Wahr« – »Schön«. Betrachtungen von der ästhetischen Peripherie. NZ, 1896/97, 1. Bd., Nr. 11, S. 342.

181 Jakob Stern: Halbes und Ganzes Freidenkerthum. Zeit- und Streitschrift, 2. Aufl., Stuttgart 1889, S. 18.

182 Protokoll, 1908, S. 221.

der kulturpolitischen Grundsatzdebatte über den Zusammenhang von Sozialismus und Kultur generell. Am Schluß des Buches wird auf die damit verbundenen politischen Differenzen in der Arbeiterbewegung noch einmal eingegangen.

Zwischen Kulturarbeit und Agitation

Die von Heinrich Schulz vorgetragene Gegenkonzeption sozialistischer Kulturarbeit ging ebenfalls von der Feststellung aus, »daß der Ausdehnung der Partei in die Breite ihre Weiterentwickelung in die Tiefe nicht genügend entspreche«. Auch Schulz anerkannte durchaus die Schwierigkeit, an die Massen heranzukommen. Er fragte nach geeigneteren Mitteln dazu, legte allerdings das Schwergewicht seiner Konzeption auf die »besondere Arbeiterbildung ..., die sich als einzigen Zweck stellt, die Schlagkraft, die Aktionsfähigkeit, besonders aber auch die Zielklarheit des Proletariats im Klassenkampf zu erhöhen ...«[183] Die Losung lautete: »Durch Volksbefreiung zur Volksbildung«. Damit hatte der Geschäftsführer des Zentralbildungsausschusses das politische Ziel sozialistischer Kulturarbeit eindeutig formuliert. Bei Schulz stand zu dieser Zeit die Bedeutung der Kulturarbeit für den Klassenkampf und für die Erringung der politischen Macht noch im Vordergrund.

Beide Konzeptionen, die von Maurenbrecher wie die von Schulz, bezogen sich auf die um die Jahrhundertwende neu eingetretene Situation für Kulturarbeit, die schon skizziert wurde. Aus diesen Veränderungen gegenüber den sechziger bis achtziger Jahren ergaben sich neue Anforderungen an die Kulturarbeit. Die politische Wertigkeit kultureller Aktivitäten wurde außer von der allgemeinen politischen Situation immer eindeutiger von drei Faktoren bestimmt. Sie war abhängig vom Geschäftsinteresse und von der Politik der herrschenden Klassen in der Kulturarbeit. Die Einführung der Arbeiterversicherung zum Beispiel zwang die Bewegung – be-

183 Ebenda, S. 218, 256.

sonders die Gewerkschaften –, nach neuen Feldern sozialistischer Kulturarbeit zu suchen, um Arbeiterinteressen zu wecken und zu vertreten.[184] Aus der Existenz solcher bürgerlichen Freizeitangebote wie der »Gartenlaube«, zahlreicher Zirkusse und Rummelplätze oder später der Kinos ergab sich für die Arbeiterorganisationen die Notwendigkeit zu reagieren.[185] Die Tatsache zum Beispiel, daß die bürgerlichen Zeitungen immer mehr Romane und Kurzgeschichten veröffentlichten und dabei besonders Frauen anzusprechen wußten, veranlaßte die Sozialdemokratie zu Überlegungen, wie ihre Feuilletons zu verbessern seien.

Zum anderen hatte sich gegen alle idealistischen Wunschvorstellungen am Ende des Jahrhunderts die Erkenntnis durchgesetzt, daß die Gewinnung der proletarischen Massen ein schwieriger und langer Prozeß sein würde. Jede Kulturarbeit mußte an den vorhandenen Bedürfnissen und Verhaltensweisen anknüpfen. »Wir haben diese Massen zu gewinnen, indem wir jeden Einzelnen zu fassen suchen. ... Die Menschen springen nicht ... geharnischt in der gegebenen Gesellschaft als fix und fertige Sozialdemokraten heraus, sondern sie haben sich erst mit einer Menge von Vorurtheilen, die ihnen von der Gesellschaft und ihren Anwälten in Schule und Kirche eingepaukt sind, ganz gewaltig herumzuschlagen.«[186]

Schließlich mußte, besonders bei der Übernahme bürgerlicher Formen der Kulturarbeit, stets der Bezug auf das proletarische Kommunikationssystem hergestellt

184 »Es macht sich dieser Wechsel im Zu- und Abgang bei uns um so stärker bemerkbar, als die staatliche Organisation der Arbeiterversicherung (Krankenkassen, Alters- und Invaliditätsversicherung etc.) den Gewerkschaften eines der wesentlichsten Mittel nimmt, die indifferenten Mitglieder an ihre Kassen zu fesseln.« (Protokoll, 1893, S. 39.)
185 Zu den Veränderungen im Arbeiterleben außerhalb der Arbeit siehe Dietrich Mühlberg: Proletarisches Freizeitverhalten und seine öffentlichen Einrichtungen im Deutschland der Jahrhundertwende. In: Mitteilungen aus der kulturwissenschaftlichen Forschung. Nr. 9, Berlin 1981, S. 123–152.
186 Protokoll, 1891, S. 164.

Ausnahme-Offerte!

Taschenmesser
Nr. 202

mit 2 prima Stahlklingen und Korkzieher, Aluminiumheft, verziert mit Bildnis und Inschrift, unverwüstlich, versenden wir gegen Nachnahme, nach Belieben mit Photographie der Herren Bebel, Singer oder Liebknecht, für nur **1,50 Mark** franko Haus. Ohne Bemerkung versenden wir das Messer wie Zeichnung (Bebel). Nichtkonvenierend zahlen wir innerhalb 8 Tagen Betrag zurück, also kein Risiko. Katalog mit zirka 4000 Artikeln, enthält Stahlwaren, Gold- und Nickelwaren, Lederwaren, Pfeifen, Musikwaren, Spielwaren, Christbaumschmuck Waffen usw., versenden wir an jedermann gratis und franko.

Versandhaus Gebrüder Bell

Gräfrath bei Solingen

Stahlwarenfabrik. Gegründet 1876.

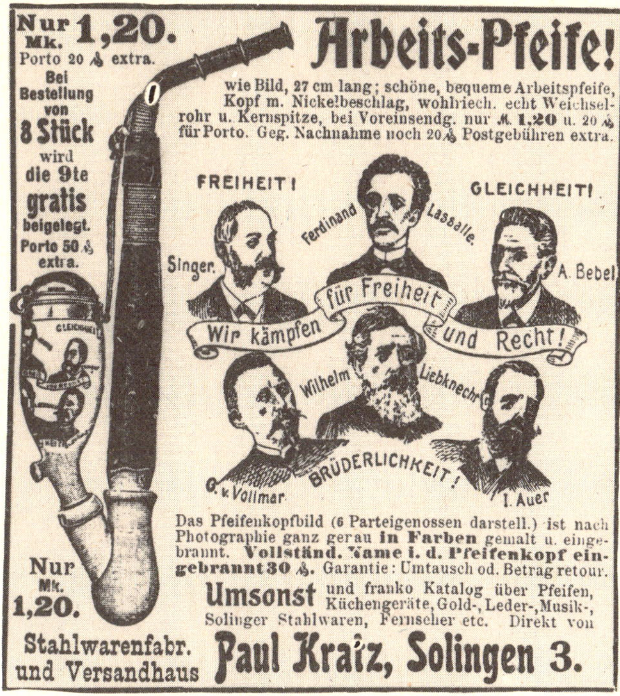

Werbung für organisationstypisch gestaltete Gebrauchsgegenstände werden. Das gab den angeeigneten Formen einen neuen, auf den organisierten Klassenkampf bezogenen Inhalt. Es veränderten sich dabei auch die Formen selbst. Sie wurden den jeweiligen Erfordernissen der Klassenorganisation angepaßt. Das führte oft zu einer Eliminierung ihrer »unpolitischen Seite«. Aus Gründen der Abgrenzung war die Arbeiterbewegung gezwungen, *ihre* Unterhaltung, Geselligkeit, Erholung und Bildung von der durch bürgerliche Institutionen geleisteten oder geförderten abzugrenzen: In der Kulturarbeit führte das in vielen Situationen zu einer weitgehenden praktischen Übereinstimmung der theoretisch und politisch unterschiedlichen Positionen von Schulz und Maurenbrecher. So forderten beide Konzepte mit unterschiedlicher politischer Zielrichtung die weitgehende Eliminierung der Vereinsgeselligkeit aus den Kulturveranstaltungen. In den Verhaltensrichtlinien für künstlerisch-gesellige Abendveranstaltungen las sich das dann so: »Unbedingt zu vermeiden ist das Rauchen und das Servieren während der Vorträge.« »Sehr streng ist darauf zu halten, daß ein künstlerisches Programm auch von künstlerisch vollwertigen Kräften, nicht von stümperhaften Dilettanten ausgeführt wird.«[187]

Unterhaltungsliteratur für Frauen

Die Situation sozialistischer Unterhaltungsliteratur innerhalb der Arbeiterpresse war wegen ihrer politischen Brisanz immer wieder auch Gegenstand bürgerlicher Beobachtung und Bewertung. Besonders der »Reichsverband gegen die Sozialdemokratie« schenkte diesem Problem große Aufmerksamkeit. Ihm war die werbende Wirkung sozialistischer Agitation, die mit unterhaltender Lektüre verbunden war, auf organisierte und unorganisierte Arbeiter kein Geheimnis. Deshalb konnte eine sehr reale Einschätzung der mangelnden Wirksamkeit von Unterhaltungsbeilagen sozialistischer Presseerzeug-

187 Künstlerisch-gesellige Veranstaltungen für die arbeitende Jugend, Berlin 1909, S. 6.

nisse getroffen werden: »Es sind eigentlich gar keine Unterhaltungsbeilagen. Das Bedenklichste an ihnen ist nämlich, daß sie fast nur schwere Kost bieten. Klassische und berühmte moderne Schriftsteller wechseln darin ab. Es leuchtet ein, daß diese Methoden, dem einfachen Manne nur Kunstwerke statt leichter Unterhaltungslektüre (wie es unsere bürgerliche Presse durchweg tut) vorzusetzen, sowohl eine leichtfertige Ueberbürdung des Gehirns, als eine gewissenlose Profanierung des literarischen Kunstwerkes darstellt, gegen die nicht scharf genug protestiert werden kann.«[188] Dieses Urteil verweist sowohl auf die weitgehende Abstinenz der sozialistischen Presse gegenüber der »reinen« Unterhaltung und Information als auch auf die Ursache dafür: Die Betonung der »schweren Kost« durch die Sozialdemokratie erfolgte in Abgrenzung vom bürgerlichen Unterhaltungsbetrieb.

Das Problem besonderer »Jugend- und Frauenschriften« beschäftigte die Sozialdemokratie seit den Anfängen einer eigenen, regelmäßig erscheinenden Presse. Schon 1871 scheiterte nur knapp ein Antrag, »einen kleinen sozialdemokratischen Katechismus« herauszugeben. »Die Jugendschriften müßten so populär als möglich geschrieben werden, damit sie der Vater am Sonntag hernehmen und der Frau und den Kindern vorlesen, und darnach die Grundsätze des wahren Menschenthums auseinandersetzen kann.«[189] Dringlich waren solche Schriften. Aber wer sollte sie schreiben, drucken und wer sie verkaufen?

1874 fielen dazu einschneidende Entscheidungen. Einmal sollten nicht mehr allein die Väter, sondern auch die Frauen, Jugendlichen und Kinder selbst die Adressaten spezieller Publikationen sein. Darüber hinaus wurde beschlossen, das bürgerliche Reklamewesen zu boykottieren und auf die daraus resultierenden Einnahmen, außer aus Privat- und Versammlungsannoncen, zu verzichten.

188 Siegfried Eckart (= Dr. Rudolf Franz): Warum ich kein Sozialdemokrat bin! Eine Streitschrift im Sinne des Reichsverbandes gegen die Sozialdemokratie, zu Nutz und Frommen des deutschen Volkes, München 1910, S. 48/49.
189 Protokoll, 1871, S. 106.

Damit sollte auch formell die Abgrenzung vom bürgerlichen Pressebetrieb erfolgen: Die Arbeiterzeitungen machten sich unabhängig vom Annoncen- und somit dem Spendenwesen. Daraus ergab sich allerdings, daß die sozialistische Presse auch nicht mit den Mode- und Unterhaltungszeitschriften konkurrieren konnte – sie wurde von entsprechenden Informationen und kostenlosen Beilagen ausgeschlossen.

Ähnliche Diskussionen begleiteten die Herausgabe aller Unterhaltungsblätter. Das Projekt der »Neuen Welt« wurde ausdrücklich mit der Absicht ins Leben gerufen, »die Parteigrundsätze in Kreise« zu tragen, »wohin die politischen Parteiorgane und Parteischriften nicht dringen«, vor allem zu den Frauen, »denen wir bisher nichts haben bieten können«.[190] Spätere Kritiken an ihrem Inhalt liefen in drei Richtungen: Der technische Standard müsse verbessert werden (Illustrationen), der Inhalt mehr den Bedürfnissen, auch denen nach »Sensationen«, entsprechen, und das Blatt solle mehr der »Erziehung« der Leser dienen. Insgesamt sollte »dem Charakter eines Unterhaltungsblattes für klassenbewußte Arbeiter besser als bisher«[191] entsprochen werden. Die gleichen Probleme gab es bei der illustrierten Romanbibliothek »In freien Stunden«. Auch diese habe die Aufgabe, »dem in Partei- und Arbeiterkreisen vorhandenen Bedürfniß nach Unterhaltungsliteratur« entgegenzukommen und zugleich besonders von Frauen gelesene »Schundromane« zu bekämpfen.[192]

Der Unterhaltung und Agitation vor allem der Frauen sollte später auch eine geeignete Zeitschrift dienen, etwa in der Art der »Gartenlaube«. Schließlich erwog man sogar die Herausgabe einer eigenen Modezeitung oder wenigstens einer monatlichen »Beilage für Haus, Garten- und Landwirtschaft« in der »Neuen Welt«. »Die praktische Arbeiterin«, wie das Blatt am besten zu nennen sei, sollte eine attraktive Publikation werden, die »den praktischen Bedürfnissen der Frauen Rechnung

190 Protokoll, 1873, S. 44.
191 Protokoll, 1895, S. 15.
192 Protokoll, 1897, S. 24.

haftesten. Wer jedoch ein altes Sommerkleid aus Wolle oder ein unmodern gewordenes leichtes Wollkleid zur Verwendung hat, kann sich auch davon die bequeme und praktische Bluse anfertigen. Unser Modell zeigt die sogenannten Fensterknopflöcher, deren Viereckform entweder mit Seidenschnur oder mit Seidenstreifen eingefaßt wird. Diese Form der Knopflöcher ist durch die großen, beliebten Kugelknöpfe notwendig geworden. Zur Bluse braucht man 1½ Meter Stoff, doppelte Breite; Kragen und Einsatzteil, sowie Rüschchen oder kleine Plissee erfordern ¾ Meter Seide, die entweder bunt gemustert oder in abstechender Farbe zur Bluse gehalten sein muß. Ein dunkles Samtbändchen bildet den Abschluß des Einsatzes und Kragens.

N. R. J.

Eines der wenigen Schnittmuster in der »Gleichheit«

trägt durch Schnittmuster, Anleitung zur Herstellung von Frauen- und Kindergarderobe, und daneben sozialistischen Text bringt ...«[193]

Nach 1910 hatten die Diskussionen über die Unterhaltungsliteratur derart an Heftigkeit zugenommen, daß der Parteivorstand zu einer Stellungnahme gezwungen war. Philipp Scheidemann schlug 1913 vor, dem Ausbau von »In freien Stunden« zu einem wirklichen »Illustrierten Familienblatt« den Vorzug zu geben und es mit hauswirtschaftlichen Beiträgen und Rezepten anzureichern. Aber

193 Protokoll, 1912, S. 258.

wie war das alles zu bewerkstelligen – den niedrigen Preis sichern, weiter Inserate und damit garantierte Einnahmen ablehnen, fachmännische Leitung sichern (das heißt gewinnen und bezahlen), gute Unterhaltung und zugleich Wissenschaftlichkeit und Propaganda sozialistischer Ziele bieten? Scheidemann urteilte rein pragmatisch. Anstatt Überlegungen in Richtung Verknüpfung von Unterhaltung und Agitation voranzutreiben, förderte er mit finanziellen Begründungen die Tendenz zur Entpolitisierung der sozialdemokratischen Unterhaltungspresse. Andererseits erkannte er die Lage, in der sich die Arbeiterpresse befand, genauer als mancher, der von Wunschvorstellungen ausging. Eigene Unterhaltungsblätter würden nie mit dem bürgerlichen Blätterwald auf diesem Gebiet konkurrieren können. Eine Lösung bot Scheidemann nicht an. Er blockte lediglich die Agitationstendenz ab.

Eine andere Erwägung bestärkte die Führung der Sozialdemokratie, mehr für eine spezielle Frauen-Unterhaltungszeitung zu tun: Die meisten Organisierten waren Männer. Neben den Beiträgen belastete das Zeitungsabonnement das Familienbudget. Ein Mehr an Unterhaltung und Lokalberichterstattung im Partei- und Gewerkschaftsblatt verfolgte einen wichtigen Zweck: »Dann hat der Arbeiter zu Hause nicht mehr die Klage zu hören, daß das Geld für das sozialdemokratische Blatt weggeworfen sei, da doch eigentlich gar nichts drinstehe außer dem, was die Nachbarinnen schon ein oder zwei Tage vorher in ihrem Blatt gelesen hätten.«[194]

Die Diskussion über eine spezielle Unterhaltungsliteratur für Frauen war nur ein Teil der ständigen Debatten über Wünschbares und Machbares. Ob es um Kolporteure, Volkshäuser, Witzblätter oder den Verkauf von Plaketten, Fotografien und Medaillen lebender Sozialisten ging, ob es die Rednerfrage, den abgelehnten Plan einer sozialistischen Rednerschule und den schließlich 1905 angenommenen Beschluß zur Gründung der Partei-

194 Wilhelm Schröder: Unsere Presse. Zit. in: Dokumente und Materialien zur Kulturgeschichte der deutschen Arbeiterbewegung, S. 268.

schule betraf, ob das Projekt eines eigenen pädagogischen Organs und seine schließliche Verwirklichung durch Otto Rühle in Rede stand, ob ein Leitfaden für Arbeiterbibliotheken herausgegeben werden sollte – immer mußten politischer Nutzen und ökonomische und personelle Machbarkeit gegeneinander abgewogen werden.

Die »Künstlerfrage«

Es war äußerst schwierig, die vom Zentralbildungsausschuß gegebene Orientierung auf die künstlerisch-geselligen Veranstaltungen umzusetzen. Sie stellte sehr hohe Anforderungen an die sozialistischen Kulturarbeiter. Diese mußten für die speziellen künstlerischen Interessen gewonnen, ausgebildet und mitunter auch den anderen »Unterhaltungen« entzogen werden. Das warf zwei Fragen auf: die nach der Einbeziehung von Künstlern in die Kulturarbeit und die Frage nach der materiellen Ausstattung der Bildungsausschüsse und der Schulung der Kulturarbeiter. Es sollte, »genau so, wie jede religiöse Gemeinde sich danach umsieht, einen Prediger zu haben, ... auch jeder unserer Ortsvereine mindestens einen Redner aufweisen«[195]. Auf diese beiden ganz praktischen Fragen gab die deutsche Sozialdemokratie in erstaunlich kurzer Frist zwei Antworten: die Einrichtung einer eigenen »Künstleragentur« und den Aufbau eines Verleihdienstes von Lichtbildern.

Allen Lehrern im Schuldienst wie allen Staatsangestellten war das Abhalten von Singstunden und Zeichenzirkeln in sozialdemokratischen Arbeitervereinen untersagt. Deshalb entstand in den Arbeitervereinen und Kulturorganisationen der Arbeiter die »Künstlerfrage«. Das war der Ruf nach mehr Kulturarbeit der Berufskünstler für Arbeiter. Wenn die Losung »Die Kunst dem Volke!« umgesetzt werden sollte, waren berufene Kräfte nötig. »Die Arbeiterschaft ist auf die Künstler der bür-

195 Protokoll, 1909, S. 245.

gerlichen Gesellschaft angewiesen.«[196] Und wie in den Arbeiter-Gesangvereinen die »Dirigenten- und Komponistennot« ausgerufen wurde, so kam aus anderen Vereinen der Ruf nach ausgebildeten Schauspielern, Malern und Tänzern, die als Kulturarbeiter tätig werden sollten.

Ebenso wurden die Bildungsausschüsse aufgefordert, eigene (so würde man es heute nennen) »Konzert- und Gastspieldirektionen« aufzubauen und Programme einzukaufen und zu vermitteln. In Berlin fanden nach diesem Programmangebot 1913 über 130 Kunstabende und Feste statt. 272 Einzelkräfte und Ensembles wurden engagiert. Gleichzeitig mußte man die Masse der Kulturarbeiter in den Bildungsausschüssen und Vereinen mit Material ausrüsten, das sie befähigte, auf hohem Niveau selbst aufzutreten.

Das Kino galt als gegnerische Kulturinstitution. Zwar hatte der ZBA bereits 1912/1913 allerlei Ratschläge über den Umgang mit dem Kinematographen gegeben. Es gab aber 1913/1914 in ganz Deutschland lediglich 62 sozialdemokratische Vorführungen an 27 Orten. »Mit zwei oder drei Wanderkinos wäre die Frage für unsere Arbeiterschaft ebensowenig gelöst.«[197] Der Vorschlag, jeden örtlichen Bildungsausschuß mit einem Vorführapparat auszurüsten, überstieg weit die finanziellen Möglichkeiten. Was blieb den Ausschüssen anderes übrig, als mit der um 1910 begonnenen Praxis fortzufahren: Statt des »lebenden« wurde das »stehende Bild«, der Lichtbildervortrag, propagiert. »Aber wichtiger« (als der Film – H. G.) »für die eindringliche ernste Belehrung und einfacher und leichter zu verwenden ist das stehende Bild.«[198] Allein in Berlin wurden noch vor dem ersten Weltkrieg fast 3000 Lichtbilder zu acht Serien für den Verleih in sozialdemokratischen Organisationen hergestellt. Dazu wurden Hinweise und Erklärungen für Redemanuskripte in Broschürenform gedruckt, verkauft und ausgeliehen.

196 Wilhelm Radloff: Kritisches zur Volksunterhaltung. SM, 1910, H. 10, S. 640/641.
197 Salo Drucker: Das Kinoproblem und unsere politischen Gegner. NZ, 1914, 1. Bd., Nr. 24, S. 912.
198 Lichtbilder, Berlin 1913, S. 3.

Bereits 1899 hatten Genossen aus Billingen den Parteitag gebeten, zur Erleichterung ihrer Kulturarbeit eine Publikation herauszugeben, die »große Wissensgebiete umfassend und leichtverständlich behandelt«, damit die Vereine »in jeder Versammlung einen wissenschaftlichen (Lese-) Vortrag zu bieten« haben.[199] In Form von schriftlichen Erklärungen und Rededispositionen wurde etwa zehn Jahre später diesem Wunsche entsprochen.

Viele kulturpolitische Beschlüsse, etwa die zur Förderung der künstlerisch-geselligen Veranstaltungen, der Lichtbildausleihe, der Frauen-Unterhaltungsliteratur oder der Vereinsarbeit entsprangen ganz praktischen Erfordernissen und erst in zweiter Linie ideologischen Überlegungen. Man kann dies eine Grundsituation der Arbeiterkulturbewegung nennen. Nur Kenntnis dieser Zusammenhänge gestattet es, bestimmte kulturpolitische Werturteile der Sozialdemokratie, so über das Kino, über andere Freizeitinstitutionen oder über die Schnelligkeit der Presseinformationen, historisch richtig einzuordnen, so daß das Urteil der damaligen Situation gerecht wird. Die sich ausweitende Praxis sozialistischer Kulturarbeit erzwang immer wieder praktische Entscheidungen darüber, welche Formen und Inhalte der Bildungsarbeit und der künstlerisch-geselligen Veranstaltungen im Interesse der sozialdemokratischen Bewegung standen und deshalb ideologisch, finanziell, personell und technisch zu fördern waren.

Abwehr »doktrinärer Experimente« in der Kulturarbeit

Mit dem Übergang zum Imperialismus erfaßte der einsetzende Monopolisierungsprozeß immer mehr auch kleinbürgerliche Schichten. Weite Bereiche des Alltagslebens gerieten in den Sog des kapitalistischen Marktes. Das unterwarf auch die Lebensweise dieser Schichten einem Veränderungsprozeß. Die bis dahin weitgehend privilegierte Stellung vieler Handwerker, Händler, klei-

199 Protokoll, 1899, S. 58.

nen Fabrikanten und anderen »Mittelklasse«-Gruppen innerhalb der kapitalistischen Klassenhierarchie war bedroht. Dies brachte einige von ihnen in Opposition zur kapitalistischen Entwicklung der Industrie, ohne sie allerdings an sozialistische Positionen heranzuführen. Sie diskutierten verstärkt Probleme des Umwelt- und Tierschutzes, der Grenzen der Lebensmittelchemie und der Pharmazie, des Mißbrauchs von Genußmitteln und andere, fragten jedoch nicht nach den sozialökonomischen Ursachen.

Größer werdende Aktiengesellschaften verdienten am Massenwohnungsbau. Brauereikonzerne beherrschten den Biermarkt. Zigarettenfabriken erzielten enorme Profite am steigenden Verbrauch von Tabakwaren. Warenhäuser partizipierten am steigenden Lebensstandard und verdrängten die kleinen Läden. Die großen Industrien begannen Luft und Gewässer zu verschmutzen. Fauna und Flora wurden Objekte des Verdienens. Gewerbsmäßige Jagd, die systematische Aufzucht und Tötung des Wildes bedrohte die natürliche Struktur der einheimischen Tierwelt. Steigender Holzverbrauch dezimierte die Wälder. Die einsetzende Industrialisierung der Landwirtschaft führte zu einer zunehmenden Landflucht, während es andererseits die Großstädter zur Erholung in die Landgegenden trieb, weil es in den großen Städten an Erholungs-, Spiel- und Sportplätzen mangelte. Der medizinische Dienst wurde mit Zivilisationskrankheiten konfrontiert und suchte nach massenhaften prophylaktischen Lösungen. Dadurch begann auch die Arzneimittelproduktion ein einträglicher Industriezweig zu werden. Nahrungsmittel-, Konfektions- und andere -industrien begannen ihren Absatzkampf und Werbungs»krieg«. Amüsierbetrieb, Kino, Rummelplatz, privates und staatliches Lotteriespiel, Schauwettkampf und Illustrierte offerierten Freizeitangebote, Glückschancen und Unterhaltungen. In allen Lebensbereichen regierte der Drang nach Gewinn und ließ die Armut unterer Schichten noch greller ans Tageslicht treten.

Die Allmacht des Geldes ließ in allen Lebensbereichen erlernten abstrakt-humanistischen Idealen, wie sie Gymnasial- oder Religionsunterricht vermittelt hatten, nur noch den Platz der Utopie oder Illusion. Dies suggerierte den Eindruck von Entartung und Verfall der Sitten und des Triumphs des Lasterhaften und Industriellen über alles Natürliche, Schöne, Gute und Wahre.

Diese Eindrücke und Stimmungen sowie die Furcht davor, in ein proletarisches Dasein abzusinken, ließen in den letzten beiden Dekaden des 19. Jahrhunderts eine Reihe sozialreformerischer Bewegungen entstehen. Deren soziale Träger kamen aus den Mittelschichten und ihre Denker und Führer meist aus dem akademisch gebildeten Bürgertum. Ihren sozialen Zielen gemeinsam war der Wunsch nach Ausgleich, Versöhnung und Befriedung. Es einte sie der Glaube an die freiwillige Mäßigung der Mächtigen und die Hoffnung auf Linderung der schlimmsten Not. Diese Bewegung der »Lebensreform« war ein Konglomerat verschiedenartigster Bestrebungen: Antialkoholismus, Bodenreform (gerichtet gegen chemische Düngemittel), Gartenstadtbewegung, Gymnastik und Sport, Impfgegnertum, Kleidungsreform, Körperpflege, Nacktkultur, Naturheilkunde, Anti-Raucherkampagnen, Siedlungswesen, Vegetarismus, Vivisektionsgegnerschaft[200] und Wohnungsreform. Die tragenden Säulen der Lebensreform waren die Antialkoholbewegung, der Vegetarismus und die Reformhäuser.

Die Alkoholgegner organisierten sich in verschiedenen Vereinen, so dem »Blau-Kreuz«-Verein (1884) oder dem »Guttempler-Orden« (1888). Vegetarismus stellte mehr dar als fleischloses Essen. Er galt als »vernünftige Lebenskunst« allgemein. Zu seinen Zielen zählte besonders die Einführung der Naturheilkunde. Reformhäuser boten all das an, was »natürlich«, das heißt ohne chemische Zusätze produziert war: vom Dörrgemüse über Hafergrütze bis zur Kokosnußbutter. Auch alkoholfreie und vegetarische Restaurants wurden eingerichtet.

Die Vertreter der Lebensreformbewegung sprachen auch Arbeiter an. Mit ihren radikalen Konzepten zur Veränderung der Lebensweise und ihrer ideenreichen praktischen Kulturarbeit erlangten sie Einfluß auf die Arbei-

200 Tierschützer, die gegen die Verwendung lebender Tiere zu wissenschaftlichen Experimenten auftraten.

Anzeigen der Lebensreformer in der Arbeiterpresse

terbewegung. Viele Kulturarbeiter, die später zur Arbeiterbewegung stießen, waren zunächst Lebensreformer und bürgerliche Freunde der Armen und Unterdrückten.

Die Arbeiterklasse und ihre Bewegung, die allem Neuen und Wissenschaftlichem aufgeschlossen gegenüberstand, hatte sich ständig, wie Karl Marx bereits 1852 schrieb, gegen »doktrinäre Experimente«[201] zur Wehr zu setzen. Auch in Deutschland drängten sich an die Arbeiterpartei allerlei Elemente heran, »die von der offiziellen Welt nichts zu erwarten oder bei ihr ausgespielt haben«[202]. Die von Friedrich Engels 1894 in der »Neuen Zeit« aufs Korn genommenen »Sektierer«, »ehrlichen Narren« und »unehrlichen Betrüger« bedrängten nach dem Fall des Sozialistengesetzes die Arbeiterbewegung. Sie suchten nach einem historischen Subjekt zur Verwirklichung ihrer verschiedensten Theorien. Der sozialdemokratische Funktionär Wilhelm Blos sprach 1890 gegen diejenigen, die »unsere Partei ... zu einem Laboratorium für freireligiöse und freidenkerische Experimente machen« wollen. »Es könnten schließlich auch die Vegetarianer kommen, sogar die ›Wollenen‹.«[203]

Und sie kamen. Die Vertreter der Naturheilkunde forderten 1892 »Aufsätze über Gesundheitspflege, prakti-

201 Karl Marx: Der achtzehnte Brumaire des Louis Bonaparte. MEW, Bd. 8, S. 122.
202 Friedrich Engels: Zur Geschichte des Urchristentums. Ebenda, Bd. 22, S. 453/454.
203 Protokoll, 1890, S. 185.

sche Lebensweise«. Als die Gegner des Lotteriespiels 1892 und die Impfgegner 1893 ihre ersten Anträge stellten, warnte der Parteivorsitzende Paul Singer davor, die aufgeworfenen Fragen »in einer Weise zu behandeln, als wenn von der Stellung des Einzelnen zu diesen Fragen die Zugehörigkeit zur Sozialdemokratie abhängt«[204]. Auch Bebel sprach schroff dagegen und warnte namentlich vor den Antivivisektionisten und Vegetariern. Das hatte zur Folge, daß beim Parteitag ein Jahr später ein diesbezüglicher umfassender Grundsatzantrag, der auch alle Tierschützer einbezog, eindeutig abgelehnt wurde. Folgendes war darin gefordert worden: »Gegenüber den volksthümlichen Bewegungen wie: Vegetarismus, Naturheilkunde, Impfgegnerei, Freireligion, Freidenkerthum, Thierschutz und Antivivisektion etc., sofern sie nicht politische Parteien bilden, sich nicht in absprechender oder gar höhnender Weise zu äußern, weder mündlich noch schriftlich, um Blamage für sich und Abschreckung für solche Personen, welche uns und unseren Ideen sich nähern, zu verhüten.«[205]

Gerade die Impfgegner stellten beharrlich fast jährlich ihre Anträge und begründeten das so: »Die Sozialdemokratie ist die Trägerin der gegenwärtigen und zukünftigen Kultur. Sie muß also alle Kulturfragen in den Bereich ihrer Tätigkeit ziehen und daher auch die Impffrage.«[206]

Im Gegensatz zu den Befürwortern einer »einheitlichen Weltsprache« und denen der »Arendtschen Stenographie« gelang es den Freidenkern und den Abstinenten, durch Ausweitung ihrer ideologischen und praktischen Bestrebungen auf Fragen der Kulturarbeit und Kulturauffassung, maßgeblich auf Parteientscheidungen Einfluß zu nehmen. Bebel bemerkte 1899, daß es ihm gleich sein könne, was die »Guttempler« sagen: »Wir dürfen die Parteithätigkeit nicht in Kleinkram verzetteln.«[207] Dieser Ausruf bezog sich auf die Geschichte der

204 Protokoll, 1893, S. 152.
205 Protokoll, 1894, S. 17.
206 Protokoll, 1911, S. 297.
207 Protokoll, 1899, S. 289.

Die Abstinenten verbanden Propaganda
gegen den Alkohol mit reger Kulturarbeit.

bisherigen Diskussion der »Alkoholfrage« in der Arbeiterbewegung.

Karl Kautsky hatte den Alkohol als ein »Hilfsmittel der Geselligkeit« bezeichnet.[208] Den Alkoholismus ordnete er nichtarbeitenden und lumpenproletarischen Schichten sozial zu. Die Kneipe nannte Kautsky auf Grund der unterdrückten politischen Lage der deutschen Arbeiter das »einzige Bollwerk der politischen Freiheit des Proletariers«[209]. Die Temperenzler bezichtigte er deshalb der beabsichtigten Sprengung des proletarischen Zusammenhalts. Die Freidenker und Abstinenten wurden beschuldigt, durch Überbetonung »einer Theilerscheinung

208 Karl Kautsky: Der Alkoholismus und seine Bekämpfung. NZ, 1890/91, 2. Bd., Nr. 28, S. 47.
209 Ebenda, Nr. 30, S. 107.

Einnahmen aus der Werbung oder Orientierung
am Beschluß über den Schnapsboykott?

unserer Gesellschaft ... eine Brücke zwischen dem Proletariat und der Bourgeoisie zu bilden und den Klassenkampf abzuschwächen«[210]. »Aber wenn wir eine sozialistische Temperenzbewegung bekommen, dann erstehen auch Fanatiker der Temperenz in unserer Mitte, die den Klassenkampf des Proletariats gegen die Bourgeoisie nur mitmachen unter der Bedingung, daß er auch ein Kampf ist gegen jeden Alkoholgenuß, und die sich gegen das Proletariat wenden, wenn dieses an seinem Bier festhält.«[211]

Die Vereinsbestrebungen, das wurde schon dargestellt, erlangten um die Jahrhundertwende eine größere Breite. Die Stellung zu den Vereinen wurde zu einem Problem *in* der Arbeiterbewegung. Die parallel zur Vereinsbildung voranschreitende Institutionalisierung der politischen und gewerkschaftlichen Arbeiterbewegung ließ die Vereinstätigkeit in einem neuen Licht erscheinen. Die Freizeitvereine zeigten, daß ihr Kulturangebot die politische Tätigkeit sinnvoll ergänzen und eine »Leerstelle« ausfüllen konnte. Das veränderte die kulturpolitische Situation der Arbeiterbewegung. Die Frage hieß nun nicht mehr »Verzettelung in Kleinkram«, sondern: Ist die Tätigkeit in Sonderorganisationen ein Feld der Parteiarbeit, oder ist es der Sozialdemokratie gleichgültig, welchen Organisationen ihre Mitglieder angehören?

210 Ebenda, Nr. 29, S. 88.
211 Ebenda, S. 87.

Vereinsbewegung und sozialistische Gesamtstrategie

Kulturpolitik der Sozialdemokratie gegenüber Vereinen war keine Erscheinung, die erst um die Jahrhundertwende notwendig wurde. Nach dem Fall des Sozialistengesetzes entstand aber eine veränderte Lage. Die Kulturorganisationen führten ein »Eigenleben«. Kulturpolitische Probleme, die sich daraus ergaben, lagen auf zwei Ebenen. Sie betrafen zum einen die Abwehr aller Versuche, schon unter kapitalistischen Verhältnissen die Regelung des Reproduktionsprozesses in seiner Gesamtheit mitbestimmen zu wollen. Deshalb war ständige Abgrenzung der eigenständigen und klassenbestimmten Arbeiterbewegung von arbeiterfreundlichen Reformbestrebungen nötig. Wilhelm Liebknechts 1874 vorgetragene und gebilligte Resolution, daß sich die Sozialdemokratie »nur zu agitatorischen Zwecken« an den Reichstagswahlen und -verhandlungen beteilige[212], war hier ebenso einzuordnen wie die spätere Zurückweisung der Genossenschaftsidee in ihrem Bestreben, die wirtschaftliche Macht der Arbeiter vor der politischen Macht herbeiführen zu wollen.

Es ging deshalb zum anderen um das Fernhalten, Hinauszögern oder Zurückschlagen aller Bestrebungen, der Arbeiterbewegung und ihren Organisationen Aufgaben aufzuzwingen, also zur »Parteifrage« zu machen, die ihr in ihrem Kampf geschadet hätten. Sei es, daß die Bewegung kräftemäßig dazu noch nicht in der Lage war, wie zur Gründung einer eigenen »Rednerschule« bereits 1891. Sei es, daß die Vorschläge mit ihrer Grundeinschätzung des Kapitalismus unvereinbar waren, wie die Anerkennung der Kolonialvereine in ihrer »kulturbringenden Mission«. Auch mußten unnötige Konflikte mit den herrschenden Gesetzen vermieden werden, wie sie die Gründung eigener »Kriegervereine« für sozialdemokratische Soldaten und Reservisten hervorgerufen hätten. Manche der eingebrachten Ideen waren auch einfach skurril, wie ein Vorschlag von 1895, jedem Witzblatt

212 Protokoll, 1874, S. 35.

ständig zur Verbreitung sozialistischer Gedanken das Parteiprogramm beizulegen.

Stets hatte also das Problem der Einheitlichkeit, Diszipliniertheit und Besonnenheit der Bewegung den Vorrang vor dem unwägbaren Experiment. Das war eine historische Notwendigkeit, die der deutschen Sozialdemokratie noch heute den »linken« Vorwurf einträgt, gerade gegenüber den Lebensreformern eine »konservative« Partei gewesen zu sein. Dabei vernachlässigen die Vertreter dieser Auffassungen das Problem der historisch notwendigen Selbsteinschränkung der Kulturarbeit der Arbeiterklasse unter kapitalistischen Bedingungen. Sie gehen nicht vom Primat der Politik aus. So heißt es in einer Einschätzung aus dem Jahre 1980: »Kunst und Kultur gehörten für die Sozialdemokratie vor 1900 noch nicht unbedingt zum Klassenkampf.« Die deutsche Sozialdemokratie hätte es »nicht geschafft ... mehr hervorzubringen, als die bloße Forderung nach einer neuen, völlig anderen Kultur ... In vielen Bereichen imitierte sie einfallslos und ohne Varianten die bürgerliche Lebenshaltung.«[213]

Es war seit Herausbildung der selbständigen Arbeiterorganisationen in Deutschland im Prinzip klar, »daß die social-demokratische, die Arbeiterpartei überhaupt, nur durch eine einheitliche centralistische Organisation zum Siege gelangen kann«[214]. Dabei stellte sich das Problem zunächst für die Eisenacher, die Mitglieder der Sozialdemokratischen Arbeiterpartei, anders als bei den Lassalleanern. In Lassalles Allgemeinem Deutschen Arbeiterverein übertrug von vornherein die »oberste Behörde« den Mitgliedern ihre Aufgaben per Weisung. Die Eisenacher standen dagegen länger und stärker in der Tradition der Arbeiterbildungsvereine. Deren Umwandlung in eine festgefügte und einheitliche Parteiorganisation bereitete zunächst ernste Schwierigkeiten. Noch 1873 unterlagen der spätere »rote Feldpostmeister« Julius Motteler und

213 Brigitte Emig: Die Veredelung des Arbeiters. Sozialdemokratie als Kulturbewegung, Frankfurt (Main)/New York 1980, S. 284, 300.
214 Protokoll, 1872, S. 14.

der Redakteur Bruno Geiser in ihrem Bestreben, die Selbständigkeit der Lokalvereine abzubauen und diese »möglichst rasch einem gänzlichen Aufgehen in die Partei entgegenzuführen«[215]. Dagegen befürchtete der damals einflußreiche Agitator, Organisator und Dichter August Otto-Walster eine Abtrennung der politischen Arbeit von der Kulturarbeit und damit von den Mitgliedern in den Vereinen: »In Dresden ist ein sehr nützlicher Arbeiterbildungs-Verein, der dreimal stärker ist, als die dortige Parteimitgliedschaft.«[216]

Nach der Vereinigung beider Richtungen zur Sozialistischen Arbeiterpartei Deutschlands 1875 dominierte zunächst die Tendenz zur absoluten Zentralisierung aller Entscheidungen und zur möglichst vollständigen Einordnung aller Vereins- und agitatorischen Bestrebungen. 1876 vermerkte das Protokoll einen Einwurf Bebels, der auf die Kritik antwortete, daß zu viele verschiedene Parteikalender erscheinen würden: »In der Partei trage man sich noch häufig mit der verkehrten Ansicht herum, daß Alles von einem Centralpunkt aus in Scene gesetzt werden könne. Diese Ansicht ist mit der Zeit immer weniger zu verwirklichen.«[217] Erst die in der Zeit des Sozialistengesetzes geübte Praxis im Verhältnis von Parteiarbeit und massenpolitischer Kulturarbeit wirkte klärend. Die zwischen 1878 und 1890 gesammelten Erfahrungen und erste Beschlüsse in dieser Richtung 1893 gestatteten der Partei (seit 1890 unter dem Namen Sozialdemokratische Partei Deutschlands) 1899 eine ausformulierte Regelung der Beziehungen zwischen Sozialdemokratie und sozialistischen Kulturorganisationen. Bis dahin wurden Anträge, die auf die Einordnung der Vereinsarbeit hinausliefen, ebenso abgelehnt wie Anträge, die deren Beschränkung forderten.

Auf Eingliederung der kulturellen Arbeit in die Gewerkschafts- beziehungsweise Parteiorganisationen drängte folgender Antrag: »Die Wahlvereine sollen es ihren Mitgliedern zur Pflicht machen, der Gewerkschaft

215 Protokoll, 1873, S. 61.
216 Ebenda.
217 Protokoll, 1876, S. 95.

anzugehören, wie dies umgekehrt auch von den Gewerkschaften erwartet wird. Gesangvereine, Diskutirklubs und sonstige proletarische Vereine sollen als Unterabteilungen, ohne Erhebung von Extrabeiträgen, in die Wahlvereine verlegt werden.«[218] Ein anderer Antrag befürwortete eine zielgerichtete politische Agitation und die Verbreitung sozialistischer Ideen, lehnte aber zugleich alle Formen von Geselligkeit ab. Das hätte bedeutet, alle Politik aus den proletarischen Freizeitvereinen herauszuhalten: »Die Parteigenossen allerorts werden aufgefordert, sich in Versammlungen, Vereinen und Privatkreisen, unter möglichster Einschränkung der zu geselligen Zwecken dienenden Vereine, die eingehende Erörterung aller das Gemeinwohl berührenden Fragen angelegen sein zu lassen, da sie ein wirksames Mittel ist zur gesunden Fortentwicklung des Parteilebens, sowie zur Heranbildung frischer Kräfte für die Propaganda unserer Ideen.«[219] Beide Anträge wurden abgelehnt; beschlossen wurde folgendes: »Die politisch wie gewerkschaftlich organisirten Genossen müssen sich voll und ganz der Agitation zur Verfügung stellen und sollen nicht durch Zugehörigkeit zu Landsmannschaften oder Mitgliedschaften sogenannter Vergnügungsvereine, Klubs etc. ihre Parteipflicht vernachlässigen.«[220]

Zu den Vorstufen der Beschlüsse von 1899, die schließlich die kulturpolitische Haltung gegenüber den Vereinen bestimmten, gehören auch andere Festlegungen. Diese betrafen ökonomische Unternehmungen, die die Partei finanziell unterstützen sollten. So wurde 1894 beantragt, die Volkshaus-Bewegung zu unterstützen und daraus ökonomische Vorteile zu ziehen. Die Konsumvereinsbewegung hatte seit Gründung des ersten Arbeiter-Konsumvereins in Leipzig-Plagwitz (1884) und der Herauslösung des Verbandes sächsischer Konsumvereine »Vorwärts« (1890) aus dem bürgerlichen Verband einen großen Aufschwung genommen. Ihr Druck auf die Partei, ihre Tätigkeit zur »Parteifrage« zu erklären, nahm zu.

218 Protokoll, 1893, S. 16.
219 Ebenda, S. 27.
220 Ebenda, S. 22.

Arbeiter-Konsumvereine – eine Parteifrage?

Bebel sprach deshalb von der Gefahr der Umwandlung in eine »Geschäftspartei«: »Ja, warum errichten wir nicht ein Parteihotel ...?« Die Konsumvereine – sie dienten Bebel nur als Beispiel – würden zwar Millionen Mark bringen, aber auch ständige Geschäftsstreitigkeiten: Wir sind »eine politische Kampfpartei ... und ... es (ist) unsere vornehmste Aufgabe ..., den politischen Kampf zu führen«.[221]

Regelung der politischen Haltung zu den Freizeitvereinen

Um die Jahrhundertwende wurden aus den zunächst sektenhaften proletarischen Vereinsbestrebungen handfeste politische Tatsachen innerhalb der Arbeiterbewegung. Gleichzeitig und im Zusammenhang damit nahmen Versuche zu, die Gesamtstrategie der Partei im revisionistischen Sinne zu verändern und mit der »Genossenschaftsidee« der Partei und den Gewerkschaften eine sogenannte dritte Säule der Arbeiterbewegung beizufügen. Dies zwang den Parteitag 1899 zu Grundsatzentscheidungen über das Verhalten der Partei und ihrer Mitglieder zu anderen Organisationen, die sich der Bewegung verbunden fühlten, sich ihr anschließen oder auch »anhängen« wollten. Es wurde das Verhältnis der Partei zu den »Massenorganisationen« geregelt. Die getroffenen Bestimmungen, die in ihrem Kern für die ganze Zeit vor dem ersten Weltkrieg gültig blieben, betrafen auch bereits bestehende Kulturorganisationen, so den Arbeiter-Turnerbund und die Liedergemeinschaft.

Anlaß zu einer sozialdemokratischen Vereinspolitik war, wie schon gesagt, der Vormarsch der »Genossenschaftsidee«: Die Genossenschaften seien »kein Palliativmittel, sondern ein Stück organischen Aufbaues der sozialistischen Zukunft«[222]. Angesichts des Vormarsches der »Geossenschafter« forderte Adolph Hoffmann, linker Sozialdemokrat und wegen seiner freidenkerischen Aktivitäten »Zehn-Gebote-Hoffmann« genannt, eine eindeutige politische Orientierung, denn noch stehe »ein großer Theil der Genossen der Konsum-Genossenschaftsbewegung müßig gegenüber«. Es müßten »Angriffe gegen diese Genossen« verhindert werden.[223] Die

221 Protokoll, 1897, S. 99.
222 Protokoll, 1899, S. 187.
223 Ebenda, S. 198.

Antwort Bebels – und damit des Vorstandes – berücksichtigte, daß sich die sozialdemokratischen Frauen schon zu einer »Frauenbewegung« zusammenfanden, eine sozialistische »Jugendbewegung« sich andeutete und die »Kulturbewegung« (Bildungsarbeit) in Gang kam. Gleichzeitig waren viele Sozialdemokraten noch Mitglieder in bürgerlichen Organisationen, wie dem »Deutschen Freidenkerbund«. Andere Genossen waren bei den »Guttemplern« tätig. Aus diesen Erwägungen erarbeitete der Parteitag 1899 eine strategische Orientierung gegenüber den Kultur- und Massenorganisationen.

Alle diese Organisationen hätten *»keine entscheidende Bedeutung für die Befreiung der Arbeiterklasse aus den Fesseln der Lohnsklaverei«*[224]. Sie dienten aber der Verbesserung des Lebens der Arbeiter unter kapitalistischen Bedingungen. Die theoretische Vorarbeit für diese grundsätzliche Aussage hatte Karl Kautsky geleistet. Er sagte den Konsumvereinen »im besten Fall vorübergehende Bedeutung« voraus. Vor allem kritisierte er das strategische Grundkonzept der Förderer der »dritten Säule«. Die Idee, »die unter lumpenproletarischen Existenzbedingungen arbeitenden Proletarier auf die Höhe der proletarischen Elite heben« zu wollen, sei »ein Vorgang, der wohl zusammenfiele mit der Aufhebung des Proletariats überhaupt«.[225] Das Proletariat dürfe »sich nicht von Doctrinarismus leiten lassen, sondern von der Einsicht in die thatsächlichen, stets wechselnden Verhältnisse. Nicht jedes Hilfsmittel ist überall und zu allen Zeiten im Classenkampf verwendbar, und das Proletariat ist nicht von vorneherein kräftig und reif genug, sich auf allen Gebieten erfolgreich zu bethätigen.«[226]

Es entsprang den Gedankengängen von Marx, die Genossenschaften vor allem als »Erziehungsmittel« des Proletariats anzusehen und zu benützen. Deshalb wurde formuliert, die Partei sehe *»in jeder Organisation der Arbeiter zur Wahrung und Förderung ihrer Interessen* ein

224 Ebenda, S. 236.
225 Karl Kautsky: Consumvereine und Arbeiterbewegung, Wien 1897, S. 6, 10.
226 Ebenda, S. 13.

geeignetes Mittel zur Erziehung der Arbeiterklasse zur selbständigen Leitung ihrer Angelegenheiten«[227]. Die Arbeiter »lernen, den Verwaltungsmechanismus verstehen«. Sie werden damit »in allen diesen Richtungen ... geschult ..., um ... schließlich an das Werk der Sozialisirung der Wirthschaft gehen« zu können.[228] Als Erziehungsmittel galten die Genossenschaften in vielfältiger Weise. Nicht nur der Produzenten-, Mieter- und Käuferselbstverwaltung sollten sie dienen. Sie hatten auch Aufgaben im Arbeiteralltag zu lösen, zum Beispiel gegen den »Borgteufel«[229] zu Felde zu ziehen. Die »organisierten Konsumenten haben kein Interesse daran, sich selbst zu überlisten ... Aushänge oder Preisverzeichnisse setzen sie in Verbindung mit der Gewöhnung von Barzahlung in den Stand, ihre Ausgaben zu überlegen und nach Art, Maß und Zeit mit den spärlichen Einnahmen in besseren Einklang zu bringen.«[230] Spezielle Broschüren der Arbeiterkonsumvereine richteten sich zu diesem Zweck besonders an die Arbeiterfrauen.

Eine weitere Festlegung von 1899 bestand darin, daß sich die Parteimitglieder zu und in »Massenorganisationen« politisch »neutral« zu verhalten hätten. Sie sollten nicht »die Ausnutzung der Genossenschaften im Parteiinteresse« fördern. Die Mitarbeit in all diesen Organisationen sei die »freie Ueberzeugungssache jedes Einzelnen ..., genau so gut, wie Jeder, der es will, auch Impfgegner sein darf oder Anhänger des nassen Strumpfes«.[231] Die 1899 festgelegte Konzeption politischer und kultureller Arbeit erwies sich in der Folgezeit als geeignet, das Verhältnis der Partei zu jeder neu entstehenden Organisation oder zu jeder gegnerischen Ver-

227 Protokoll, 1899, S. 243.

228 Ebenda, S. 236.

229 »Borgteufel« bezeichnet das Handelsprinzip des Kleinhändlers, durch Schuldanschreibungen in Verbindung mit dem Besitz der Branntweinkonzession sogenannte Kundenfesselung zu betreiben.

230 Reinhold Riehn u. J. Giesberts: Arbeiterkonsumvereine. Referate für die Sitzung des Ausschusses der Gesellschaft für Soziale Reform, Jena 1903, S. 10.

231 Protokoll, 1899, S. 235.

einigung zu regeln: als eine »Privatsache«. Sie ermöglichte es aber auch den organisierten Sozialdemokraten, selbstverantwortlich in diesen Vereinen und Verbänden zu handeln – »Selbstbestimmungspflicht« hatte Wilhelm Liebknecht das 1893 genannt. Die Selbstbestimmungspflicht schloß die Propagierung sozialistischer Ideen in diesen Vereinen, Verbänden und Genossenschaften ein. Die Festlegungen von 1899 boten jedoch auch Anknüpfungspunkte für die nachfolgende Entpolitisierung der Genossenschafts- und Arbeiterkulturbewegung.

Präzisierung der Kulturpolitik gegenüber den Vereinen

Bereits ein Jahr später wurden die 1899 getroffenen Entscheidungen überdacht. Es galt, Schlußfolgerungen aus der Neufassung der preußischen Vereinsgesetze zu ziehen. 1900 trat das Bürgerliche Gesetzbuch (BGB) in Kraft, das 1908 durch das Reichs-Vereinsgesetz ergänzt wurde. Das BGB erleichterte Vereinen die Erlangung der Rechtsfähigkeit. Als Voraussetzungen dafür galten die Mindest-Mitgliederzahl von sieben Personen und die Feststellung des nichtwirtschaftlichen Charakters des Vereins. Dazu mußte eine den Vorschriften entsprechende Satzung eingereicht werden. Das Gesetz von 1908 regelte unter anderem die strengere Kontrollbefugnis der Staatsmacht, verbot allerdings sogenannte Präventivverbote für politische Vereine. Es hob das Verbot für Frauen auf, sich zu organisieren. Für ländliche Arbeiter, Dienstboten und Jugendliche galten einschränkende Bedingungen. Kriegervereine dagegen genossen Sonderrechte: Ihnen wurde das Tragen von Waffen bei Umzügen erlaubt.

Dem Mainzer Parteitag 1900 lag ein Antrag vor, die Alkoholfrage auf die Tagesordnung zu setzen. Er wurde aber zurückgewiesen. Im Namen des Vorstandes sprach der Parteischullehrer und Abgeordnete des Reichstages Emanuel Wurm. Er machte sich die bis dahin gültige Argumentation von Karl Kautsky zu eigen. Wurm sprach vorwiegend über Kulturarbeit. Der Arbeiter gehe nicht aus sozialer Not ins Wirtshaus. Er habe »dasselbe Recht und dasselbe Bedürfniß wie jeder Andere, mit seinen Freunden zusammen zu kommen, in fröhlicher Geselligkeit sich zu unterhalten«. Dazu habe er nur die Wirtshäuser, da es in den Gemeinden an Erholungs- und Versammlungsstätten mangele. Auch gehe es nicht allein um Lesehallen oder Bibliothekszimmer als Alternativen zum Alkohol, »denn nicht Jeder ist in der Lage, nach des Tages angestrengter Arbeit sich dem geistigen Genuß hinzugeben, er braucht leichtere Unterhaltung«.[232]

Hier formulierte Wurm zugleich drei Grundfragen proletarischer Kulturarbeit in Vereinen, die auch als »Kampfmittel« gegen übermäßigen Alkoholkonsum gedacht waren: Geselligkeit, Ausfüllung von Lücken im Kulturleben der Gesellschaft und Unterhaltung. Damit hatte er auch gegen einen zwei Jahre später eingereichten Antrag Argumente geliefert, der sich erneut gegen »Vereinsmeierei« richtete, »die der Partei nicht nur Geld, sondern auch die Kräfte entzieht«.[233] Dieser Antrag meinte zwar vorwiegend Landsmannschaften, Abstinente, Vegetarier- und nahezu alle Skat- und andere Vergnügungs- und Unterhaltungsklubs, traf aber jede Vereinstätigkeit mit der Formulierung, »daß die Genossen allerorts sich derartiger Bestrebungen, bezw. Theilnahme daran enthalten«[234].

Der Antrag wurde aus folgendem Grund abgelehnt: Seit den Anfängen der organisierten Arbeiterbewegung waren den sozialdemokratischen Vereinen oft Abteilungen der Sänger und Turner angegliedert. Nahezu alle führenden Funktionäre waren hier einmal tätig gewesen. Bei Realisierung des Antrags hätten also »auch Genossen aus Arbeiter-Gesangvereinen, Turn- und Radfahrervereinen austreten« müssen. »Diese Vereine schädigen die Bewegung nicht, es wäre sogar zu wünschen, daß in jeder Straße eine kleine Anzahl Vereine sind, denn auch da werden unsere Ideen propagirt.«[235]

232 Protokoll, 1900, S. 182/183.
233 Protokoll, 1902, S. 275.
234 Ebenda, S. 88.
235 Ebenda, S. 275.

1902 wurde die erste Resolution zur Alkoholfrage angenommen. Die Abstinenten hatten eine fraktionsartige Zusammenkunft abgehalten und beabsichtigten, auch die »Tabaksfrage« auf die Tagesordnung zu setzen. 1903 ging es bereits gegen die Trinksitten bei Geburtstagsfeiern und Festen der Bewegung. 1904 standen die Sicherung der »Selbstkontrolle« in den Vereinen und der Kampf um »höhere Genüsse« in der Bildungsarbeit bereits in unmittelbarem, auch verbalem Zusammenhang der Agitation besonders Simon Katzensteins, eines der führenden sozialdemokratischen Abstinenten.

1902 ging es um Toleranz auch gegenüber den Freidenkern. Es wurde gefordert, daß man die »Macht der Kirche über die Gemüther brechen« müsse.[236] Bereits 1877 hatte der Arbeiterphilosoph Joseph Dietzgen von der Sozialdemokratie als einer Bewegung gesprochen, die die Kirche ersetzen werde. Die Ideen des Sozialismus galten ihm und vielen seiner Zeitgenossen zugleich als »Lehre unserer sozialdemokratischen Kirche«[237]. Mit dem Aufleben der »freigeistigen« und »ethischen Bewegung« griffen um die Jahrhundertwende Sozialdemokraten auf diese Gedanken zurück und gewannen in der Partei größeren Einfluß. Auffassungen, das Proletariat habe kein »Erbauungsbedürfnis«, gerieten zugunsten von Ideen in den Hintergrund, die auf die Institutionalisierung spezifisch proletarischer Riten, Normen und Weltanschauungsgrundsätze zielten.

Eine Ausweitung und Ergänzung der Regelung von 1899 wurde immer dringender. Seit 1900 fanden jährlich selbständige sozialdemokratische Frauenkonferenzen statt. Innerhalb des Arbeiter-Turnerbundes verselbständigten sich die »Naturfreunde« und verschiedene andere Sparten. 1903 erfolgte die Gründung des Arbeiter-Abstinentenbundes und des Zentralverbandes deutscher Konsumvereine. 1904 war in Berlin der Verein der Lehrlinge und jugendlichen Arbeiter Berlins, ein Vorgänger der sozialistischen Jugendbewegung, gegründet wor-

236 Ebenda, S. 242.
237 Joseph Dietzgen: Die Religion der Sozial-Demokratie. Kanzelreden. 4. Aufl., Leipzig 1877, S. 14.

den. Auch die proletarischen Freidenker gaben sich in der Kirchenaustrittsbewegung und im Berliner Verein für Feuerbestattung (1905) festere Formen. So forderten sie 1904 das »Zivil-Begräbnis«. Seit 1887 gab es Jugendweihen. Das alles ist schon dargestellt worden. Die eindeutige Klärung einer Frage wurde immer dringender: Wie verhält sich ein Sozialdemokrat zu und in diesen Vereinen?

Kulturarbeit – »ein Stück Parteiarbeit«

Eine Folge dieser Entwicklungen war, daß im Jahre 1904 Anträge zur Kulturarbeit sprunghaft zunahmen: Schaffung einer sozialistischen illustrierten Zeitung, Verlegung kirchlicher Feiertage auf den Sonntag, Einrichtung von Arbeiterbibliotheken mit Lesezimmern, Gründung von Jugendvereinen, Verbesserung der Arbeiterbildungsschulen, Einsetzung einer Agitationskommission, Diskussion der Schulfrage usw. Die Verabschiedung des Jenaer Parteistatuts (1905) und die Gründung des Zentralbildungsausschusses (1906) waren Reaktionen auf die veränderte Lage der Bewegung. Mit dem Zentralbildungsausschuß wurde ein Koordinierungsorgan für sozialistische Kulturarbeit geschaffen; Freidenker, Abstinente und andere Sonderorganisationen konnten hier gleichermaßen wirken wie Anleitung finden. Außerdem hatte die Diskussion auf dem Parteitag 1905 zur Anerkennung der »Ehrenpflicht« geführt, aus bürgerlichen Vereinen auszutreten. Ein diesbezüglicher Antrag wurde angenommen. »Vereine, welche sich politisch, wirtschaftlich oder genossenschaftlich betätigen, aber die Grundsätze, sowie Punkte 1–10 des Programms der sozialdemokratischen Partei nicht anerkannt haben, sind als bürgerliche ... Vereine zu betrachten und folgedessen zu bekämpfen. Mitgliedern solcher Vereine ist die Aufnahme in der sozialdemokratischen Partei zu verweigern.«[238]

Damit hatte die deutsche Sozialdemokratie in der Ver-

238 Protokoll, 1905, S. 127.

einsbewegung die Initiative ergriffen. Sie begann deren Richtung sozialistisch zu beeinflussen und ihre Kulturorganisationen zu verselbständigen. Es gab zwar in der deutschen Sozialdemokratie vor 1914 keinen grundsätzlichen Beschluß zur Gesamtheit der politischen Arbeit in den Vereinen. Aber aus einer Vielzahl von Einzelbeschlüssen waren diesbezügliche Verhaltensmaßregeln deutlich ablesbar.

Emanuel Wurms Referat zur Alkoholfrage von 1907 verwies auf Erfolge eigener Kulturarbeit. Es verpflichtete die Abstinentenbewegung, auf die Herausbildung von Klassenbewußtsein hinzuwirken, lehnte es aber ab, daß »eine Sonderorganisation erst dafür sorgen soll, daß ihre Mitglieder ihrer Pflicht gegen die politische und gewerkschaftliche Organisation nachkommen ...«[239] Jetzt wurde die Schaffung relativ selbständiger proletarischer Massenorganisationen auf breiter Ebene möglich. Für den Arbeiter-Turnerbund sollten sozialdemokratische Parteimitglieder werben (1908). Die Partei organisierte Rekrutenabschiedsfeiern als Gegengewicht zu den »Kriegervereinen« (1908). Der Deutsche Arbeiter-Sängerbund entstand. 1909 wurde der Austritt aus der bürgerlichen Abstinentenorganisation beschlossen. Der Kampf gegen den Alkohol sollte aber kein »Stück Parteiarbeit« sein. Eine Vorentscheidung für andere Vereine sollte mit dieser Orientierung nicht getroffen werden. Da aber gleichzeitig der »Schnapsboykott« angestrebt wurde, eine indirekte Steuerverweigerung gegen die steigenden Rüstungskosten, erhielt die sogenannte Alkoholfrage dennoch den Rang einer »Parteifrage«. 1909/1910 begannen die Jugendausschüsse ihre Arbeit. Mitgliederzuwachs und Arbeiteranteil in den proletarischen Konsumvereinen sollten erhöht werden (1910). Der Arbeiter-Samariterbund erhielt die Unterstützung der Partei (1912). Im gleichen Jahr entstand der Arbeiter-Esperantobund.

Die deutsche Sozialdemokratie war damals die einzige nationale Arbeiterpartei, die ein ausgearbeitetes Konzept sozialistischer Vereinsarbeit besaß. Es ent-

239 Protokoll, 1907, S. 365.

sprach den Möglichkeiten, die die Arbeiterorganisationen in der kapitalistischen Gesellschaft hatten. Es entsprach aber auch der Reife der Mitglieder. Die von der Sozialdemokratie ausgearbeitete Kulturpolitik gegenüber den Vereinen enthielt allerdings noch nicht die ausgesprochene Verpflichtung, die Aktivitäten in diesen Organisationen den zentralen taktischen Aufgaben und politischen Wendungen unterzuordnen. Die Konzeption formulierte auch noch nicht den Auftrag, alle Arbeit in den Kultur- und Massenorganisationen zu koordinieren und dafür geeignete Institutionen auszubilden. Wesentliche Ansätze dazu bildete die deutsche Arbeiterbewegung aber schon vor 1914 aus. Sie wurden in der Tätigkeit des ZBA und der nationalen Leitungsorgane proletarischer Organisationen sichtbar.

Erst die KPD in ihrem Ringen um die Aneignung des Leninismus gelangte in den zwanziger Jahren zu einer Strategie der politischen Einflußnahme auf die Kultur- und Massenorganisationen und ihrer zentralistischen Zusammenfassung zu einheitlicher Aktion im Klassenkampf. Dazu hatten besonders die Linken in der Arbeiterbewegung wichtige Vorarbeit geleistet. Rosa Luxemburg sagte bereits 1898 Grundsätzliches über das Verhältnis von »Kulturbewegung« und politischer Tätigkeit. Reife für den Sozialismus sei nicht allein eine Frage des kulturellen Niveaus der Arbeiter, sondern eine Frage der Kampfkraft. Gewerkschaftskampf, Sozialreform und Kampf um Demokratisierungen seien noch nicht Sozialismus. Das Endziel sei das, »was einer Zukunftsgesellschaft vorangehen muß, nämlich die Eroberung der politischen Macht«[240].

240 Protokoll, 1898, S. 99/100.

Programme. Kulturarbeit im Verständnis deutscher Sozialdemokraten

Das »Erfurter Programm« von 1891 als kulturpolitisches Grundsatzdokument

Die deutsche Arbeiterbewegung reagierte von Anfang an sehr vielfältig auf die kulturellen Bedürfnisse der Arbeiter. Dabei wurden Aktivitäten auf den Gebieten Bildung, Lebenshilfe und Unterhaltung mit sozialistischer Propaganda verknüpft. Die Verallgemeinerung dieser Erfahrungen führte zu einer Theorie der Kulturarbeit und -politik.

Proletarische Kulturpolitik war auf die Verbesserung der Lebensbedingungen und die politische Erziehung der Arbeiter gerichtet. Sie unterschied sich von der gleichzeitig entstehenden bürgerlichen Kulturpolitik und -theorie vor allem dadurch, daß sie über die unmittelbaren Profitinteressen der Bourgeoisie an der besseren und längeren Verwertung der Arbeitskraft hinauswies. Sie war Ausdruck der unmittelbaren und langfristigen Kulturinteressen der einzelnen Arbeiter und der Klasse. Klassenmäßige proletarische Kulturpolitik führte die Notwendigkeit der Änderung der Machtverhältnisse vor Augen und erleichterte das tägliche Leben der Arbeiter im Kapitalismus. Sie entwickelte sich als die spezifisch auf die politische Seite der Kulturarbeit ausgerichtete Theorie und Praxis vor allem der Arbeiterpartei.

In der beginnenden imperialistischen Phase der Entwicklung des Kapitalismus wurde die Arbeiterklasse zur einzigen Kraft in der Gesellschaft, die in der Lage war,

Programm

der

Sozialdemokratischen Partei Deutschlands

beschlossen auf dem Parteitag zu Erfurt 1891.

Das Parteiprogramm – wegweisend auch für kulturpolitische Entscheidungen

ein Programm zur Lösung der kulturellen Widersprüche zu entwickeln und durchzusetzen. Ihre Konzeptionen wirkten auf das soziale Selbstverständnis bürgerlicher Kulturarbeiter besonders im Bibliothekswesen und im Sozialhilfebereich. Sie förderten die Herausbildung von Elementen einer demokratischen und sozialistischen Kultur ebenso wie die Bündnispolitik.

Das wichtigste Dokument der deutschen Arbeiterklasse und ihrer Theorie im 19. und beginnenden 20. Jahrhundert war das Erfurter Programm von 1891. Das gilt auch für die Kulturpolitik; alle kulturpolitischen Diskussionen danach bezogen sich auf dort formulierte Grundsätze. Karl Kautsky, der damals als der mit dem wissenschaftlichen Sozialismus am meisten vertraute Theoretiker in der deutschen Arbeiterbewegung galt, hatte maßgeblichen Anteil an der marxistischen Grundlegung dieses Programms und an der Abkehr von einigen Lassalleanischen Dogmen wie dem »ehernen Lohngesetz«, den »Produktivgenossenschaften mit Staatshilfe« und anderen.

Im Verständnis von Kulturpolitik enthielt das Erfurter Programm gegenüber vorherigen Programmen wesentliche theoretische Fortschritte. So gab es dem Anspruch der Arbeiterklasse auf die Organisation der Gesellschaft Ausdruck. Darin geht es ganz wesentlich über das Programm der Sozialistischen Arbeiterpartei Deutschlands (Gothaer Programm) von 1875 hinaus. Marx hatte betont, daß es »unstreitig richtig« sei, wenn es in dem Programm heiße: »Im Maße, wie die Arbeit sich gesellschaftlich entwickelt und dadurch Quelle von Reichtum und Kultur wird, entwickeln sich Armut und Verwahrlosung auf seiten des Arbeiters, Reichtum und Kultur auf seiten des Nichtarbeiters.« Für ein proletarisch-revolutionäres Programm komme es aber darüber hinaus darauf an »nachzuweisen, wie in der jetzigen kapitalistischen Gesellschaft *endlich* die materiellen *etc.* Bedingungen geschaffen *sind*, welche die *Arbeiter befähigen und zwingen,* jenen geschichtlichen Fluch zu brechen«.[241]

Marx' Kritik des Gothaer Programms wurde von Friedrich Engels im Vorfeld der Erfurter Programmdiskussion 1891 in der »Neuen Zeit« erstmals veröffentlicht. Die Formulierungen des Erfurter Programms entsprachen diesen grundsätzlichen Hinweisen. So ging das Programm davon aus, daß der Großbetrieb und die stets wachsende Ertragsfähigkeit der gesellschaftlichen Arbeit »für die bisher ausgebeuteten Klassen aus einer Quelle des Elends und der Unterdrückung zu einer Quelle der höchsten Wohlfahrt und allseitiger, harmonischer Vervollkommnung«[242] werden müssen. Dies sei notwendig ein politischer Weg, denn »immer erbitterter (wird) der Klassenkampf zwischen Bourgeoisie und Proletariat, der die moderne Gesellschaft in zwei feindliche Heerlager trennt und das gemeinsame Merkmal aller Industrieländer ist«[243]. Wohin der Proletarier sehe, überall erblicke er proletarierhafte Lebens- und Arbeitsbedingungen. »Er kann seine Erhebung nur erreichen durch Hebung der ganzen Klasse, der er angehört.«[244]

Das im Erfurter Programm zum Ausdruck kommende Sozialismusverständnis enthielt auch wichtige kulturpolitische Aussagen. Aus dem Alltag des Arbeiters entspringe sein Wunsch nach sozialistischen Verhältnissen. Seine »moralische Hebung« sei bedingt durch das Erwachen und das stete »Wachstum seiner ›Begehrlich-

241 Karl Marx: Randglossen zum Programm der deutschen Arbeiterpartei. MEW, Bd. 19, S. 17. (Hervorhebungen – H. G.)
242 Programm der Sozialdemokratischen Partei Deutschlands (Erfurter Programm). In: Revolutionäre deutsche Parteiprogramme, Berlin 1967, S. 83.
243 Ebenda, S. 82.
244 Karl Kautsky: Das Erfurter Programm, Berlin 1965, S. 61.

keit‹«, das Verlangen, an allen Errungenschaften der Kultur teilzunehmen.[245] Eine solche Feststellung bedeutete die Abkehr von theoretischen Prämissen, die bis dahin von großem Einfluß waren. Vorstellungen von der zunehmenden Verelendung der Arbeiter stammten noch aus Zeiten der industriellen Revolution, der extensiven Ausbeutung und des beschleunigten Untergangs der letzten Reste der Zunft. Sie wurden hinsichtlich der realen Differenzierung in den proletarischen Lebensbedingungen präzisiert. Ideen von der »Umgehung« des Kapitalismus, deren soziale Träger sowohl Handwerkerproletarier als auch dem Verlagssystem ausgesetzte Arbeiter waren, von Marx und Engels bereits widerlegt, wurden nun auch programmatisch endgültig überwunden. Nach dem Sieg des Marxismus in der deutschen Arbeiterbewegung ging diese bewußt von den Realitäten der kapitalistischen Gesellschaft aus.

Weiter orientierte das Erfurter Programm auf die Ausnutzung selbst beschränkter bürgerlich-demokratischer Freiheiten. »Neben dem *Koalitionsrecht* und der *Preßfreiheit* bildet das *allgemeine Stimmrecht* eine *Lebensbedingung* für die gedeihliche Entwicklung des Proletariats.« Die Arbeiter müssen »darnach streben, die Staatsgewalt sich dienstbar zu machen«. Diese Forderung setzte die Abkehr von Lassalles Auffassung vom Staat als Träger der Kultur voraus. Sie basierte auf der Erkenntnis, daß »auch der moderne Staat ein Werkzeug der Klassenherrschaft« war.[246]

Mit dem Erfurter Programm nahmen die deutschen Arbeiter historische Erfahrungen des Klassenkampfes, die die Begründer des Marxismus bereits verallgemeinert hatten, erstmals in das Programm einer großen nationalen revolutionären Arbeiterpartei auf: die Notwendigkeit der Ausbildung von breiter Organisation, wissenschaftlicher Bewußtheit und Umgestaltung der Gesellschaft hin zum Sozialismus, wenn auch noch ohne ausdrückliche Betonung der Notwendigkeit der Diktatur des Proletariats.

245 Ebenda, S. 240.
246 Ebenda, S. 225, 220, 128.

Tendenzen in der proletarischen Kulturpolitik nach 1900

Eine der Ursachen für den Massencharakter der damaligen deutschen Arbeiterbewegung stellte die schnelle organisatorische Einstellung der Partei auf neu entstehende Bedürfnisse der Arbeiter dar. Zeitiger oft als bürgerlichen Organisationen, als dem kapitalistischen Staat und teilweise sogar dem entstehenden »Freizeitmarkt«, gelang es proletarischen Organisationen, kulturelle Bedürfnisse der Arbeiter zu befriedigen: Konsum- und Wohnungsbaugenossenschaften, Formen der Wochenenderholung, beginnender Tourismus (»Naturfreunde«), Ferienbetreuung für Kinder, Feste und Feiern, aber auch Kassen, Arbeitsnachweise und Rechtsbelehrungen bezeugen dies.

Es waren aber nicht nur die gegenüber der Zeit vor der Jahrhundertwende radikal veränderten Bedingungen für die Ausbildung der politischen Kultur der Arbeiterklasse, die zu dem Urteil führten, man müsse etwas tun gegen »die Hunderte von Rauch-, Sport-, Vergnügungsklubs usw., die den Klassengeist eher ertöten, als wecken«[247]. Es waren ernsthafte Sorgen darüber, ob es den Kulturorganisationen der Arbeiterklasse gelingen würde, sich gegen die entstehende kapitalistische Kulturindustrie zu behaupten. Sollte es tatsächlich dazu kommen, »daß die Massen ... dem kulturfremden, spekulierenden Unternehmertum ausgeliefert sind, das sie oft für billiges Geld ... zu platten Verfälschungen und kleinbürgerlicher Verdummung verführen kann«[248]?

Nach der Jahrhundertwende begann sich die Kulturpolitik der deutschen Sozialdemokratie zu wandeln. Auf Grund der »Lokalfrage« (damit war der Mangel an entsprechenden Räumen gemeint) entstanden Volks- und Gewerkschaftshäuser. Sie gestatteten, geselliges Leben zu organisieren und künstlerische Veranstaltungen anzu-

247 Alexander Kosiol: Organisationen für die theoretische Bildung der Arbeiterklasse. NZ, 1905/06, 2. Bd., Nr. 28, S. 68.
248 Festzeitung Gewerkschaftsfest Leipzig 1912, Leipzig 1912, S. 4.

bieten. In harter Konkurrenz mit dem Angebot des entstehenden Freizeitmarktes leisteten die Vereine in diesen Häusern Kulturarbeit. Die Häuser selbst blieben weitgehend reine wirtschaftliche Unternehmungen. Ihre Leiter waren Verwalter, keine Kulturarbeiter im engeren Sinn. Sie versuchten, bürgerliche Gewerberegeln und Organisationsprinzipien der Arbeiterorganisationen in Übereinstimmung zu bringen. So besaßen viele Volkshäuser, wie schon vorn beschrieben, den Status einer »eingetragenen Gesellschaft mit beschränkter Haftung« (e. G. m. b. H.). Dabei wurden die Beitrittsgelder und Kosten der Anteilscheine so niedrig angesetzt, daß sich auch Arbeiter »einkaufen« konnten. So glich ein Volkshaus-»Unternehmen« doch mehr einer Genossenschaft als einer Aktiengesellschaft. Andere Volkshäuser waren wirklich genossenschaftliche Betriebe. Ob nun diese oder jene Form gewählt wurde – teuer war so ein eigenes Haus. Forderungen nach Bereitstellung von Mitteln aus zentralen Partei- und Gewerkschaftsfonds häuften sich mit der Ausweitung des Vereinswesens nach 1900. Immer wieder mußte bremsend eingegriffen werden.

Viele Kulturarbeiter sahen in den Volkshäusern euphorisch die Zukunft der proletarischen Bildung, Kunst, Geselligkeit, Verwaltung und des Vereinslebens. Worte wie »Tempel öffentlicher Betätigung« und »Orte idealer Kunstpflege« wurden bereits zitiert. Gerade die bei Heinrich Peus sichtbare Überschätzung der eigenen Möglichkeiten stellte eine der wesentlichen ideologischen Bedingungen sozialistischer Kulturpolitik nach 1900 dar.[249] In der Ausweitung des Arbeitervereinslebens schien die reale Basis für eine die gesamte Arbeiterklasse und andere Volksschichten erfassende sozialistische Kulturarbeit gegeben. »Unser Sport sollte frei sein von jeder Bevormundung und Einengung und nur dem arbeitenden Menschen dienen. ... Die Schaffung eigener Turn- oder Wanderlieder gehörte dazu, denn jede Turnstunde wurde mit einem Lied eröffnet. Unsere Auffassung vom Sport sollte sich in einer Massenbewegung niederschla-

249 Siehe Heinrich Peus: Das Volkshaus, S. 6.

gen.«[250] Die eigenen kulturellen Äußerungen zu den bestimmenden in der Gesellschaft zu machen – dies kann als Leitgedanke proletarischer Kulturarbeit nach 1900 bezeichnet werden.

In dem Bestreben, einen eigenen Festkalender des Proletariats zu schaffen, kam dieser Gedanke ebenfalls zum Ausdruck. »Unterdrückte Völker und Klassen, die nach Freiheit rangen, haben auch stets die Feiertage ihrer Beherrscher und Bedrücker verschmäht und ihre eigenen Feste verlangt. Und es konnte auch gar nicht anders sein. Die Feste hängen mit den gesamten historischen Erscheinungen und sozialen Einrichtungen so innig zusammen, daß es ganz unmöglich ist, eine Gesellschaftsordnung anzugreifen und ihre Feiertage unangetastet zu lassen.«[251] Gedächtnisfeiern zu Ehren der Märzgefallenen, Feierstunden und -feste im Gedenken an Marx, Lassalle, Heine oder die Pariser Kommune waren ebenso Bestandteil dieser Bestrebungen wie die Ausgestaltung politischer Feste, der Mai- und Stiftungsfeiern, oder Versuche, Ostern als Auferstehungs- und Weihnachten als Geburtsfest des Sozialismus zu begehen. Ähnliche Zwecke verfolgten die proletarischen Jugendweihen, Hochzeiten und Beerdigungen.

Die gewandelten Bedingungen sozialistischer Kulturarbeit zeitigten aber in der Kulturpolitik der SPD noch zwei weitere, schon angedeutete Tendenzen. Zum einen wurde zunehmend Arbeiterfreizeit nach bürgerlichen Wertmustern beurteilt. Zum anderen begann ein Verständnis von Kulturbewegung zu dominieren, das weitgehend als »Menschheitsaufgabe« bestimmt und auf die »Kulturnation« bezogen war. Politisch gesehen wirkten diese Tendenzen in Richtung auf eine Umwandlung der sozialdemokratischen Arbeiterpartei in eine klassenneutrale »Volkspartei«. In dem Maße, »wie die soziale

250 Der Arbeitersportler Paul Schuster. In: Arbeiterjugendbewegung in Frankfurt 1904 und 1945. Material zu einer verschütteten Kulturgeschichte, Frankfurt (Main) 1978, S. 68.
251 Zit. in: Sozialgeschichte der Freizeit. Untersuchungen zum Wandel der Alltagskultur in Deutschland. Hrsg.: Gerhard Huck, Wuppertal 1980, S. 163.

Entwicklung der Arbeiterklasse das Übergewicht im Volke zuschiebt, kann Arbeiterpartei und Volkspartei identisch werden«[252].

Praktische Ziele organisierter Kulturarbeit

Anliegen und Ziel der Tätigkeit proletarischer Kulturarbeit waren auf den anspruchsvollen, an »gehobenen« Genüssen geschulten Proletarier gerichtet. Er war eher bereit und fähig, auf die Verbesserung seiner Lebensbedingungen zu drängen, höhere Löhne und mehr Freizeit anzustreben und sich den Organisationen anzuschließen. Über diese Grundaufgaben eigener Kulturarbeit bestand in der deutschen Sozialdemokratie weitgehende Einigkeit. Bei der Betrachtung der praktischen Umsetzung dieses Grundsatzes wurden jedoch unterschiedliche Standpunkte geäußert. Diese verdeutlichten auch Differenzierungen in der Freizeitauffassung. Die zutage tretenden Varianten ergaben sich unter anderem aus der Zugehörigkeit der Kulturarbeiter zu bestimmten Kulturorganisationen innerhalb der Arbeiterbewegung.

Die größte und einflußreichste »Fraktion« innerhalb des breiten Spektrums sozialistischer Kulturarbeit war die der proletarischen Abstinenten. Zu ihnen gehörten Heinrich Schulz, Clara Zetkin, Victor Noack, Heinrich Peus, Emanuel Wurm und andere. Simon Katzenstein umriß im Anschluß an den österreichischen Sozialisten Victor Adler die kulturpolitischen Hauptaufgaben der Abstinenten. Es gelte die Unzufriedenheit mit den bestehenden Zuständen zu schüren und gleichzeitig »die Begehrlichkeit der Massen zu fördern mit aller Kraft, allerdings nicht nur die materielle Begehrlichkeit, sondern auch die nach Kulturgütern, nach geistigen Genüssen aller Art«[253]. Ziel sei die »Hebung der Massen« durch Bil-

252 Eduard Bernstein: Wird die Sozialdemokratie Volkspartei? SM, 1905, H. 8, S. 670. – Siehe auch Richard Calwer: Das sozialdemokratische Programm, Jena 1914, S. 202–212.

253 Protokoll, 1907, S. 366. – Der Aufsatz von Victor Adler hatte die bezeichnende Überschrift »Nieder mit der Gemütlichkeit«.

Der abstinente Arbeiter

Organ des deutschen Arbeiter-Abstinenten-Bundes.

Erscheint am 1. und 15. jeden Monats.

Abonnements-Preis:	Redaktion: Georg Davidsohn,	Inserate:
pro Jahr 2 Mk., pro Quartal 60 Pf., durch die Post 50 Pf., Einzelnummer 10 Pf. Postzeitungsliste: Nachtrag 14 Nr. 10a.	Berlin C.54, Dragoner-Straße 11 III. Expedition: Wilhelm Giehm, Berlin S.O.36, Ratibor-Straße 16.	pro 4-gespaltene Petitzeile 25 Pf. Bei grösseren Anzeigen und Wiederholungen entsprechende Ermässigung.

1. Jahrgang. Berlin, den 1. Oktober 1903. Nummer 2.

In der Partei eine starke »Fraktion« – die Abstinenten

dung. Man müsse deshalb von den Arbeitern Entsagung vom Alkohol und anderen Genußgiften fordern und die dadurch freiwerdenden Mittel für die Förderung der Volkshäuser verwenden.

Mit ihrer kulturpolitischen Volkshaus-Konzeption reagierten die Abstinenten auch auf praktische Versuche der bürgerlichen »Volkswohl«-Vereine, in großen Städten sogenannte Musterwirtshäuser einzurichten. In ihnen gab es vegetarische Kost, und der Alkoholgenuß war ganz untersagt oder stark eingeschränkt. Konnten sich die Abstinenten mit diesem Programm auch nicht in den Volkshäusern durchsetzen, so entwickelten sie doch ein breites Konzept alkoholfreier Erholung. Sie forderten alkoholfreie Trinkgelegenheiten wie Milch- und Kaffeehäuschen sowie leicht zugängliche Unterkunftsräume und Trinkhallen für Arbeiter, die im Freien tätig und auf die Kneipen als Pausenräume angewiesen waren. Zu ihrem Programm gehörten auch öffentliche Trinkbrunnen, Schutzhäuschen, Volkshallen, Wärmestuben, Speisehäuser, Ledigenheime und andere Einrichtungen, wie öffentliche Gärten, Spiel- und Sportplätze, Badeanstalten und Schwimmhallen, Laubenkolonien und Schrebergärten, Lesehallen sowie Volksbibliotheken, -konzerte, -hochschulen und -theateraufführungen.

Eine zweite wichtige Gruppe sozialistischer Kulturfunktionäre bildeten die proletarischen Freidenker. Adolph Hoffmann, Konrad Beißwanger, Konrad Haenisch und andere förderten besonders die Klärung von

Weltanschauungsfragen innerhalb der Arbeiterbewegung. Sie erkannten die kulturhistorische Funktion von Riten und Bräuchen, Sitten und Normen. Deshalb zielten sie hier auf die Ablösung der kulturellen Vorherrschaft der Kirche und bürgerlicher Institutionen. Ihre praktische Kulturarbeit galt vor allem dem Bildungswesen, der Krankenpflege, dem Wohlfahrts- und Bestattungswesen. Sie traten auch für die Einrichtung einer aufklärenden Lichtbilderzentralstelle ein. Es war ein Verdienst der Freidenker, zur Befestigung der proletarischen Klassenkultur und ihrer kommunikativen Strukturen beigetragen zu haben: Sozialistische Namensgebungen und Schulentlassungsfeiern, Jugendweihen, proletarische Beerdigungen und Feuerbestattungen wurden durch ihre Initiativen verbreitet. Deshalb erstrebten sie eine enge Zusammenarbeit mit allen proletarischen Organisationen besonders in Vorbereitung auf Feste und Feiern und bei der Ausgestaltung politischer Gedenktage. Sie hatten ein Gespür für weihevolle Zeremonien, für beeindruckende Ausschmückungen der Säle, für die einigende Kraft der Symbole (Abzeichen, Fahnen, Bilder) und des Gesangs. Die Freidenker leisteten dann in den zwanziger Jahren Grundlegendes bei der Einführung von Sonnenwend- und Totenfeiern in die Arbeiterbewegung.

Eine weitere Gruppe um Heinrich Peus, Eduard Bernstein und besonders Paul Kampffmeyer stand der Genossenschaftsbewegung nahe. Konsum- und Wohnungsbaugenossenschaften, Mietervereine, Produktivgenossenschaften und Volkshäuser waren ihr Beitrag zur Arbeiterkulturbewegung.

Wieder andere erstrebten eine völlig neue Kultur und die moralische Veränderung der Menschen. Diese Gruppe wurde durch ehemalige Lehrer oder Wanderlehrer gebildet – Wilhelm Liebknecht, Otto Rühle, Clara Zetkin, Heinrich Ströbel und andere. Sie widmete sich der Kinder- und Jugenderziehung und der Frauen- und Jugendbewegung. Die »Leitsätze« des ZBA waren besonders ihrer Initiative und Federführung zu verdanken. Die Gruppe der »Lehrer« kritisierte den Klassencharakter des bürgerlichen Bildungswesens, das den Arbeitern statt eines Höchstmaßes an Allgemeinbildung »nur das bescheidenste Maß einer für die jeweilige Produktionsform unerläßlichen technischen Bildung einräumt«[254]. In ihrem Urteil gingen sie davon aus, daß »die zunehmende Arbeitsteilung und die dadurch entstehende Schablonisierung und Geistlosigkeit der Arbeit in vielen Industriezweigen ein Erlahmen des kapitalistischen Interesses für die Volksschule« bewirke. Das daraus abgeleitete Erziehungsziel hatte allgemeine, mitunter auch einige abstrakte Bildungsideale zur Grundlage. Diese Ideale waren weniger aus der Analyse der realen Entwicklungstendenzen des kapitalistischen Reproduktionsprozesses gewonnen, sondern standen mehr in der Tradition der Bildungskonzepte des aufstrebenden Bürgertums. Aber angesichts der deformierenden Wirkungen der Fabrikarbeit und der Tendenz des Kapitals, den Proletarier nur als »Arbeitstier« zu benötigen, halfen bürgerlich-humanistische Ideale, die Mängel im Bildungswesen offen aufzudecken. Die »Lehrer« brachten deshalb auch aus Kenntnis der Bildungssituation der Arbeiter deren praktische Forderungen am konsequentesten zum Ausdruck. Sie forderten Weltlichkeit und Einheitlichkeit des Schulwesens, Einführung des Arbeitsunterrichts und Ausweitung der künstlerischen Bildung, Gleichberechtigung der Geschlechter, Einrichtung von Kindergärten, Schulheimen, Ferienkolonien, Sanatorien und Sonderschulen, Mitwirkung von Eltern und Lehrern an der Schulverwaltung, Einrichtung von Bädern, Schwimm-, Wärme- und Speisehallen in den Schulen, Volkskonzerte, Volksvorstellungen und -bibliotheken.

Kernpunkt der »Leitsätze« stellte ein Satz dar, der eine Kulturrevolution auf geistigem Gebiet beim Übergang zum Sozialismus zu einer Notwendigkeit erklärte: »Im Hinblick auf seine geschichtliche Mission kann daher das Proletariat die bürgerliche Geisteskultur nicht einfach übernehmen, es muß sie vielmehr seiner eigenen Weltanschauung gemäß umwerten.«[255]

254 Protokoll, 1906, S. 134.
255 Ebenda, S. 136.

Viele Kulturarbeiter waren, wie Katzenstein, Schulz und Hoffmann, mehreren Gruppen zuzuordnen. Abstinente, Freidenker, »Lehrer« und mit einigen Unterschieden auch die Genossenschafter entwickelten Programme der Kunstaneignung und der ästhetischen Erziehung. Die Befriedigung künstlerischer Bedürfnisse galt ihnen als vorrangig zu befördernde Freizeittätigkeit der Arbeiter. Es sei Aufgabe der Kunst, »zu erheben und zu erquikken« wie auch zu veredeln. Die Kunst solle, wie der sich zur Sozialdemokratie bekennende Rabbiner Jakob Stern schrieb, »die Menschen und das Leben vorführen, wie sie sein könnten und sollten und vielleicht einmal auch durch die Macht der Kultur sein werden ... Aber indem sie dies thut, soll sie zugleich intellektuell und ethisch bilden, überhaupt den Kulturfortschritt fördern.«[256]

In der Umsetzung dieser Konzeption der Organisation von Arbeiterfreizeit war eine zeitbedingte Nähe zu bürgerlichen »Muße«-Vorstellungen nicht zu übersehen. »Muße« und nicht »Freizeit« wurde als Gegensatz zur »Barbarei der Arbeit« und »Entmenschlichung« in der Industrie gedacht. Susanna Trautwein brachte diese Auffassung – wenn auch erst 1919 veröffentlicht – deutlich zum Ausdruck: »Was der moderne Arbeiter – jeden Gebietes – von seiner Erholung verlangt, das ist, seinem erschöpften Zustand entsprechend, ›Anregung‹. Ein weiter Begriff, der in heutiger Fassung meist nur eines entbehrlich erscheinen läßt: Kultur. Die Kultur des Vergnügens, auch des geselligen Vergnügens, ist von einer anderen Art Menschheit geschaffen worden, als die heutige es ist. Zum Vergnügen der Geselligkeit, das, richtig gefaßt, der Kunst der Beherrschung bedarf wie jedes wahre Vergnügen, muß man Muße haben. An einen normalen, nicht überfüllten Arbeitstag schließt sich der gesellig verlebte Abend mit schönen Aussichten.«[257]

256 Jakob Stern: Die Religion der Zukunft, Stuttgart 1890, S. 82.

257 Susanna Trautwein: Gesellschaft und Geselligkeit in Vergangenheit und Gegenwart, Leipzig und Berlin 1919, S. 7.

Ideal der Arbeiterkulturbewegung –
der lesende Arbeiter

So störte eben stets auch in den Arbeiterorganisationen für Kultur und Freizeit der »Vergnügungsdrang« die notwendige »Beherrschung« im Genuß. Es überwogen die »Heiteren Abende«, und man kam auch mehr des anschließenden Tanzes wegen. »Wir müssen bestrebt sein, den Arbeiter allmählich hinaufzuführen zum Genuß ernsterer Kunst, zum Verständnis schwieriger Werke.«[258] Es wurde auch beklagt, daß die Gewerkschaftshäuser »nicht recht die Abhaltung von künstlerischen Veranstaltungen besonders intimen Charakters« gestatteten, »die einem erheblichen, in der künstlerischen Kultur besonders fortgeschrittenen Kreise Hamburger Arbeiter schon längst erwünscht waren.«[259] Dabei übersah mancher Kulturarbeiter die soziale Zusammensetzung seines Publikums. »Manchmal überwog an den Kammermusikabenden das mit uns sympathisierende Kleinbürgertum. Das wird aber den Arbeiterbildungsausschuß nicht abhalten, für das Verständnis auch dieser höchsten musikalischen Kunstgattung unter der Arbeiterschaft weiter zu wirken.«[260]

Das proletarische Publikum kam oft mit anderen Erwartungen an das Angebot in die Veranstaltungen als die Veranstalter vermuteten. So entstand »ein Mißklang: Publikum und Künstler verstanden einander nicht, beide Teile gingen unbefriedigt fort«. Und es ergab sich die Schlußfolgerung: ästhetische Erziehung auf der einen und Hebung der künstlerischen Qualität auf der anderen Seite: »Wir wollen den öden Klimbim aus unseren Festen beseitigen.«[261]

Auf der Grundlage einer extrem kritischen Bewertung von real existierenden Arbeiterbedürfnissen, vor allem aber einer radikalen Ablehnung aller Industriearbeit und ihrer Folgen für die Bedürfnisentwicklung, ließen sich manche Kulturarbeiter von Vorstellungen leiten, die in den siebziger Jahren Adolf Douai vertreten hatte. Douai sah in der Arbeiterklasse das historische Subjekt für »eine ganz neue, edlere Sittlichkeit«[262]. Unter der Sozial-

258 Leitfaden 1914, S. 8.

259 Ein Führer durch das Hamburger Gewerkschaftshaus, Hamburg 1914, S. 47.

260 Arbeiter-Sekretariat Frankfurt am Main. XI. Jahres-Bericht für 1909, Frankfurt a. M. 1910, S. 137/138.

261 Leitfaden 1914, S. 7, 9.

262 Adolf Douai: Kultur und Zivilisation. NZ, 1877, 1. Bd., Nr. 18, S. 210.

demokratie verstand er deshalb vor allem eine »Erziehungspartei«, die den Arbeiter zum »wahren Menschen« entwickeln soll. Opportunistische Kulturpolitik fand in einem Konglomerat dieser und anderer Vorstellungen von der Notwendigkeit der kulturellen Erziehung der Arbeiterklasse, der Vermittlung klassenneutraler Bildung und der ausschließlichen Aneignung abstrakter Ideale des »Menschseins« ihre ideologische Begründung. Da diese Kulturauffassung letztlich vom Arbeiteralltag abstrahierte, geriet sie in Widerspruch zu ihm und auch zu den Erfahrungen der selbstorganisierten Kulturarbeit der Arbeiterorganisationen.

Viele der von Freidenkern, Abstinenten und anderen Kulturarbeitern damals ausgearbeiteten Normen und Regeln, ja große Teile der damaligen Kulturauffassung der Arbeiterbewegung waren von den oft asketischen Zielen dieser Arbeiterorganisationen geprägt. Das konnte auch gar nicht anders sein. Sie ergaben sich aus den harten Anforderungen des Klassenkampfes. Das darf aber nicht den Blick dafür verstellen, daß die Arbeiter, so oft es nur ging, ihrem Organisationsleben und ihren Klassenaktionen auch Witz, Fröhlichkeit und Selbstironie zu geben verstanden. Sie verbrachten einen großen Teil ihrer Freizeit gemeinsam mit ihren Genossen beim Bier- und Zahlabend, hörten im Bildungsverein Vorträge über Weltgeschichte, Marxismus und Kunst, orientierten sich in ihren Zeitungen über die Politik ihrer Partei und ihrer Gegner, sie hielten im Streik zusammen und warben um neue Mitglieder und um Wählerstimmen. Im Alltag – zwischen Bier am Abend, Ball am Monatsende, Bildung im Verein, Bann durch das bürgerliche Gesetz, Bannern der Bewegung und politischen Barrikaden gegen die Bourgeoisie – bewährte und befestigte sich die proletarische Organisation für den Klassenkampf, für ein besseres Leben der Arbeiter.

Das opportunistische Kulturkonzept

Alle zur proletarischen Kulturarbeit vor 1914 geäußerten Standpunkte schlossen eine spezifische Zweck- und

Sinngebung der Arbeiterorganisationen ein. Sie setzten die Organisation selbst als Kultur oder als Mittel zur Erlangung von Kultur in der sozialistischen Gesellschaft – wobei sich daran keinesfalls automatisch politische Standortbestimmungen ablesen lassen.

So stellt die Befürwortung der Notwendigkeit verstärkten Hineintragens von Wissen und politischer Bildung in die Arbeiterklasse an sich noch kein hinreichendes Kriterium der politischen Standortbestimmung dar. In vielen Darlegungen zur »Bildungsfrage« verstanden solche Theoretiker und Praktiker wie Vollmar, David und andere den Kampf der Arbeiterklasse immer mehr als eine »Aufklärungsbewegung«. Sie sahen in der Arbeiterbewegung nicht die komplizierte Selbstbewußtwerdung werktätiger Massen zum Zwecke der vollständigen »Umgestaltung der gesellschaftlichen Organisation« (Engels) mittels der ergriffenen Macht. So kam zum Beispiel in einer von vielen Funktionären studierten Anleitung der Begriff »Arbeiterklasse« gar nicht mehr vor. Es ging hier vielmehr um »Liebe zur Sache der Menschheit«, um die Bereitschaft, »mitzuarbeiten an der Emporführung einer höheren, allgemeinen Kultur«, um das »stolze Gefühl, als Vorkämpfer einer großen welthistorischen Kulturbewegung zu wirken«.[263]

Besonders die mit dem Imperialismus beginnende Annäherung der Lebensbedingungen der »freien Produzenten« (Intelligenz, Angestellte, Beamte) an die der Arbeiterklasse, die historisch erstmals auftretende Behauptung, eine »neue« Arbeiterklasse entstehe, erzeugte bei vielen Kulturarbeitern die Illusion, daß die kulturelle Befreiung der Arbeiter schon innerhalb des kapitalistischen Systems möglich sei und schrittweise realisiert werde. Sie meinten, Elementares sei schon unter kapitalistischen Bedingungen zu sichern und das Proletariat hätte zunehmend über die sozialen Forderungen hinausreichende Interessen. Die Arbeiterbewegung verwandele sich in eine »Kulturbewegung«. Damit verbunden war

263 Eduard David: Referenten-Führer. Eine Anleitung zum Erwerb des für die sozialdemokratische Agitationstätigkeit nötigen Wissens und Könnens, Berlin 1907, S. 1/2.

die Anerkennung klassenindifferenter »kultureller Werte«.

Nicht die grundsätzliche Veränderung seiner sozialökonomischen Lage benötige der Arbeiter zu seiner »Befreiung«. Da »seinem Lebensbild die eigentliche kulturelle Seite« fehle, brauche er eine in seine Sprache übersetzte bürgerliche Kultur; das heißt, den Arbeitern fehlen die »großen Werte« über die Arbeiterwelt hinaus.[264] Paul Kampffmeyer – wie andere Revisionisten und Opportunisten auch – beschränkte die proletarische Bewegung auf »friedliche« Kulturarbeit. Die Befreiung der Arbeiter sei »Befreiung der Kulturarbeit« und die Sozialdemokratie demzufolge keine Partei des Klassenkampfes, sondern eine »Kulturpartei«. »Eine ganze Reihe von Socialdemokraten glaubte ... in dem Classenkampf den Motor des culturellen Fortschritts gefunden zu haben.« Der liege dagegen allein in der zunehmenden »Steigerung der Productivkräfte«. Mit zunehmender Verbreitung dieser Erkenntnis in der Partei entwickle sich die Sozialdemokratie »über den engen Rahmen einer Classenpartei und des Classenkampfes hinaus zu einer Partei der planmäßigen Hebung menschlicher Cultur«.[265]

Konsumgenossenschaften, Baugenossenschaften und Gartenkolonien seien Beispiele des Weges in den Sozialismus. Die ganze Existenz des Arbeiters verschmelze mehr und mehr mit der Genossenschaft. Eine außer dem Arbeiter »stehende, aber von ihm beherrschte soziale Macht greift in die Verteilung des Arbeitsertrages ein, der Proletarier lebt sich gleichsam in die gesellschaftliche Verteilung des Arbeitsprodukts schon ein«[266]. Kampffmeyer und andere Opportunisten griffen das von der Arbeiterbewegung nach 1860 verworfene bürgerliche Konzept der »konstitutionellen Fabrik« und

264 Hans Staudinger: Individuum und Gemeinschaft in der Kulturorganisation des Vereins, Jena 1913, S. 148, 167, 171/172.

265 Paul Kampffmeyer: Der Classenkampf und der Culturfortschritt. Gedanken über die Culturpolitik der größten Partei Deutschlands. SM, 1903, H. 9, S. 668, 671.

266 Paul Kampffmeyer: Zur wissenschaftlichen Begründung des Sozialismus. SM, 1909, H. 1, S. 494.

der freien »Selbstverwaltungsorganisation« wieder auf. Sie propagierten die automatische Machtübernahme durch rein quantitative Ausdehnung der Klasse und der Kollektivbetriebe sowie der Gewerkschaften, Konsumvereine und Mieterverbände. »Die staatliche Macht fällt also der Arbeiterklasse in die Hände ...«, denn der »Arbeiterstaat« ist nicht etwas »Funkelnagelneues«.[267]

Zum Kulturkonzept der deutschen Linken

Dagegen entwickelten die Linken in der deutschen Sozialdemokratie – Rosa Luxemburg, Karl Liebknecht, Clara Zetkin, Franz Mehring, Wilhelm Pieck und andere – ein auf der revolutionären Theorie des Marxismus basierendes Konzept der Kampf- und Organisationskultur der Arbeiterklasse.

Clara Zetkin sprach 1903 von einem »kulturellen Emporstieg des Proletariats«[268] und hob einige Jahre später hervor: »Der Anteil der breiten Massen an dem materiellen und kulturellen Erbe des Vaterlandes ist im Wachsen begriffen ... Des Proletariats fortschreitende Reife und Macht ist es, was das Vaterland zwingt, die Hand zu öffnen.«[269] Nahezu alle deutschen Linken wirkten als proletarische Kulturarbeiter – und dies nicht nur jeweils auf einem Gebiet. Karl Liebknecht zum Beispiel war Anwalt und Jugendfunktionär. Im preußischen Landtag vertrat er eine revolutionäre Kulturpolitik. Auf die Reformerfolge des Proletariats verweisend, warnte er: »Was nützte es der Sozialdemokratie, wenn sie eine ganze Welt aller erdenklichen Reförmchen gewänne und nähme doch Schaden an ihrer Seele, das heißt: würde verwirrt, verkleinlicht, kleinmütig und selbstzufrieden, verlöre ihr Edelstes und Bestes, den Elan ihrer revolutionären Ener-

267 Paul Kampffmeyer: Mehr Macht! Kritische Streiflichter auf das Erfurter Programm der deutschen Sozialdemokratie, Berlin 1898, S. 17, 21, 23, 34, 37, 38.
268 Clara Zetkin: Um den Zehnstundentag. In: Ausgewählte Reden und Schriften, Bd. 1, Berlin 1957, S. 243.
269 Clara Zetkin: Unser Patriotismus. Ebenda, S. 322.

gie, die auch den Boden für Reformen am fruchtbarsten düngt ...«[270] Damit grenzte sich Liebknecht eindeutig auch von allen opportunistischen kulturpolitischen Konzepten ab.

Es war unter den deutschen Marxisten besonders Rosa Luxemburg, die revisionistische und opportunistische kulturpolitische Konzepte auf ihre historischen Quellen, auf ihre inneren Zusammenhänge mit den entstehenden bürgerlichen Sozialwissenschaften und hinsichtlich ihrer Klassenorientierung untersuchte, widerlegte und schlußfolgerte: Bernstein wolle keinen »ruhigeren, sichereren, langsameren Weg zum *gleichen* Ziel, sondern auch ein *anderes* Ziel, nämlich statt der Herbeiführung einer neuen Gesellschaftsordnung bloß quantitative Veränderungen in der alten«[271].

Grundlegende Aussagen Rosa Luxemburgs zur Kulturpolitik der Arbeiterbewegung basieren auf der sozialökonomischen Analyse der »kapitalistischen Kultur«, ein Begriff, der wesentlich von ihr inhaltlich bestimmt wurde.[272] Innerhalb dieser Kultur entwickle sich die proletarische als Gegen- und Zukunftskultur. Sie hob hervor, »daß hier zum erstenmal in der Geschichte die Volksmassen selbst und *gegen* alle herrschenden Klassen ihren Willen durchsetzen, diesen Willen aber ins Jenseits der heutigen Gesellschaft, über sie hinaus setzen müssen. Diesen *Willen* können sich die Massen wiederum nur im beständigen Kampfe mit der bestehenden Ordnung ausbilden.«[273] Proletarische Kultur ist im wesentlichen der Anspruch, der Willen im weitesten Sinne, eine neue Gesellschaft und Kultur jenseits der kapitalistischen zu errichten. »Innerhalb dieser Gesellschaft und solange ihre wirtschaftlichen Grundlagen bestehen, kann es keine andre Kultur geben als *bürgerliche*. Die Arbeiter-

270 Karl Liebknecht: Die neue Methode. In: Gesammelte Reden und Schriften, Bd. 1, Berlin 1958, S. 26/27.

271 Rosa Luxemburg: Sozialreform oder Revolution? In: Gesammelte Werke, Bd. 1.1, Berlin 1982, S. 429.

272 Siehe Rosa Luxemburg: Einführung in die Nationalökonomie. Ebenda, Bd. 5, Berlin 1981, S. 524–778.

273 Rosa Luxemburg: Sozialreform oder Revolution. Ebenda, Bd. 1.1, S. 96.

klasse steht als solche ... *außerhalb* der heutigen Kultur, und, obwohl sie den materiellen Gehalt sowie die ganze soziale Grundlage dieser Kultur mit eignen Händen schafft, wird sie nur insofern zu ihrer Nutznießung zugelassen, als dies zur befriedigenden Ausfüllung ihrer Funktion im wirtschaftlichen und sozialen Prozeß der bürgerlichen Gesellschaft erforderlich ist.«[274]

Proletarische Kulturarbeit der eigenen Organisationen muß nach dem Konzept Rosa Luxemburgs stets über die verbesserte »Nutznießung« des Arbeiters für das Kapital hinausweisen. Sie muß immer den »Anspruch« der Arbeiterklasse auf die sozialistische Gesellschaft zum Ausdruck bringen und diesen »Anspruch« im Bewußtsein der Proletarier wachhalten. Bei aller Anerkennung der notwendigen Breite proletarischer Kulturarbeit – das wichtigste bleibe die Ausbildung von politischer Kultur. Was die Arbeiterklasse benötige, sei politische Reife. So formulierte Rosa Luxemburg gegen Bernstein, daß die Macht des Proletariats nicht der Endpunkt der Reife sei, sondern ein das Reifen beschleunigendes Moment. Das Proletariat eigne sich die Herrschaftsbefähigung im Prozeß der Machtausübung zunehmend an.

Die revolutionären Linken begriffen Kulturarbeit als die Vermittlung revolutionärer Bewußtheit. Sie vertrauten auf die revolutionäre und gesellschaftsverändernde Schöpferkraft der Arbeitermassen, allerdings bei zeitweiliger Unterschätzung des wichtigsten Mittels, revolutionäre Organisiertheit zu erzeugen und sozialistisches Bewußtsein zu verbreiten: nämlich der Kampfpartei der Arbeiterklasse. Mit Gründung der KPD 1918/1919 wurden auch hieraus die Schlußfolgerungen gezogen.

Wirklich radikale theoretische und praktische Schlußfolgerungen aus den neuen Entwicklungstendenzen in den proletarischen Lebensbedingungen und im Klassenkampf wurden außerhalb der deutschen Sozialdemokratie, in der Partei der Bolschewiki Rußlands, besonders von Lenin gezogen. Bereits in seinen ersten Schriften

274 Rosa Luxemburg: Stillstand und Fortschritt im Marxismus. Ebenda, Bd. 1. 2, Berlin 1979, S. 367.

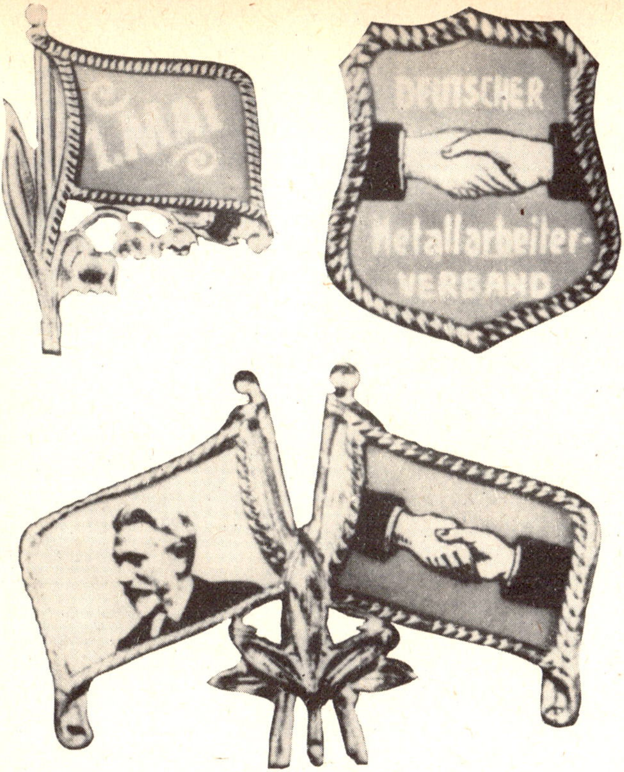

Abzeichen und Medaillen der Sozialdemokratie

hatte Lenin im Anschluß an Marx und Engels die Arbeiterklasse als den sozialen Träger einer neuen Kultur herausgearbeitet. Dabei hob er den internationalen Charakter dieser Kultur hervor, die »schon jetzt systematisch vom Proletariat aller Länder geschaffen wird«[275]. In diesem Zusammenhang galt ihm die deutsche Arbeiterbewegung durchaus als Vorbild, doch betonte er, man müsse »*alles* Wertvolle von den Deutschen ... überneh-

275 W.I. Lenin: Thesen zur nationalen Frage. In: Werke, Bd. 19, S. 237.

men ... *ohne* den Opportunisten die geringsten Zugeständnisse zu machen«[276].

Viele Äußerungen weisen eindeutig darauf hin, daß Lenin verschiedene Erscheinungen im Kapitalismus seiner Zeit auf die Existenz und die Kampferfolge der Arbeiterklasse zurückführte und als Elemente einer proletarischen Kultur interpretierte. Es handelt sich dabei um die gleichen Erscheinungen, die Opportunisten veranlaßten, von einem »gewandelten Kapitalismus« zu reden. Lenin unterzog die neuen Kampf- und Lebensbedingungen der Arbeiterklasse, wie sie sich in den höchstentwikkelten kapitalistischen Ländern zeigten, einer marxistischen Analyse. In seinen Schlußfolgerungen ging er dabei weiter als alle Theoretiker der II. Internationale vor ihm. Seine Analyse der Entwicklung des Kapitalismus und der Arbeiterbewegung besonders in Deutschland führten ihn zu dem Ergebnis, daß die Arbeiterklasse vor allem subjektive Voraussetzungen zur Machtübernahme entwickeln muß. »Der Kapitalismus ... schafft selbst die Elemente der neuen Ordnung, aber diese einzelnen Elemente ändern ohne einen ›Sprung‹ nichts an der allgemeinen Sachlage, rühren nicht an die Herrschaft des Kapitals.«[277] Unter »subjektiven Voraussetzungen« verstand er mehr als das allgemeine Kulturniveau der Klasse, wie etwa Kautsky.

Lenin stellte fest, daß »nur die Klasse, die sich die gesamte städtische, industrielle, großkapitalistische Kultur zu eigen gemacht hat, ... die Entschlossenheit und Fähigkeit (besitzt), sie zu behaupten, zu bewahren und alle ihre Errungenschaften fortzuentwickeln, sie dem ganzen Volke, allen Werktätigen zugänglich zu machen«[278]. Als die entscheidenden Kriterien für die Umwandlung der kapitalistischen in die sozialistische Kultur erkannte Lenin die Partei neuen Typs, die revolutionäre Kampforganisation der Arbeiterklasse, und die wachsende Bewußt-

276 W. I. Lenin: An I. F. Armand, April 1914. In: Briefe, Bd. III, S. 286.

277 W. I. Lenin: Die Differenzen in der europäischen Arbeiterbewegung. In: Werke, Bd. 16, S. 354.

278 W. I. Lenin: Gruß an die ungarischen Arbeiter. In: Werke, Bd. 29, S. 379.

heit des proletarischen Klassenkampfes. Wie hoch er dabei die reale kulturelle Leistungsfähigkeit der Arbeiterklasse gegenüber »linken« Versuchen schätzte, eine proletarische Kultur künstlich zu schaffen, zeigt seine Gleichsetzung von proletarischer Kultur mit dem Kommunismus.[279] So besteht eine der größten Leistungen Lenins gerade darin, die Herrschaft der Arbeiterklasse als wichtige kulturelle Errungenschaft des Proletariats theoretisch herausgearbeitet und in Sowjetrußland praktisch verwirklicht zu haben. Auf dieser Basis begründete er die wissenschaftliche Konzeption der sozialistischen Kulturrevolution.

279 Siehe W. I. Lenin: An N. I. Bucharin. 11. Oktober 1920. In: Briefe, Bd. VI, S. 306.

Anhang

Sozialdemokratie und Volkserziehung. Leitsätze

Behandelt auf dem Parteitag
der Sozialdemokratischen Partei Deutschlands
in Mannheim 1906

(Auszüge)

Der Sozialismus, der die Abschaffung der Klassenunterschiede will, beseitigt damit auch die Klassenerziehung. Er bricht zu diesem Zwecke mit den geltenden Prinzipien der gegenwärtigen öffentlichen Erziehung. Der Sozialismus sieht in dem Kinde nicht den zukünftigen Lohnsklaven und rechtlosen Proletarier, sondern er würdigt in ihm das werdende Glied der sozialen Gemeinschaft freier Arbeiter, bei dem in seinem eigenen und zugleich im gesellschaftlichen Interesse alle geistigen und körperlichen Fähigkeiten zu möglichst hoher Vollendung zu entwickeln sind. Die öffentliche Erziehung wird dadurch zu einer der wichtigsten sozialen Aufgaben, für die die besten geistigen und materiellen Mittel der Gesellschaft nutzbar zu machen sind.

Da der Sozialismus in der gesellschaftlichen Arbeit den Ursprung und die Grundlage der gesellschaftlichen Organisation erblickt, da er aus diesem Grunde den Gegensatz zwischen Handarbeit und Kopfarbeit, zwischen Praxis und Theorie aufhebt und damit die Arbeit aus der verachteten Niedrigkeit von heute erheben und zu einer Quelle des Glücks und der Freude gestalten will, so wird auch für die Erziehung in der sozialistischen Zukunft die »Arbeit« die Grundlage und zugleich das wertvollste, lebensweckende und zu sozialer Gesinnung erziehende Element bilden. ...

Von diesen Grundsätzen ausgehend, fordert die deutsche Sozialdemokratie im Interesse der Hebung der öffentlichen Erziehung zunächst:

Schaffung eines Reichsschulgesetzes auf der Grundlage der Weltlichkeit und Einheitlichkeit des gesamten Schulwesens.

Organische Angliederung der höheren an die niederen Bildungsanstalten. Unentgeltlichkeit des Unterrichts, der Lehrmittel und der Verpflegung in den öffentlichen Schulen. Beihülfe des Staates für die Weiterbildung befähigter, aber unbemittelter Schüler ohne Beeinträchtigung der bürgerlichen Rechte der Eltern.

Gleichberechtigung der Geschlechter in den Lehrkörpern und der Schulverwaltung. Mitwirkung der Eltern und der Lehrerschaft bei der Schulverwaltung. Fachschulaufsicht.

Errichtung von Erziehungs- und Verpflegungsanstalten für das vorschulpflichtige Alter (Kindergärten) weltlichen Charakters. Errichtung von Schulheimen, in denen die Kinder in den unterrichtsfreien Tagesstunden leibliche und geistige Fürsorge finden. Gründung von Sanatorien für schwächliche und kränkliche Kinder.

Errichtung von Fach- und Fortbildungsanstalten für die schulentlassene Jugend ohne Unterschied des Geschlechts. Obligatorischer Besuch dieser Schulen während der Tageszeit bis zum vollendeten 18. Lebensjahr.

Einführung des Arbeitsunterrichts in alle Schulen. Errichtung von Lehrwerkstätten. Pflege der künstlerischen Bildung.

Festsetzung der Klassenfrequenz und der Unterrichtszeit, sowie Organisation des inneren Schulbetriebes ausschließlich nach pädagogischen Grundsätzen unter Mitwirkung der Lehrer und Lehrerinnen.

Errichtung von besonderen Klassen und Schulen für abnorme Kinder (schwachbegabte, viersinnige, epileptische usw.). Ueberwachung des Gesundheitszustandes der Kinder durch Schulärzte. Ferienkolonien.

Bau und Ausgestaltung von Schulgebäuden nach den Forderungen der Pädagogik, Schulhygiene und Kunst.

Errichtung von Bädern, Schwimm-, Wärme- und Speisehallen in den Schulen.

Errichtung von Volksbibliotheken, Lesehallen und Instituten für Volksbelehrung und -Unterhaltung (Volkskonzerte, Volksvorstellungen usw.).

Materielle und soziale Hebung der Lage der Lehrer und Lehrerinnen, entsprechend der Bedeutung ihrer Aufgabe und zur Erzielung der höchsten persönlichen Leistungsfähigkeit. Universitätsbildung für sämtliche Lehrer und Lehrerinnen an öffentlichen Volksschulen.

Damit die Parteigenossen ihre verantwortungsreiche Aufgabe erfüllen können, müssen sie mit Eifer auf ihre theoretisch-sozialistische Weiterbildung bedacht sein, sie müssen in strenger Selbstzucht an ihrer Charakterbildung arbeiten.

Die Partei hat die erzieherische Aufgabe der Eltern dadurch zu fördern, daß sie in ihrer Presse dem Volksschulwesen wie den pädagogischen Problemen dauernd die gebührende Beachtung schenkt und eine geeignete sozialistische Kinderliteratur schafft.

Das Proletariat ist der Träger einer in sich geschlossenen Weltanschauung, die zwar die konsequente Fortentwicklung der höchsten wissenschaftlichen und künstlerischen Ideale unserer Zeit ist, aber in scharfem Gegensatz zu der bürgerlichen Weltanschauung und damit auch zu der bürgerlichen Wissenschaft und Kunst unserer Tage steht, die einen ausgeprägten Klassencharakter tragen. Im Hinblick auf seine geschichtliche Mission kann daher das Proletariat die bürgerliche Geisteskultur nicht einfach übernehmen, es muß sie vielmehr seiner eigenen Weltanschauung gemäß umwerten. In diesen Tatsachen ist der relative Wert begründet, den auch die wohlmeinendsten und an sich verdienstlichen Bestrebungen bürgerlicher Kreise zur Hebung der wissenschaftlichen und künstlerischen Volksbildung haben. Die Sozialdemokratie kann daher an solchen Bestrebungen keinen Anteil haben.

Ihr selbst aber erwächst die Aufgabe, in steigendem Maße für die allseitige Weiterbildung ihrer Mitglieder zu sorgen, und zwar in erster Linie für deren theoretische Schulung durch planmäßige Einführung in die Grundsätze des wissenschaftlichen Sozialismus. Als Mittel kommen in Betracht: die Gründung beziehungsweise der Ausbau von Arbeiterbildungsschulen, die Veranstaltung von systematisch gegliederten Vortragskursen, die Veranstaltung von Lese- und Diskussionsabenden, beziehungsweise die Ausgestaltung der Zahlabende zu solchen; die Verbreitung der Literatur des wissenschaftlichen Sozialismus; die Behandlung theoretischer Fragen in der Tagespresse.

Innerhalb der Partei ist der künstlerische Sinn zu erwecken und zu pflegen durch die Ausstattung der Festschriften und illustrierten Publikationen; durch die Herausgabe von Meisterbildern und künstlerisch wertvoller Unterhaltungsliteratur, durch die Veranstaltung von Konzerten, Vortragsabenden, gemeinschaftlichen Museumsbesuchen usw., durch einführende Vorträge und Artikel in der Tagespresse; durch eine zweckentsprechende Ausgestaltung der Feste. ...

Protokoll, 1906, S. 134–137.

W. I. Lenin
Die Entwicklung der Arbeiterchöre in Deutschland

1913

Die Arbeitergesangvereine Deutschlands feierten vor kurzem ein eigenartiges Jubiläum: Bei insgesamt 165000 Mitgliedern der Arbeitergesangvereine hat die Zahl der Arbeitersänger 100000 erreicht. Die Zahl der Arbeiterinnen, die diesen Vereinen angehören, beträgt 11000.

Die Arbeiterchöre haben ein eigenes Presseorgan, die »Arbeiter-Sänger-Zeitung«, die erst seit 1907 regelmäßig erscheint.

Die ersten Anfänge der Arbeitergesangvereine reichen bis in die sechziger Jahre des vorigen Jahrhunderts zurück. Im Leipziger »Gewerblichen Bildungsverein« wurde eine Gesangsabteilung gegründet, zu deren Mitgliedern übrigens auch August Bebel gehörte.

Ferdinand Lassalle maß der Bildung von Arbeiterchören große Bedeutung bei. Auf sein Drängen gründeten im Jahre 1863 Mitglieder des »Allgemeinen Deutschen Arbeitervereins« in Frankfurt am Main eine Arbeitervereinigung mit dem Namen »Sängerbund«. Dieser Bund versammelte sich in der finsteren, dumpfigen Nebenstube eines Frankfurter Gasthauses. Das Zimmer wurde mit Talglichtern erleuchtet.

Der Bund zählte zwölf Mitglieder. Als Lassalle auf einer seiner Agitationsreisen in Frankfurt übernachtete, sangen ihm diese zwölf Arbeitersänger im Chor das Lied des bekannten Dichters Herwegh, den Lassalle lange gebeten hatte, ein Arbeiterlied für Chorgesang zu dichten.

Im Jahre 1892, also bereits nach Aufhebung des Sozialistengesetzes, waren die Arbeiterchöre in Deutschland in 180 Gesangvereinen mit 4300 Mitgliedern zusammengeschlossen. Im Jahre 1901 war die Zahl der Mitglieder auf 39717, 1907 auf 93000 und 1912 auf 165000 gestiegen. In Berlin zählen die Arbeitergesangvereine 5352, in Hamburg 1628, in Leipzig 4051, in Dresden 4700 Mitglieder usw.

Vor kurzem berichteten wir, daß die Arbeiter Frankreichs und anderer romanischer Länder den fünfundzwanzigsten Todestag Eugène Pottiers (1816–1887), des Verfassers der berühmten »Internationale«, begingen. In Deutschland ist die Propagierung des Sozialismus durch das Arbeiterlied bedeutend jünger, und die deutsche Regierung der »Junker« (Gutsbesitzer, Schwarzhunderter) legt dieser Propaganda weit mehr gemeine Polizeihindernisse in den Weg.

Doch keine Polizeischikanen können verhindern, daß in allen großen Städten der Welt, in allen Arbeitersiedlungen und immer häufiger auch in den Katen der Landarbeiter einhellig das proletarische Lied von der nahen Befreiung der Menschheit aus der Lohnsklaverei erklingt.

W. I. Lenin: Werke, Bd. 36, S. 199/200.

E. Sonnemann
Arbeiterheim und Kunst

Ehe ich mein eigentliches Thema Arbeiterheim und Kunst in Angriff nehme, lassen Sie mich zunächst versuchen, den Rahmen etwas weiter zu spannen und die Beziehungen zwischen Arbeiter und Kunst bloßzulegen. Vorweg will ich bemerken, daß es mir keineswegs darum zu tun ist, dieses Thema »ästhetisierend abzuhandeln«. Auch weiß ich, daß die Umwandlungen, die wir auf dem Gebiete der Kunst erstreben, keine Sache sind, die von heute auf morgen zu machen ist. Eine neue Kunst bedingt eine neue Kultur, und eine neue Kultur wird überhaupt nicht gemacht, sondern ist in ihren wesentlichen Bestandteilen eine Folge der jeweiligen wirtschaftlichen Verhältnisse, und alle Vorschläge zur Besserung der gegenwärtigen jammervollen Zustände auf dem Gebiete einer künstlerischen Gestaltung der Arbeiterwohnung können nur zielweisende Bedeutung beanspruchen. Was ich Ihnen mitzuteilen gedenke, ist also der Ausdruck einer Sehnsucht, dem »Volke« ein köstliches Gut wiedererobert zu sehen: die Kunst, die berufen ist, in das harte, kampferfüllte und arbeitsreiche Leben unseres »Volkes« Duft und Glanz und Freude zu tragen.

Unseres »Volkes«? Es wird heute für jeden, der dieses Wort gebraucht, nachgerade notwendig, seine Hörer bzw. Leser nicht darüber im Unklaren zu lassen, welchen Begriff er diesem Worte unterlegt. In den folgenden

Erörterungen habe ich es für richtig gehalten, unter »Volk« nur den arbeitenden Teil desselben zu verstehen, weil ich die Absicht habe, mich nur an diesen zu wenden.

Da gibt es nun unter den Kunstschriftstellern und leider auch unter den Künstlern sehr, sehr »vornehme« Naturen, die behaupten, die Kunst habe mit dem Volke keine Gemeinschaft, sei Kaviar fürs Volk; sie setze überdies eine solche Fülle von Kenntnissen voraus, daß sie dem unmittelbaren Erfassen des Laien immer weiter entrückt werde. Zur Zeit Dürers beispielsweise, ja, da sei die Sache anders gewesen; Dürers Kunst wurzelte aber auch in demselben Boden, aus dem das gesamte Denken und Handeln seiner Zeitgenossen erwachsen sei; das sei heute nicht mehr der Fall; u.s.w. Und derselbe Faden, nur in etwas gröberer Nummer, wird in folgenden Auslassungen weiter gesponnen: Die Kunst ist selbstverständlich aristokratisch; das »Volk« selbstverständlich plebejisch; also, was haben die Beiden miteinander gemein? – Die Sache hat einen Haken oder eigentlich zwei: denn erstens ist das alles gar nicht so selbstverständlich, und zweitens haben die Beiden nicht nur manches gemein, sondern sie sind sogar aufeinander angewiesen, sie können ohne einander nicht leben, keins ohne das andere sich zur Blüte entfalten. Daraus folgt, daß jene, die Volk und Kunst trennen wollen, nicht nur dem Volke, sondern auch der Kunst, der sie doch dienen wollen, einen sehr schlechten Dienst erweisen.

Ueberhaupt, was heißt »aristokratisch«? Vornehm. Gut, ich kenne eine Vornehmheit des Herzens, die sicher ebenso häufig bei den Kindern des Volkes zu finden ist, wie bei den sogenannten »Aristokraten«; und was heißt überhaupt »plebejisch«? Gemein. Gut, ich kenne Gemeinheiten, die wir sicher ebenso häufig bei den Aristokraten wie bei den Plebejern antreffen. Was soll also das Etikett? Der Kunst ist ganz gewiß nicht damit gedient, daß man sie mit Stacheldraht umgibt, sondern man wird ihr und dem Volke nur dann wertvolle Dienste erweisen, wenn man weniger mit Engelzungen redet und mehr Liebe beweist. Das ist jedenfalls gewiß: Soweit hierbei etwas zu tun ist vonseiten des Volkes, wird die Arbeit geleistet werden; denn das Volk ist tatkräftig und hat lebhafte künstlerische Bedürfnisse und Fähigkeiten; und wenn diese Bedürfnisse und Fähigkeiten zeitweise nicht zum Ausdruck gelangen, so ist es unsere Pflicht, nach den Ursachen zu forschen; aber es zeugt von Verständnislosigkeit oder bösem Willen, sie einfach in Abrede zu stellen.

Das Wesen, das Organische der Kunst besteht darin, daß sie schöpferisch macht, und das Volk ist schöpferisch. Zeugt nicht eine große Zahl der tiefsten und innigsten Lieder von dieser Schöpferkraft? Sind diese Lieder nicht im wahrsten Sinne Eigentum des Volkes? Wenn aber das Volk künstlerisch schöpferisch ist, so ist es auch künstlerisch genußfähig; denn jenes setzt dieses voraus. Sind diese Folgerungen etwa unrichtig? Nun, wenn sie richtig sind, dann darf kein Mensch mehr behaupten: Die Kunst ist nicht fürs Volk. Oder haben die überfeinen Herren in Lack und Frack etwa einen Abscheu vor dem Qualm der Fabriken und den rauhen, beschmutzten Fäusten der Arbeiter?

Wir wollen der Kunst von ihrer wirklichen Vornehmheit nichts nehmen: im Gegenteil, wir freuen uns eines so unvergleichlichen Erziehungsmittels. Es ist aber doch wahrlich nicht zuviel verlangt, wenn wir wünschen, daß die Kunst volkstümlicher und das Volk künstlerischer werden möge. Wenn die Kunst volkstümlicher wird, ist sie deshalb weniger vornehm? Ich meine, das eine schließt das andere nicht aus.

Noch mehr: Volk und Kunst sind aufeinander angewiesen. Wie wars denn bei den Dichtern und Bildhauern der Griechen? Tragen nicht ihre besten Werke den Typus ihres Volkes? Haben jene Künstler nicht die Volksseele in ihren Tiefen erfaßt? Und das Volk? Hat es ihnen nicht begeistert zugejauchzt und ihren Werken göttliche Ehren erwiesen? Mußte es für die Künstler nicht der herrlichste Lohn sein, für ein Volk zu schaffen, das ihren Werken mit kindlich empfänglicher Seele entgegenkam, ja, das in seinen wichtigsten Lebensfunktionen ihren Geist, ihre Lebensauffassung wiederstrahlte?

Die Kunstgeschichte bietet noch andere Beispiele, die beweisen, daß von einer Blüte der Kunst nur immer da gesprochen werden darf, wo zwischen Kunst und Volk ein lebendiges Wechselverhältnis bestanden hat.

Was die Blüte am Baum, das ist die Kunst in der Entwicklung eines Volkes.

Wäre die Kunst nicht etwas, was aus der Volksseele geboren werden muß, etwa eine Modesache, so wären die Zeiten nicht so selten, in denen es eine echte, volkstümliche Kunst gab. Moden bewegen sich an der Oberfläche, kommen und gehen und werden nicht vom Volke gemacht, sondern von Geschäftsleuten, womit dann allerdings nicht in Abrede gestellt werden soll, daß es auch unter den »Künstlern« »Geschäftsleute« gibt.

Wie die Sachen heute liegen, so dürfen wir uns allerdings keiner Illusion hingeben; heute fehlt an einer volkstümlichen Kunst noch ebensoviel wie an einem künstlerischen Volke. Die moderne Kunst, die mit so großem Getön sich ankündigte, hat im allgemeinen, darüber ist man sich allmählich klar geworden, mehr Erwartungen geweckt, als Erfüllungen gebracht. Manche Gebiete allerdings haben eine völlige Umgestaltung erfahren; andere wieder sind mit reichlichen Keimen einer neuen Entwicklung befruchtet, und so hoffen wir immer noch, daß diese schöne und mächtige Bewegung nicht vorübergeht, ohne unsere Sehnsucht nach einer echten Volkskunst eine kleine Strecke weiter zu bringen.

Den Künstlern fällt hierbei eine schwierige, erzieherische Aufgabe zu. Freilich, solange sie noch das abgestandene Wort, es müsse der Künstler »mit dem Könige gehen« anerkennen, solange wird man bei ihnen tauben Ohren predigen. Das Erste, was man von ihnen erwarten müßte, wäre, daß sie begreifen, daß die Kräfte zur Erfüllung ihrer Kulturaufgabe nicht von oben, sondern von unten kommen. Freimachen und Emporbilden der künstlerischen Fähigkeiten des Volkes ist das Ziel, und das vornehmste Mittel in des Künstlers Hand ist – eine volkstümliche Kunst. Hier greifen Ziel und Weg ineinander.

Kunsterziehung ist heute ein Schlagwort, und die Zeitschriften strotzen von Kunst und von Aufsätzen über die Kunst, und wenn ich nicht hoffte, Ihnen diese Frage in einem andern Geiste zu erörtern, so würde auch ich in dieser Stunde nichts anderes tun, als zu dem vielen

Ueberflüssigen noch Ueberflüssiges hinzuzufügen. Jedenfalls muß nachdrücklich vor einer großen Gefahr gewarnt werden, die unter Umständen den ganzen Erfolg der künstlerischen Erziehung in Frage stellen könnte; diese Gefahr beruht in der Erziehung zum Aesthetizismus. Man redet und redet über Kunst, ohne die schönen Gedanken zu verwirklichen:

»Das Wort ist wie im Meer ein Pfad:
Doch eine tiefe Wegspur läßt die Tat.«

Nicht im Reden über die Kunst, auch nicht im Kunstgenuß nur darf eine ernsthafte künstlerische Erziehung ihr Ziel sehen, sondern darin, zum Schaffen zu begeistern. Seien Sie nicht besorgt, ich will Sie nicht zu Malern und Bildhauern machen, wenn Sie nicht den Beruf dazu in sich fühlen, sondern der Sinn meiner Worte ist dieser: Unsere Taten müssen Zeugnis ablegen von unserer künstlerischen Gesinnung; alle unsere Verrichtungen, unser ganzes Leben muß ein Kunstwerk sein. Andernfalls wäre ästhetische Genußfähigkeit der blutigste Hohn für den Arbeiter, dessen ganzes Leben eine Kette von Qual und Arbeit ist, und was für eine Arbeit! Eine Arbeit, die den Geist ausdorrt, statt ihn anzuregen, die den Arbeiter zur Maschine macht. Immer und immer wieder muß von uns die Forderung erhoben werden: Macht erst das Leben selbst zum Genuß, und dann erzieht zur Genußfähigkeit! Sorgt dafür, daß durch die unerhörte Anspannung dem Volke nicht jede Zeit und Kraft genommen wird zu einer Feierstunde im Tempel der Kunst. Wer im Frondienste steht, hat keine Zeit zur Freude, und das ist nicht gut; und daraus folgt, daß wir mit allen Kräften dahin streben müssen, daß das anders wird; es liegt sonst die Gefahr nahe, daß unser Volk die Botschaft der Befreiung durch die Kunst ebensowenig vernimmt wie Israel die Worte des Moses: »Sie hörten ihn nicht vor Seufzen und Angst und vor harter Arbeit.« Und das Schlimmste: Die übermäßige Anspannung und Zersplitterung der Volkskräfte auf allen Gebieten ertötet neben der Genußfähigkeit auch die Schöpferkraft.

Muße: »nur Zeit«! Und Geld! Beides fehlt dem Arbeiter. Das Leben ist ihm ein steter Kampf, und zwar ein Kampf, der keine Freude macht. Dahin aber muß es kommen, daß alle Kräfte mit Freuden in den Dienst dieses Kampfes gestellt werden. Und wenn dann der Künstler mit seinem Schöpferwillen freudig mitkämpft, so kann es nicht fehlen, daß seine Kunst das Leben widerspiegelt in vollkommener, reiner, künstlerischer Gestalt, und erst dann ist sie wahrhaft volkstümlich. Solange sie aber um ihrer selbst willen ein hochmütiges und heuchlerisches Schlemmerdasein führt, solange ist sie von echter Volkstümlichkeit gerade soweit entfernt, wie das Volk von der Kunst und mit größerer Schuld.

»Tribüne« (Erfurt), 14. Dezember 1907, Beilage.
Diese Arbeiterzeitung war eines der wenigen Blätter, die regelmäßig theoretische Beiträge zur Kulturpolitik der Partei veröffentlichten.

»Wissen ist Macht«

Wer kennt nicht dieses Wort Liebknechts? Wer hätte es nicht schon zitiert? Aber wie viele laufen herum, die dem Volke gerade den entgegengesetzten Sinn als den Liebknechtschen unterstellen? In der Tat gehört der kurze Satz »Wissen ist Macht« zu den am meisten mißbrauchten Sentenzen von bürgerlicher Seite, besonders wird er den Arbeitern immer wieder in falscher Beurteilung seiner eigentlichen Bedeutung vorgehalten. Als ob auch Liebknecht der Meinung gewesen wäre, erst müsse das Volk »gebildet« werden, ehe es zur Freiheit kommen könne. Als ob auch er der Meinung gewesen sei, die »Bildung« der Arbeiter sei die Vorbedingung für die Befreiung.

Dem ist aber nicht so. Liebknecht hat in seinem berühmten Vortrag, den er im Jahre 1872 zum Stiftungsfest des Dresdener Bildungsvereins gehalten hat, und der jetzt in neuer Auflage von der Buchhandlung »Vorwärts« herausgegeben worden ist, gerade auf das Schärfste die Behauptung »Bildung macht frei!« bekämpft. Schon in den einleitenden Worten seines Vortrages stellt er der bürgerlichen Auffassung der Bildung die sozialdemokratische gegenüber, wonach »*die Haupttätigkeit* des Arbeiters sich auf die Umgestaltung der staatlichen und gesellschaftlichen Verhältnisse zu richten habe und *daß die ausschließliche Verfolgung von*

Bildungszwecken für den Arbeiter nichts sei als eine zeitraubende Spielerei, welche weder dem Einzelnen noch dem Ganzen zum Vorteile gereiche«.

Ausführlicher geht Liebknecht am Schlusse seines Vortrages auf die Bedeutung der Versuche, den Mängeln der Volkserziehung auf privatem Wege durch – unpolitische – Arbeiterbildungsvereine, Fortbildungsvereine, Sonntagsschulen, abhelfen zu wollen, ein.

In Berlin hat sich vor kurzem ein »Verein für die Freiheit der Schule« gebildet, der sich die Aufgabe gestellt hat, alle auf Verbesserung der Volkserziehung abzielenden Anstrengungen zu konzentrieren und die Volkserziehung den verderblichen Einflüssen des Staates und der Kirche zu entziehen. Nichts kann löblicher sein. Aber leider zäumen die Herren, die an der Spitze sind, das Pferd an dem Schwanz auf. Es erhellt dies schon an dem ersten Paragraph der Statuten, welcher lautet: »Normale soziale Zustände können in Kulturstaaten nur aus einem normalen Schulwesen hervorgehen.« Eine wunderbare Verwechslung von Ursache und Wirkung! »Normale soziale Zustände« erheischen ein »normales Schulwesen«, aber sie gehen nicht aus ihm hervor, weil ein normales Schulwesen bloß unter normalen sozialen Zuständen möglich ist und weil die abnormen sozialen Zustände, welche jetzt herrschen, ein normales Schulwesen nicht aufkommen lassen. Nicht gehen normale soziale Zustände aus einem normalen Schulwesen hervor, sondern ein normales Schulwesen kann nur aus normalen sozialen Zuständen hervorgehen. Kein Zweifel, wäre das ganze Volk heute gebildet, so würden wir auch rasch vernünftige gesellschaftliche und staatliche Zustände haben, allein das heißt eben eine Unmöglichkeit voraussetzen.

Von den Männern, die auf die Volksbildung das Hauptgewicht legen, verlangen wir bloß praktische und logische Konsequenz. Auch wir halten die Volksbildung für das Höchste. Aber wir lieben sie nicht bloß platonisch. Sie soll zur Wirklichkeit werden. Volksbildung – das sind Volksschulen, in denen allen Kindern gleichmäßig der bestmöglichste Unterricht gespendet wird; Volksbildung, das ist Unentgeltlichkeit des Unterrichts; Volksbildung, das sind die Erziehungsanstalten, die das Werk der Volksschule fortsetzen und den Jüngling und die Jungfrau für den Lebensberuf vorbereiten; Volksbildung, das sind staatliche und gesellschaftliche Einrichtungen, die das wahre Menschentum fördern – mit einem Wort: Volksbildung, wenn das Wort nicht ein leerer Schall, eine Lüge sein soll, bedeutet und bedingt die Umgestaltung der heutigen Staats- und Gesellschaftszustände von Grund aus; *und wem es Ernst ist um die Volksbildung, der hat die moralische Verpflichtung, mit uns auf diese Umgestaltung hinzuarbeiten.*

Die Sozialdemokratie ist im eminentesten Sinne des Wortes die Partei der Bildung.

Der heutige Staat und die heutige Gesellschaft, die wir bekämpfen, sind Feinde der Bildung; so lange sie bestehen, werden sie verhindern, daß das Wissen Gemeingut wird. Wer da will, daß das Wissen allen gleichmäßig zuteil werde, muß daher auf die Umgestaltung des Staats und der Gesellschaft hinwirken. Sie, meine Herren, die Mitglieder des Arbeiterbildungsvereins, haben dies begriffen ... Je mehr der Kapitalismus, die Großproduktion auf die Spitze getrieben wird, desto größer wird die Kluft zwischen Armen und Reichen, desto gebieterischer tritt an die Massen die Notwendigkeit heran, das Joch der Lohnsklaverei abzuschütteln.

Nur auf dem Wege politischer Agitation ist dieses Ziel zu erreichen. ... Lassen Sie sich durch nichts von Ihrer Bahn ablenken. Saugen Sie frische Kraft aus jedem Hemmnis. Die Bahn führt zum Sieg ...

Wir stimmen ganz mit der Liebknechtschen Beurteilung der Bildung überein. Wir wollen keineswegs dem einzelnen Arbeiter, besonders so weit er in der politischen und gewerkschaftlichen Organisation noch keine wichtigere Funktion zu erfüllen hat, verwehren, die Mängel seiner Volksschulbildung nach besten Kräften auszubessern. Aber man soll sich nicht der trügerischen Hoffnung hingeben, daß man durch Ausmerzung einiger Bildungsfehler zu einem wesentlich besseren Klassenkämpfer wird. Vor allen Dingen aber soll man sich nicht in die falsche Meinung einlullen lassen, daß die Arbeiter erst alle gebildet werden müßten, ehe sie ihre soziale und politische Befreiung vollziehen können. Die Erziehung zum *Klassenbewußtsein*, das ist die Hauptsache; die Schulung zu einem tüchtigen *Klassenkämpfer*, darauf kommt es an. Der politische Sieg der Arbeiterklasse bedeutet auch den Sieg der Volksbildung über die heutige Volksverdummung.

»Tribüne«, 24. April 1904, Beilage.

Heinrich Schulz
Arbeiterbildung und Bildungsarbeit!

(Auszüge)

Aber die Notwendigkeit der Beschränkung gilt in verstärktem Maße auch für den Arbeiter, der an seiner Fortbildung arbeitet. Zwar wird die Richtung seiner Bildungsarbeit nicht durch die Absicht bestimmt, auf einem bestimmten Gebiete wissenschaftliche Forschungen anzustellen. Aber das Ziel, das sein sonstiges Tun und Streben bestimmt, das Ziel, die Menschheit aus den Ketten der kapitalistischen Wirtschaftsordnung zu befreien und sie unter die Herrschaft des Sozialismus zu stellen, gibt auch die Richtung für seine Bildungsarbeit an. Dieses hohe Ziel will die Arbeiterklasse durch den *Klassenkampf* erreichen.

Nur *der* Arbeiter wird sich als ein wackerer Streiter im Befreiungsheere des Proletariats bewähren, der weiß, wofür er kämpft, der die Ursachen des gegenwärtigen Ringens der Menschheit erkannt hat, dem die Bedeutung der menschheitserlösenden Forderungen des Sozialismus aufgegangen ist.

Zu geistig freien Menschen sollen die Arbeiter durch den Klassenkampf und für den Klassenkampf erzogen werden. Die Bildungsarbeit bildet daher einen wichtigen Teil der Arbeiten, die uns der Klassenkampf auferlegt. Andererseits wird unsere Bildungsarbeit durch die Erfordernisse des Klassenkampfes bestimmt. Wissensgebiete, die für den Klassenkampf keine Bedeutung haben, sollen auch in unserer Bildungsarbeit keine oder nur eine nebensächliche Rolle spielen. Umgekehrt sind gerade solche Wissensstoffe von der größten Bedeutung, die den Arbeiter in den Stand setzen, seine Stellung in der Gegenwart und als Klassenkämpfer für eine bessere Zukunft klar zu erkennen.

Nun kann aber ein noch so bildungseifriger und gewissenhafter Arbeiter nicht immer hinter den Büchern sitzen. Er hat auch von Zeit zu Zeit *das Bedürfnis, einmal auszuspannen* und sich von den Anstrengungen des täglichen Kampfes im Berufsleben und im öffentlichen Leben zu erholen. Die proletarische Bildungsarbeit muß Sorge tragen, daß der Arbeiter auch hierfür gute Gelegenheit findet.

Das alte Mittel der Zerstreuung, das besonders beim satten Spießbürgertum Sitte war und ist und von dort aus zum Teil auch mit auf die Arbeiterschaft übergegangen ist, besteht darin, sich in irgendeiner dunstigen Kneipe hinter den Bierkrug zu setzen oder bei besonderen Gelegenheiten zu Vereinsfestlichkeiten zusammenzukommen und sich an schalen Witzen plumper Possenreißer oder an stümperhaften Theateraufführungen blutiger Dilettanten zu ergötzen.

Für den denkenden Arbeiter aber gilt für die Vergnügungen und für die Stunden der Erholung die Lassallesche Mahnung: »Es ziemen Ihnen nicht mehr die Laster der Unterdrückten, noch die müßigen Zerstreuungen der Gedankenlosen, noch selbst der harmlose Leichtsinn der Unbedeutenden. Sie sind der Fels, auf welchem die Kirche der Gegenwart gebaut werden soll.«

Damit sollen nicht die Freuden an sich verpönt sein. Wir wollen im Gegenteil durch unsere ganze Arbeit für die Gegenwart und für die Zukunft mehr und größere und vor allen Dingen wertvollere Freuden für die Menschheit schaffen. Aber auch die Freuden des Lebens, auch heitere Stunden, selbst Stunden ausgelassenen Frohsinns müssen uns innerlich bereichern und dürfen bei uns keinen bitteren Bodensatz hinterlassen.

Die reinsten Freuden des Lebens gewährt die Kunst. Ihre Formen sind mannigfaltig wie die Neigungen der Menschen. Dem einen Menschen bedeutet die eine

Kunst viel, die andere wenig, dem einen sagt die Musik wenig, das Schauspiel oder die Malerei bedeutet für ihn um so mehr. Bei einem anderen Menschen ist es umgekehrt. Aber wer überhaupt ein empfängliches Gemüt hat, wird auch von der Kunst in ihrer einen oder anderen Ausdrucksform ergriffen. »Wer der Dichtkunst Stimme nicht versteht, ist ein Barbar, er sei auch, wer er sei.«

Wer deshalb eine wirkliche Feierstunde im Drängen und Hasten des täglichen Lebens genießen will, der lade sich bei der Kunst zu Gaste. Er wähle einen Band Goethe, Schiller oder Heine oder die prächtige Gedichtsammlung »Von unten auf« und wandele an der Hand des Dichters durch das weite, schöne Reich der Poesie. Oder er wandere durch eine Kunstausstellung, durch eine Gemäldegalerie. Oder er besuche ein Konzert. Oder er gehe in ein Theater.

Damit es dem einzelnen Arbeiter leichter ermöglicht werde, sich solche künstlerischen Genüsse zu verschaffen, müssen die Bildungsorganisationen der Arbeiterschaft ihm helfen. Sie müssen Rezitationsabende, Wanderungen durch Museen, Konzerte aller Art und Theatervorstellungen zu billigen Eintrittspreisen veranstalten.

Die Kunst braucht uns aber nicht nur eine schöne Stunde der Erholung zu sein. Sie kann uns mehr sein. Sie kann unser ganzes sonstiges Streben anfeuern. Wenn wir aus dem schönen Wunderland der Kunst in die rauhe, grausame Not des Alltags zurückkehren, so kommt uns der schroffe Gegensatz zwischen dem, was sein könnte, und dem, was ist, besonders hart und schmerzend zum Bewußtsein. Gerade in einer solchen Stunde geloben wir uns doppelt heilig, daß wir noch fleißiger als bisher an der Herbeiführung einer besseren Gesellschaftsordnung mitarbeiten wollen, damit solche seltenen, gar zu seltenen und noch oft durch Entbehrungen bitter erkauften Feierstunden öfter bei uns Einkehr halten können.

Die Anregung zum Lesen guter Bücher wird der Arbeiter in der Regel durch das Hören guter *Vorträge* und durch die Teilnahme an *Vortragskursen* bekommen.

Früher war der *Einzelvortrag* fast das einzige Mittel,

um durch einen Redner bildend auf eine größere Zahl von Arbeitern einzuwirken. Meistens waren das Thema und der Redner dabei vom Zufall abhängig. Wer gerade frei war, hielt über ein Thema, das ihm paßte.

Darum ist in der neueren Bildungsbewegung der Einzelvortrag fast ganz von dem *Vortragskursus* verdrängt worden. In einer zusammenhängenden Reihe von drei, sechs, acht, zehn und noch mehr Vorträgen wird ein Gebiet der Geschichte, der Nationalökonomie, der Naturwissenschaft behandelt.

Noch wertvoller als Vortragskurse sind *Unterrichtskurse*. Aber sie können vorläufig nur gelegentlich und meistens in großen Städten eingerichtet werden, weil die Schwierigkeiten und Kosten der Organisierung erheblich größer sind als bei Vortragskursen.

Ebenso steht es mit *kinematographischen Aufführungen*, die ebenfalls ein Bildungsmittel für Arbeiter sein können. Nur müssen bei den Vorführungen die wertlosen, innerlich unwahren, unkünstlerischen und unnütz aufregenden Schauerszenen fortbleiben, die leider heute je länger je mehr die Programme der »Kinos« ausmachen. Lebende Photographien von Szenen aus dem Tierleben, aus dem Völkerleben, von den Stätten der Arbeit, den Schiffswerften, Bergwerken, Fabriken aller Art, auch gelegentlich humoristische Szenen, wie sie nur durch die Technik des Kinematographen auf die Leinewand gezaubert werden können, vermögen einen Abend auch für denkende Arbeiter recht genußreich zu machen.

Eine wertvollere Unterhaltung bieten freilich rein künstlerische Veranstaltungen, sogenannte *Kunstabende*. Leider deckt dieses Wort heutzutage noch nicht immer eine wirklich künstlerische Sache. Aber je mehr die Arbeiter die wirkliche Kunst kennen und schätzen lernen, um so mehr werden die Talmikunstabende verschwinden.

Ein Kunstabend kann auf die billigste Weise dadurch veranstaltet werden, daß ein *Rezitator* gute Dichtungen vorträgt.

Die billigste Form eines musikalischen Abends ist ein Abend mit *Liedern zur Laute*.

Fortgeschrittenere und geschultere Arbeiterschichten werden gegliedertere und im Inhalte wertvollere Kunstabende vorziehen. Hierzu gehören *Dichterabende*, die durch Vortrag, Rezitation und Gesang das Wesen eines Dichters oder einer Dichtergruppe zum Ausdruck bringen wollen; ferner *Kammermusikabende*, die durch Trio oder Quartett und Gesang besonders wertvolle Werke der Musik zu Gehör bringen; auch *Sinfonieabende*, an denen durch ein gutes Orchester die erhebenden und gewaltigen Schöpfungen unserer größten Tondichter vorgetragen werden.

Eine besondere Form der künstlerischen Veranstaltung ist die Theatervorstellung. Von jeher hat die Schaubühne starke Wirkungen auf die Menschen ausgeübt; auch der moderne Arbeiter hat sich diesem Einflusse nicht entzogen.

In den Anfängen der Bewegung, als die Arbeiterorganisationen noch schwach und einflußlos waren, half man sich vielfach durch Theateraufführungen sogenannter Liebhaberbühnen. Diese Zeit darf glücklicherweise als überwunden gelten. Die Arbeiter haben erkannt, daß der Berufskünstler allein imstande ist, eine dramatische Handlung und eine dichterische Gestalt zu verkörpern. In vielen Städten stehen den Arbeiterorganisationen die städtischen Theater zur Verfügung. In anderen Städten hilft man sich durch Gastspiele benachbarter Theater oder durch Wandertheater. Auch für kleine Orte kann heute eine gute Theatervorstellung eingerichtet werden.

Damit die Arbeiter bei dem Besuche von Theatervorstellungen den geschichtlichen und literarischen Wert eines Dramas besser erkennen lernen, gibt der Zentralbildungsausschuß unter dem Namen *»Die Volksbühne«* eine Sammlung von Einführungen in Dramen und Opern heraus, die besonders bei Volksvorstellungen jeder Besucher schon einige Tage vor Stattfinden der Vorstellung in die Hand bekommen soll.

Ein wirksames Mittel der Propaganda ist die Veranstaltung einer Ausstellung guter Bücher, die man durch eine Ausstellung guter Bilder ... wirksam ergänzen kann.

Die neuere Bildungsbewegung hat als den Träger und

den verantwortlichen Organisator der Bildungsarbeit eines Ortes den Bildungsausschuß geschaffen.

Der Bildungsausschuß ist eine von den örtlichen Partei- und Gewerkschaftsorganisationen gemeinsam eingesetzte und beiden verantwortliche Kommission, die die Aufgabe hat, alle für die Gesamtheit der organisierten Arbeiter des Ortes erforderlichen Bildungsmaßnahmen vorzubereiten und durchzuführen.

Die Entwickelung der Bildungsarbeit in Deutschland hat im Laufe der Jahre die Einsetzung von *Bezirksbildungsausschüssen* als zweckmäßig ergeben.

Die Spitze aller Orts- und Bezirksbildungsausschüsse bildet der Bildungsausschuß der sozialdemokratischen Partei Deutschlands.

Arbeiter-Notiz-Kalender für das Jahr 1913.

Otto Rühle
Volksbildung, Wissenschaft, Kunst und Sozialdemokratie

(Auszug)

Die *Sozialdemokratie* ist – mehr als eine bloße Partei – eine Kulturbewegung, die die Erlösung der Arbeiterklasse von Ausbeutung und Knechtschaft erstrebt. Das Mittel hierzu erblickt sie in der Aufhebung des Privateigentums an den Produktionsmitteln, die zugleich das nächste Ziel der wirtschaftlichen Entwickelung bildet. Das ganze Volk soll Besitzer der Produktionsmittel werden, alle sollen arbeiten und allen soll der Ertrag der gewerkschaftlichen Arbeit zugute kommen. Die Verteilung der Güter soll nach der Arbeitsleistung und dem vernünftigen Bedürfnis erfolgen, so daß niemand mehr vorhanden sein wird, der in unvernünftigem Luxus sein Leben verbringt, aber auch niemand, der in unvernünftigem Elend zugrunde geht. Weder von Ausbeutung noch von Unterdrückung wird in der sozialistischen Zukunftsgesellschaft die Rede sein können. Die Arbeiterklasse – und alle werden »Arbeiter« sein – wird keinen anderen Herrn über sich haben als sich selbst. Eine durchgebildete und konsequente Demokratie wird nur die Unterordnung des einzelnen unter die Genossenschaft Gleicher mit gleichen Interessen fordern. Alle Klassenunterschiede werden aufgehoben sein.

Damit ist die Gewähr gegeben, daß in der proletarischen Gesellschaft auch *Klassenwissenschaft, Klassenerziehung und Klassenkunst nicht mehr existieren* werden. Niemand wird, wie heute, an dem Bildungsmangel und der geistigen Rückständigkeit anderer ein Interesse haben, das Kind des Volkes wird nicht mehr, wie in der kapitalistischen Gesellschaft, als zukünftiger Lohnsklave und rechtloser Proletarier betrachtet werden; im Gegenteil, der Sozialismus wird in ihm das werdende Glied der sozialen Gemeinschaft freier Arbeiter würdigen und um seiner selbst willen danach trachten, daß jeder einzelne durch die vollkommenste Bildung und beste Erziehung zu möglichst hoher Leistungsfähigkeit geführt und entwickelt wird. Denn die Kulturhöhe der Allgemeinheit wird bedingt durch den Bildungsgrad und die kulturelle Reife ihrer einzelnen Mitglieder. Wie die Gesellschaft für die Befriedigung der materiellen Bedürfnisse aller sorgt, wird sie auch für die geistige Nahrung aller in ausreichender Weise Sorge tragen. Die öffentliche Erziehung wird zu einer der wichtigsten sozialen Aufgaben werden, für die die besten geistigen und materiellen Mittel der Gesellschaft nutzbar zu machen sind. Nicht aus Wohlwollen oder Gnade, sondern aus dem Gebote der sozialen Pflicht heraus, die ausgelöst wird durch das Recht auf Bildung, das jeder einzelne geltend macht, und weil die kulturelle Existenzfähigkeit der sozialistischen Gesellschaft dies mit eherner Notwendigkeit erfordert. Ist die Bildungsmöglichkeit aber allen gewährt und stehen Wissenschaft und Kunst allen ohne Unterschied zur Verfügung, so ist die Kultur aus einem Monopol weniger Bevorrechtigter verwandelt in ein Gemeingut der ganzen Gesellschaft. Wissenschaft, Bildung und Kunst werden damit wirklich *frei*. Nicht genug damit. Sie werden auch von einem anderen Geiste erfüllt sein. Neuen Most in neuen Schläuchen wird die proletarische Gesellschaft den nach geistiger Belehrung und seelischer Aufrichtung Verlangenden darreichen. Ist die proletarische Weltanschauung auch die natürliche und folgerichtige Fortentwicklung der höchsten wissenschaftlichen Errungenschaften und künstlerischen Ideale des kapitalistischen Zeitalters, so steht sie doch in unvereinbarem Gegensatze zu der bürgerlichen Weltanschauung und damit zu der bürgerlichen Wissenschaft und Kunst. Diese, nicht mehr dem Kapital versklavt und in der Entfaltung ihrer Ursprünglichkeit und Wesenheit nicht mehr durch materielle Interessen einseitig beeinflußt oder behindert, werden ganz andere Früchte zeitigen und reichere, schönere Gaben spenden. Das neue gesellschaftliche Sein wird ein neues ideelles Bewußtsein, eine eigenartige bodenständige Gedanken- und Ideenwelt erzeugen. Die wissenschaftlichen und künstlerischen Werte der Bourgeoisie werden im Flusse der Entwickelung nicht untergehen, sie werden aber auch nicht einfach vom Proletariat übernommen werden; um für die Geisteskultur der sozialistischen Gesellschaft als Grundlage und Voraussetzung tauglich und nutzbar zu sein, werden sie der proletarischen Weltanschauung gemäß eine Umwertung erfahren. Die Erkenntnis, daß Errungenschaften der Klassenwissenschaft und Erzeugnisse der Klassenkunst niemals im Dienste der proletarischen Gemeinschaft ihre volle kulturelle Mission zu erfüllen vermögen, nötigt die Sozialdemokratie schon heute, den an sich löblichen und wohlmeinender Absicht entspringenden Bestrebungen bürgerlicher Kreise, die wissenschaftliche und künstlerische Bildung des Volkes zu heben, mit Vorbehalt und Reserve, wenn nicht mit strikter Ablehnung gegenüber zu stehen. Der Gemeinschaft Freier und Gleicher frommt nur ein Geistes- und Kunstleben, das auf dem Boden der Freiheit und Gleichheit erwachsen ist.

Für die Gestaltung des *Erziehungswesens* in der sozialistischen Gesellschaft ist ausschlaggebend der prinzipielle Standpunkt des Sozialismus in der Bewertung der menschlichen Arbeit. Die Arbeit, heute ein Mittel der Ausbeutung und Knechtung und belastet mit dem Fluche der Niedrigkeit, Armut und Schande, ist dem Sozialismus die Quelle aller Kultur, die Mutter der Humanität, der Inbegriff der natürlichen Bestimmung des Menschen und der schönste Ausdruck seiner menschlichen Würde. Sie wird auch die Grundlage der sozialistischen Erziehung bilden, denn der Arbeitsunterricht und die Erziehung durch Arbeit entsprechen der Tendenz und dem Wesen der auf die Arbeit aller für alle gegründeten sozialistischen Gesellschaftsform. In der Verbindung von produktiver Arbeit mit Unterricht und Gymnastik wird die einzige Methode zur Produktion vollseitig entwickelter Menschen und damit zugleich eine Methode zur Steigerung der gesellschaftlichen Produktion materieller Bedarfsgüter gewonnen sein. Religiöse Unterweisung wird, da die Religion Privatsache ist, im Schulunterricht keine Stätte haben. Ohne Beeinträchtigung der kindlichen Lebensfreude wird die Erziehung – Knaben und Mädchen gemeinsam – eine Summe von Kenntnissen und Fertigkeiten vermitteln, durch gute Zucht und sittlichenden Einfluß das kindliche Gemüt veredeln, die Liebe zur Freiheit wecken und für die Einsicht in die staatsbürgerlichen Rechte und Pflichten sorgen, bis das vollentwickelte Individuum mit vollem Verantwortlichkeitsbewußtsein in die soziale Gemeinschaft eintritt, und zwar an die Stelle, die seiner physischen wie psychischen Leistungsfähigkeit die reichste und fruchtbarste Entfaltung sichert.

Sozialdemokratische Flugschrift Nr. II, Berlin 1907.

Inhalt

Dr. Horst Groschopp

Geboren am 8. Februar 1949 in einer Arbeiterfamilie in Zwickau. Dort Schulbesuch und Berufsausbildung als Dreher; Abitur an der Arbeiter-und-Bauern-Fakultät in Freiberg 1968 und Studium der Kulturwissenschaft an der Humboldt-Universität zu Berlin bis 1971. Nach Abschluß in verschiedenen staatlichen und gesellschaftlichen Funktionen an der Universität tätig. Promotion A im Jahre 1978; aus der Promotion B (1984) ist vorliegende Broschüre hervorgegangen. Seit 1985 Hochschuldozent. Mitautor der Bücher »Arbeiterleben um 1900« (1983), »Literatur und proletarische Kultur« (1983) und »Proletariat. Zur Kultur und Lebensweise im 19. Jahrhundert« (1986). Zahlreiche wissenschaftliche Arbeiten, Artikel und Rezensionen zu Problemen der Kulturgeschichte der Arbeiterklasse, der Geschichte proletarischer Kulturpolitik und zu kulturellen Fragen der proletarischen Lebensbedingungen und Klassenorganisation in »Weimarer Beiträge«, »Jahrbuch für Volkskunde und Kulturgeschichte«, »Mitteilungen aus der kulturwissenschaftlichen Forschung« und in verschiedenen Studienreihen des Instituts für Weiterbildung des Ministeriums für Kultur der DDR.

Fotonachweis

1. Kunstdruckbeilagen

ADN-Zentralbild: 15, 33; Akademie der Künste der DDR, Arbeiterliederarchiv: 7, 16, 25, 26, 28, 40; Archiv Giese, Berlin: 24; Dietz Verlag/Renate und Horst Ewald: 1, 2, 11, 12, 13, 27, 35, 36, 42; Andreas Fahr, Berlin: 6, 10, 30, 41; Humboldt-Universität zu Berlin, Bildarchiv der Forschungsgruppe Kulturgeschichte: 38; Institut für Marxismus-Leninismus beim ZK der SED, Zentrales Parteiarchiv: 3, 4, 5, 8, 9, 14, 17, 19, 29, 32, 34, 37, 39; Märkisches Museum, Berlin: 21, 22; Museen der Stadt Gera: 31; Museum Brandenburg: 23; Museum für deutsche Geschichte, Berlin: 20; Staatliche Museen zu Berlin, Museum für Volkskunde: 18

2. Abbildungen im Text

Akademie der Künste der DDR, Arbeiterliederarchiv: S. 47, S. 55, S. 134; Breitenborn, Berlin: S. 21; Deutsche Fotothek Dresden: S. 10, S. 99; Dietz Verlag/Renate und Horst Ewald: S. 20, S. 74, S. 77, S. 86, S. 101 (Montage), S. 105, S. 127, S. 147, S. 159, S. 170 (2 Abbildungen); Andreas Fahr, Berlin: S. 6, S. 7, S. 36, S. 51, S. 59, S. 63, S. 67, S. 89, S. 93, S. 114, S. 120, S. 143, S. 163, S. 172, S. 173, S. 178, S. 189, S. 196, S. 200; Humboldt-Universität zu Berlin, Forschungsgruppe Kulturgeschichte: S. 158, S. 159; Institut für Marxismus-Leninismus beim ZK der SED, Zentrales Parteiarchiv: S. 38, S. 209 (3 Abbildungen); Museen der Stadt Gera: S. 72, S. 124; Museum für Geschichte der Stadt Leipzig: S. 136; Ústavu marxismu-leninismu ÚV KSČ: S. 208